中学思想政治课程与教学论

主　编　于洪卿

副主编　吴志敏　李　斌

浙江工商大学出版社

ZHEJIANG GONGSHANG UNIVERSITY PRESS

·杭州·

图书在版编目(CIP)数据

中学思想政治课程与教学论 / 于洪卿主编. —杭州：
浙江工商大学出版社，2021.3(2024.7 重印)

ISBN 978-7-5178-4322-1

Ⅰ. ①中… Ⅱ. ①于… Ⅲ. ①政治课－教学研究－中
学 Ⅳ. ①G633.202

中国版本图书馆 CIP 数据核字(2021)第 028342 号

中学思想政治课程与教学论

ZHONGXUE SIXIANG ZHENGZHI KECHENG YU JIAOXUELUN

主编 于洪卿　　副主编 吴志敏　李 斌

责任编辑	沈明珠
封面设计	林朦朦
责任印制	包建辉
出版发行	浙江工商大学出版社
	(杭州市教工路 198 号　邮政编码 310012)
	(E-mail:zjgsupress@163.com)
	(网址:http://www.zjgsupress.com)
	电话:0571－88904980,88831806(传真)
排　　版	杭州朝曦图文设计有限公司
印　　刷	杭州高腾印务有限公司
开　　本	710mm×1000mm　1/16
印　　张	21.75
字　　数	375 千
版 印 次	2021 年 3 月第 1 版　2024 年 7 月第 4 次印刷
书　　号	ISBN 978-7-5178-4322-1
定　　价	78.00 元

前　言

　　什么是思想政治课程,中学思想政治课程的性质、目标、内容有哪些新规定,如何来实施中学思想政治新课程目标;中学思想政治新课程标准的实施教材如何教,课堂教学如何设计,如何说课、上课;如何进行中学思想政治教学的听课、评课、考试等等。这些不仅是实际教学工作者——中学思想政治教师必须孜孜探究的课题,更是思想政治教育专业的大学生——准教师所必须面对的问题。

　　为了适应新课程改革的需求,适应思想政治教育专业教学与技能训练的需求,适应思想政治教育专业学生的教育见习、实习、研习的需要,适应思想政治教育专业学生教学技能的竞赛需要,适应思想政治教育专业学生参加教师资格考试的需要,适应思想政治教育专业的毕业生就业面试的需求,我们在《思想政治教学实训教程》的基础上编制了《中学思想政治课程与教学论》,期望能够满足思想政治教育专业学生对新课改情况下的中学思想政治课程的学习与技能训练的需求。

　　《中学思想政治课程与教学论》紧扣"课程理论"与"教学实战",以"提升学科素养"和"能力生成"为理念,理论联系实践,以好用和实用为编写落脚点,以课程—教学—评价为主线,全面模拟真实的中学思想政治教学场景编写而成。思想政治教育专业的学生通过本教程的学习与训练,应该能够快速、准确地适应中学思想政治教育的见习、实习、研习、教学技能竞赛、教师资格考试、就业面试以及今后的实际教学工作。

　　《中学思想政治课程与教学论》以服务思想政治教育专业学生的教学与训练为出发点,提倡新课程、新理念、新方法,突出理论性、实践性、技能性和可操作性。同时结合当前中学思想政治教育新课改的现状和学生就业、教学技能竞赛等的现状,采用中学思想政治新课改的一些典型案例,以及思想政治教育专业的大学生在思想政治教学技能比赛中的一些真实案例,贴近大学生的实际学习生活,能够满足思想政治教育专业大学生提升教学技能的真正需求。

　　《中学思想政治课程与教学论》内容全面实用，涉及中学思想政治课程与教学的主要环节，有三篇内容。上篇课程论，包括思想政治课程的性质、目标、形态结构、内容、课程实施建议等；中篇教学论，包括思想政治教学的设计、说课、上课、策略等；下篇思想政治教学评价论，包括教学评价、听课、评课和考试等。各部分相互呼应，构成有机的整体，有利于全面培养所学者在中学思想政治教学方面的综合能力。

　　《中学思想政治课程与教学论》语言简练，通俗易懂，内容全面，理论联系实际，操作性强，可作为高等院校思想政治教育专业和各级教育学院思想政治教育专业学生教学与技能培训教材或参考书，也可作为中学思想政治教师的继续教育用书或参考书。

目　录

上　篇　思想政治课程论

第一章　思想政治课程概述 ················· 003

　第一节　课程概述 ················· 003

　第二节　思想政治课程的性质与特点 ················· 012

　第三节　思想政治课程的基本理念 ················· 019

第二章　思想政治课程的目标 ················· 026

　第一节　课程目标概述 ················· 026

　第二节　思想政治课程目标 ················· 030

　第三节　思想政治课程目标的定位与教材处理 ················· 033

第三章　思想政治课程的形态与结构 ················· 042

　第一节　课程形态与结构概述 ················· 042

　第二节　思想政治课程的形态 ················· 049

　第三节　思想政治课程的结构 ················· 056

第四章　思想政治课程的内容 ················· 063

　第一节　课程内容概述 ················· 063

　第二节　初中思想政治课程的内容 ················· 067

　第三节　高中思想政治课程的内容 ················· 078

第五章　思想政治课程的实施建议 ················· 088

　第一节　课程实施概述 ················· 088

　第二节　思想政治课程的教学与评价建议 ················· 093

　第三节　思想政治课程的教材编写与资源开发 ················· 102

第六章 思想政治课程的学习方式 ………………………………… 112
第一节 学习方式概述 ……………………………………………… 112
第二节 学习方式指导的主要措施 ………………………………… 119
第三节 学习方式指导的主要方法 ………………………………… 127

中 篇 思想政治教学论

第七章 思想政治教学概述 …………………………………………… 137
第一节 教学的含义 ………………………………………………… 137
第二节 思想政治教学的特点 ……………………………………… 140
第三节 思想政治教学的地位与任务 ……………………………… 142
第四节 思想政治教学的规律与原则 ……………………………… 145

第八章 思想政治教学的设计 ……………………………………… 156
第一节 思想政治教学设计概述 …………………………………… 156
第二节 思想政治教学设计的内容 ………………………………… 158
第三节 思想政治教学设计的基本要求 …………………………… 179

第九章 思想政治教学的说课 ……………………………………… 191
第一节 思想政治教学说课概述 …………………………………… 191
第二节 思想政治教学说课的内容 ………………………………… 195
第三节 思想政治教学说课的基本要求 …………………………… 199

第十章 思想政治教学的上课 ……………………………………… 205
第一节 思想政治教学上课概述 …………………………………… 205
第二节 思想政治教学上课的形式 ………………………………… 207
第三节 思想政治教学上课的基本要求 …………………………… 213

第十一章 思想政治教学的策略 …………………………………… 223
第一节 思想政治教学策略概述 …………………………………… 223
第二节 思想政治教学策略的基本内容 …………………………… 227
第三节 思想政治教学策略的基本要求 …………………………… 245

下 篇 思想政治教学评价论

第十二章 思想政治教学评价概述 ⋯⋯⋯⋯⋯⋯⋯ 253
　第一节 教学评价概述 ⋯⋯⋯⋯⋯⋯⋯ 253
　第二节 思想政治教学评价的性质与特点 ⋯⋯⋯⋯⋯⋯⋯ 259
　第三节 思想政治教学评价的原则与理念 ⋯⋯⋯⋯⋯⋯⋯ 261
　第四节 思想政治教学评价的方式 ⋯⋯⋯⋯⋯⋯⋯ 273

第十三章 思想政治教学的听课 ⋯⋯⋯⋯⋯⋯⋯ 281
　第一节 思想政治教学听课概述 ⋯⋯⋯⋯⋯⋯⋯ 281
　第二节 思想政治教学听课的内容 ⋯⋯⋯⋯⋯⋯⋯ 284
　第三节 思想政治教学听课的基本要求 ⋯⋯⋯⋯⋯⋯⋯ 290

第十四章 思想政治教学的评课 ⋯⋯⋯⋯⋯⋯⋯ 295
　第一节 思想政治教学评课概述 ⋯⋯⋯⋯⋯⋯⋯ 295
　第二节 思想政治教学评课的内容 ⋯⋯⋯⋯⋯⋯⋯ 297
　第三节 思想政治教学评课的基本要求 ⋯⋯⋯⋯⋯⋯⋯ 305

第十五章 思想政治教学的考试 ⋯⋯⋯⋯⋯⋯⋯ 310
　第一节 思想政治教学考试概述 ⋯⋯⋯⋯⋯⋯⋯ 310
　第二节 思想政治教学的试卷设计与编制 ⋯⋯⋯⋯⋯⋯⋯ 316
　第三节 思想政治教学的试卷分析与成绩评价 ⋯⋯⋯⋯⋯⋯⋯ 328

参考文献 ⋯⋯⋯⋯⋯⋯⋯ 333

后　记 ⋯⋯⋯⋯⋯⋯⋯ 336

上 篇
思想政治课程论

　　课程是通过教师和学生来运作和实施的以一定学习内容为主要成分的育人方案及其学习进程。思想政治课程是在马克思主义指导下,综合运用多门学科的理论成果,在总结思想政治教育实践经验基础上建立起来的兼具思想性、政治性、科学性、实践性、综合性的一门学科课程和活动课程。思想政治课程论包括:思想政治课程概述、课程性质、课程目标、课程形态结构、课程内容、课程实施建议、课程的学习方式等内容。

第一章 思想政治课程概述

思想政治课程因其独特的思想性、政治性、理论性,对青少年的世界观、人生观、价值观的形成和发展有着重要影响,在学校德育教育中占据着重要地位,这就使得我们对思想政治课程的认识成为必须。但课程是什么?思想政治课程的产生有何历史渊源?思想政治课程创立与发展经历了哪些阶段?思想政治课程性质是什么、有何特点?思想政治课程的基本理念是我们首先要厘清的基础性问题,也是本章要探讨的主要内容。

第一节 课程概述

一、课程的含义

课程是学校教育普遍关注的一个话题。多年来,我们对"课程"的定义仁者见仁、智者见智,并没有统一定论,但课程作为教育内容里一个基本概念务必要厘定清楚。事实上,由于不同社会历史时期、特定的历史条件、知识背景差异等影响,人们对课程概念界定有所不同。

(一)"课程"的词源分析

"课程"作为现代教育内容中的一个专门术语,与人类社会的教育活动相伴而生。起初并没有"课程"这一词汇,而是隐含在最初的教育活动中。

在我国,"课程"一词最早见于唐代。孔颖达在《五经正义》里为《诗经·小雅·巧言》的"奕奕寝庙,君子作之"句注疏:"教护课程,必君子监之,乃得依法制也。"此时的"课程"与现代教育里的"课程"意思相差甚远。之后,南宋朱熹在《朱子全书·论学》中写有"宽著期限,紧著课程""小立课程,大作功夫"等内容,这里的课程含有学习范围、时限和进度等意思。此时的"课程"与现代教育里的"课程"意义相似。

在西方,课程(Curriculum)一词最早见于英国教育家斯宾塞(Spencer)的《什么知识最有价值》著作中。此处"课程(Curriculum)"派生于拉丁语中的"Currere"一词,含有"跑道(Racecourse)"之意,即将课程比喻为操场上的跑道,学生在上面跑向终线(获取文凭)。根据这个词源,把课程定义为"学习的进程(Course of Study)",在课程的指引下引导学生继续前进并达到预期培养目标。

(二)"课程"的本质分析

课程作为一项实践活动,人们对其研究颇多;但课程究竟是什么? 不同的研究者从不同的研究视角做出了不同的回答。目前,在国内外重要研究文献中,关于课程的本质有以下六种代表性观点。

1.课程即学问和学科

课程即教学科目是出现最早且流行最广的一种课程观,就是把课程定义为学生所实际学习到的学科、教材或学问知识。最早可以追溯到我国古代"六艺"课程,而后由许多权威的教育专著和教育学教材把该定义明确下来。例如,《教育大辞典》将课程定义为:"①为实现学校教育目标而选择的教育内容的总和……②泛指课业的进程……③学科的同义语,如语文课程、数学课程等。"[1]《中国大百科全书(教育卷)》将课程分为广义和狭义两种:"广义指所有学科(教学科目)的总和……狭义指一门学科。"[2]

这种定义有一定的合理性,但也存在局限性。首先,这种定义实际上强调的是学校向学生所传授的知识体系,而这种知识体系仅限于学校所列出的正式课程,忽略了学校的活动课程以及其他潜在课程,本身具有不完整性;其次,这种定义只关注教学科目,而容易忽视学生自身的知识建构、心智发展、创造性的培养和个性完善,以及师生之间的知识互动、情感交流等方面对学生学习、成长的影响。

2.课程即有计划的教学活动

课程即有计划的教学活动是20世纪50年代较为流行的课程观点。这种课程观将所有的教育计划、教学计划组合在一起,形成书面的文字,如教学的目标、内容、活动、进程、评价等,以图用一种全面的观点来概括课程的本质。其代表人物有麦克唐纳(J. B. Macdonald)、比彻姆(G. A. Beachamp)、斯坦

---

[1]　顾明远主编:《教育大辞典(第1卷)》,上海教育出版社1990年版,第257页。
[2]　《中国大百科全书(教育卷)》,中国大百科全书出版社1985年版,第207页。

豪斯(L. Stenhouse)等。在我国也有学者持这种观点:"课程是指一定学科有目的、有计划的教学进程。这个进程有量、质方面的要求,它也泛指各级各类学校某级学生所应学习的学科总和及其进程和安排。"①

这种定义在一定程度上丰富了课程的内涵,强调课程的计划性和目的性,为教学者推动课程有序开展提供了方向。但由于更多研究者把"有计划"定义为一种书面的活动,因此"有计划"本身存在不完整性;加之人们对其理解有所偏差,因此在课程实践过程中也存在一定的差异。

3. 课程即预期的学习结果或目标

一些学者认为,课程不应该指向活动,而应该直接关注预期的学习结果或目标,围绕预期学习的结果或目标而选择、组织学习经验,实施教育、教学活动,并进行教育、教学评价。在一定意义上来说,该定义对课程与教学进行了区分,其代表人物有博比特(F. Bobbitt)、加涅(R. M. Gagne)、波范(W. J. Pophan)和约翰逊(M. Johnson)。如约翰逊认为,课程应该是教学的指南,它"规定(或至少期待)教学的结果",但"并不规定其手段,即不规定那些为实现结果而加以利用的活动、材料,以至教学的内容"。

这种定义对课程与教学的明确区分是很有意义的,但是仅把课程看成是预期的结果或目标,不能处理好预期性与非预期性之间的关系,不能处理好学习结果与学习过程的关系,容易导致对校园环境、师生互动、心理氛围等与学生成长有重要关系的非预期因素和过程的忽视。

4. 课程即学习经验

课程即学习经验是针对传统的教师角度对课程进行的界定。这里的学习经验是指学生在学习活动的过程中所形成的思考、获得的体验。这种课程观的产生深受美国实用主义教育家杜威(J. Dewey)"儿童中心论"教育思想的影响,突出的是学习者在学习活动中的主体地位,关注的是学习者在学习过程中实际学习到的知识和体验到的意义。正如美国课程学者多尔(R. C. Doll)所说:"公认的课程定义,已从学程的内容、科目及学程表,变为在学校领导或指导下给学习者提供的一切经验。"②

这种定义把学习者本人视为课程的组织者和参与者,强调的是学习者在课程中的兴趣、需求和个性发展,注重学生积极主动的体验。但这种课程观在实际活动中却很难实行,就现存的教育来说,我们采用的大班教学,

---

① 上海师范大学(教育学)编写组:《教育学》,人民教育出版社 1979 年版,第 97 页。

② R. C. Doll: *Curriculum Improvement: Decision-making and Process*, Mckay Company, 1964,p15.

多是一位老师对几十个学生进行教学，一个教师要如何满足几十个学生的个性特长，如何针对每一个学生的个性特长制定相应的课程计划，用何标准来评价这几十个学生的课程体验等，这些都是该课程观点亟待解决的问题。

5.课程即社会文化的再生产

有学者认为，课程是对社会文化的反映，教育应从文化的产生、发展的现象和规律出发，再生产对下一代有用的知识和技能，以使下一代的发展符合社会发展的需要。文化再生产的方式可以分为两种：一种是在文化传播过程中实现的文化选择，如把反映社会发展规律的知识编制成教材，形成系统的知识结构传播给下一代；一种是在文化变革过程中实现的文化创新，如对课程改革的提出。

这种定义的实质在于把学习者培养成为适应社会发展需求的社会人，把课程的重点从教材、学生转向了社会，在一定程度上具有进步意义。但这种定义是以完满的社会文化观念为前提，而现实的社会文化却并非如此合理；反之，则存在许多偏见和不公的现象，学习者对这种课程文化的传承只会使得社会文化的偏见和不公永久化。

6.课程即社会改造

与课程即社会文化的再生产的课程观不同，课程即社会改造课程观的学者认为，课程的使命不是要使学生适应和顺从社会文化，而是要帮助他们摆脱现存社会制度的束缚。如巴西教育家弗雷杰(P. Freire)在《被压迫者的教育学》一书中指出，学校课程的重点不是使学生适应和顺从社会秩序，而是要刺激和发展他们的批判意识，要让学生通过参与课程规划和实施以克服依赖心态，摆脱外部束缚，成为积极主动和自由完满的人。①

这种课程定义试图培养和发展学习者的批判意识，从而使他们成为积极主动和自由完满的人，但是在不同的社会制度里对社会改造理解有本质的区别，企图通过课程改革来指导社会变革并非现实。

上述观点从不同的研究视角对课程的定义进行了界定，或多或少揭示了课程的某些本质，为我们界定课程这个概念提供了方向。综合这些观点发现，课程是按照一定教育目标而确定的在教育过程中作为主要教育内容的所有学习科目及其进程安排的总和，其核心是体现学校宗旨在使学生通过学习掌握的、促进其身心发展方面的教育性经验体系，是实现教育目标

---

① D. F. Walker：*Curriculum and Aims*，Prentice-hall Inc，1986，PP，51-52.

的主要媒介。[①]

(三)思想政治课程概念界定

通过对课程概念的分析,我们把思想政治课程界定为学校中以思想政治知识为主要教育内容的所有学习科目及其进程安排的总和,学习者通过学习掌握的、促使其身心发展的教育性经验体系,是实现思想政治教育目标的主要媒介。在学校教育中,我们常说的思想政治课程包含有小学的思想政治课程、中学的思想政治课程、大学的思想政治课程。在本教材中,思想政治课程主要指中学思想政治课程,包括初中思想政治课程和高中思想政治课程。初中思想政治课程即道德与法治课程,或者传统意义上的思想品德课程。

二、思想政治课程的历史渊源

现行思想政治课程并不是凭空产生的,而是伴随着人类社会的出现,在实践生活中不断演变发展而来的。对现行思想政治课程历史渊源的了解,有利于加深我们对现行思想政治课程的理解。追溯现行思想政治课程的历史渊源,主要从中国和西方两个方向着手,概括起来主要有以下几个方面。

(一)中国思想政治课程的历史渊源

我国现行思想政治课程的内容和目标,是对我国当前社会生活的反映和表现,也是对我国乃至人类社会出现以来生产生活教育经验的传承和延续,只是在不同的历史时期有着不同的内容和表现。

1. 原始时期的原始德育

在原始时期,我国思想政治课程以原始的集体主义和炎黄精神为主要内容。就集体主义而言,它是今天思想政治课程中的集体主义教育的初现,对今天思想政治课程有着重大影响。具体来说,人作为一种客观存在,是自然界长期进化的结果,然而在自然界的众多生物中,人类是"有缺陷的生物",使得人类在自然界中显得极其羸弱,难以以个体的形式生存,这就

---

① 唐智松主编:《教育原理:研究与教学》,西南师范大学出版社 2017 年版,第 154 页。

使得人类在生存的过程中发展了最原始、朴素的集体主义,奠定了原始时期德育的主要内容。在社会发展过程中,人类发展了以爱国、团结、自强、奋斗等为主要内容的炎黄精神,它是今天思想政治课程中爱国主义教育内容的萌芽。

2.古代时期的专门德育

古代时期的德育以秦为界限,呈现出不同特点的德育内容。首先是先秦时期,我国德育主要与政治、礼仪、庆典、战事等结合在一起,为政治和道德教化服务,具有一定的渗透性。在这个时期是以儒家整理的"六经"为学校德育教育的基本教材,同时德育课程的内容教材还含有法家的"法制"德育、墨家的"兼士"德育、道家的"寻道"德育等,对我们今天德育教育的丰富内涵建设具有积极意义。而在秦汉以后,我国的德育课程呈现出一定的专门性。"自西汉董仲舒提出'罢黜百家,独尊儒术'后,儒家思想成为统治阶级的官方意识形态,儒家经典成为学校的正统教材,成为学生学习的主要科目(当然也有佛教和道教等派别的内容,只是不占统治地位);自唐太宗李世民开始,为了克服儒学多门、章句繁杂、训诫不一的现象,孔颖达根据自己对《六经》教材的理解,撰成《五经正艺》。"①"五经"成了学校的官定教材和科举考试的依据;宋代及以后,在"五经"的基础上继承和发展,先后形成了"九经"(诗、书、礼、易、春秋、左传、孝经、论语、孟子)和"十三经"(在"九经"基础上增加了公羊、穀梁、仪礼、尔雅);南宋朱熹将所有经书整理成"四书五经","四书"即《大学》《论语》《孟子》《中庸》,而"五经"是《诗》《书》《礼》《易》《春秋》,并编著了《四书集注》,"不仅成了学校指定的唯一教材,而且成为封建科举考试取士的标准"②。

3.近代时期的学科德育

近代时期的学科德育开始呈现"学科性",主要经历了两个阶段。一是在清末年间,新式学堂的引进改变了传统教育里按教学目标设置课程内容的方式,形成了按学科内容来设置相对稳定的课程形式,学科德育开始萌芽。这个时期的学科德育主要以中国传统内容中的自我修养为主,如光绪年间"修身"科目,同时渗透了西方的资产阶级自由、民主、平等等内容。二是民国年间,学科德育的雏形形成,学科德育内容更加丰富多样。如1923—1928年间学校开设的主要德育课程有"公民""人生哲理""社会问题"等科目;1928—1932年,学校德育开设"党义"科,包含内容有建国大纲

---

① 张建文:《思想政治课程与教学论》,人民出版社 2008 年版,第 84 页。
② 余双好:《现代德育课程论》,中国社会科学出版社 2003 年版,第 49 页。

浅说、建国方略概要、三民主义、五权宪法浅释、直接民权运动等;1932年后,初高中都将"党义"科改为"公民"科,并增添调整了许多内容,如在"党义"科内容的基础上增添了道德、政治、法律、经济等内容。

总之,我国现行思想政治课程可追溯至原始时期,在时代的变迁和社会发展之中不断继承和发展,形成了我国今天的思想政治课程和内容。

(二)西方思想政治课程的历史渊源

一直以来,西方没有专门的德育课程,而是把德育内容隐匿在其他教育内容之中,通过潜隐德育内容的方式达到德育教育的目的。在古希腊时期,西方的德育教育主要潜隐在"七艺"(文法、修辞、逻辑学、算术、几何、天文、音乐)课程内容中,在提高学生智力发展的同时培养学生的良好品德,从而达到道德教育的目的。在欧洲中世纪时期,宗教课程占据学校教育的"大半江山",德育内容潜隐在宗教教义和活动之中,培养学生向善的能力。值得注意的是,此时的宗教教育只是为了把宗教的言论置于个人经验和理性活动之上,禁锢了学生的思维,不是真正意义上的教育。但从一定意义上来说,西方思想政治课程的历史发展,对现行思想政治课程中"课程思政"的提出具有积极的影响。到了近现代,由于社会生产力的提高和科学技术的发展,西方学校德育教育开始演化为具体的课程形态,逐步设立起专门的道德科目课程,如"宗教""公民""社会""历史"等。

三、思想政治课程的创立和发展

思想政治课程的历史渊源可以从中国和西方两个方向着手,分别追溯到中国的原始时期和西方的古希腊时期,但这是从思想政治课程内容的角度来分析的。从思想政治课程作为课程本身而言,我国现行思想政治课程起源于中国共产党成立后领导的新民主主义革命时期。在这个时期,中小学思想政治课程和高等学校思想政治课程开始萌芽,但这个时期的思想政治课的课程形态还不够完善,课程内容与教材具有主观随意性,课程目标和任务带有"政治化"倾向。在中华人民共和国成立以后,我国才创立了真正意义上的思想政治课程。

(一)思想政治课程的创立

思想政治课程的创立不是一蹴而就的,而是在实践过程中分层次分阶段逐步确立下来的。这里主要探讨中小学思想政治课程的创立。

中华人民共和国成立后,在教育部的号召和要求下,全国各地都不同程度地开始设立思想政治课,但此时的思想政治课并没有统一的大纲和明确的要求,在教学内容、课时安排、授课方式等方面存在很大的随意性。1959年9月,教育部制定并颁布了中华人民共和国成立后第一个中学思想政治课教学大纲,即《中等学校政治课教学大纲(试行草案)》,第一次对思想政治课的任务、课程内容设置、课时安排、教材编写、成绩考察与评定等各项工作做出了原则性的规定。[①] 1964年中共中央转发的《改进高等学校中等学校政治理论课的意见》中进一步调整了政治课程设置,并首次使用全国统编教材。这两个文件规定了政治课程以马克思主义基本知识为主要内容,以培养学生思想政治品质为课程目标,标志着中等学校思想政治课程的创立。

(二)思想政治课程的发展

思想政治课程创立以后,其发展主要经历了三个时期,即1966—1976年的破坏时期、1976—1985年的恢复时期、1985年至今的改革创新时期。

在第一个时期,中国正处在"文化大革命"期间,受林彪、"四人帮"一伙"两个基本估计"的影响,学校被迫实行"停课闹革命",思想政治课遭到全面破坏。直到1976年10月"文化大革命"结束后,思想政治课才得到初步恢复。

进入第二个时期,国家以文件的形式重新规定了思想政治课程在中学及大学阶段开设的具体课目。首先,规范了初高中思政课程具体开设科目,即在初中开设"社会发展简史""科学社会主义常识",在高中开设"哲学常识""经济学常识"。中学思想政治课的全面恢复,则是以1978年教育部颁发的中华人民共和国成立后的第二个思想政治课教学大纲,即《中学政治课教学大纲》颁布为标志,并逐步统一了全国初一到高二具体开设的思政课科目,即"青少年修养""社会发展简史""法律常识""经济知识""哲学常识"。其次,规范了高等学校思想政治课的四门基础公共课程,具体为"哲学""政治经济学""中共党史"和"科学社会主义"(后改为"中国社会主义建设"),并组织编写了教学大纲,落实编写了教学任务,明确了高校思想政治课的地位和任务等,逐步恢复了高等学校的思想政治教育并得以健康发展。

---

① 张建文:《思想政治课程与教学论》,人民出版社2008年版,第89页。

　　从 1985 年开始,我国进行了思想政治课的改革。其标志是 1985 年 8 月发布的《中共中央关于思想品德和政治讨论课程教学的通知》。《中共中央关于改革学校思想政治理论课程教学的通知》第一次把中华人民共和国成立以来大、中、小学的"政治课"统一称为"思想政治课",包括小学的"思想品德课",中学和中专的"思想政治课",大学的"政治理论课",并分别规定了大、中、小学思想政治课的目标、内容、要求、教学方法、考评方式和教材的编写要求等。① 这里以中等学校思想政治课程改革为例,分析中学思想政治课程改革的创新发展阶段。

　　从 1985 年开始,中等学校思想政治课程的改革主要经历了四个阶段。

　　第一个阶段是 1986—1992 年,是中等学校思想政治课程改革的实验阶段。在这个阶段,颁布了中华人民共和国成立以来的第三个思想政治课的教学大纲,即《中学思想政治课改革实验教学大纲》。在该文件精神的指导下,设置了初一到高三年级课程具体内容——"公民""社会发展简史""中国社会主义建设常识""科学人生观""经济常识"及"政治常识",并将"中学政治课"更名为"中学思想政治课",简称"思想政治课"。

　　第二个阶段是 1992—1996 年,是中等学校思想政治课程改革的继续阶段。在这个阶段,颁布了中华人民共和国成立以来的第四个思想政治课的教学大纲,即《全日制中学思想政治课教学大纲(试用稿)》。其明确了中学思想政治课的性质、地位、任务、教学内容体系(把第三次教学大纲中的"社会发展简史"更名为"社会发展常识",将"科学人生观"更新为"哲学常识",并置于"经济常识"课程之后),统一初一到高三教材名为"思想政治"。

　　第三个阶段是 1996—2003 年,是中等学校思想政治课程改革的深化阶段。在这个阶段颁布了中华人民共和国成立后的第五个思想政治课的教学大纲(课程标准),安排了初一到高三六个方面的内容,依次为"心理品质常识""法律常识""社会发展简史与国情常识""经济常识""哲学常识""政治常识",体现了社会要求与学生需求的统一。

　　第四个阶段是 2003 年至今,以 2003 年、2004 年教育部颁发的《全日制义务教育初中思想品德课程标准(实验稿)》和《普通高中思想政治课程标准(实验稿)》为标志,标志着我国中学思想政治课程改革进入创新发展的新阶段,对我国中学思想政治课程培养目标、课程设置、课程内容等方面进行了改革。2011 年教育部印发《义务教育思想品德课程标准(2011 年版)》,把中学思想政治课程中的道德、心理健康、法律、国情等内容进行有

---

① 张建文:《思想政治课程与教学论》,人民出版社 2008 年版,第 102 页。

机整合,形成了"成长中的我""我与他人和集体""我与国家和社会"三大内容板块;高中则开设必修课程和选修课程,必修课程设置"经济生活""政治生活""文化生活""生活与哲学"四个模块,选修课程设置"科学社会主义常识""经济学常识""国家和国际组织常识""科学思维常识""生活中的法律常识""公民道德与伦理常识"六个模块。这个阶段的课程内容更加丰富,课程目标更加清晰,主要从知识、能力、情感态度价值观三个维度具体阐述。基于2016年发布的中国学生六大核心素养(人文底蕴、科学精神、学会学习、健康生活、责任担当、实践创新)研究成果背景下,2017年教育部颁布《普通高中思想政治课程标准(2017年版)》,明确了高中思想政治学科核心素养是:政治认同、科学精神、法治意识、公共参与。课程结构也进行了相应的调整改革,包括必修课程、选择性必修课程、选修课程。必修课程包括四个模块:模块1"中国特色社会主义"、模块2"经济与社会"、模块3"政治与法治"、模块4"哲学与文化"。选择性必修课程设置"当代国际政治与经济""法律与生活""逻辑与思维"三个模块,选修课程设置"财经与生活""法官与律师""历史上的哲学家"三个模块。该课程标准进一步明确了中学思想政治课程改革的目标和方向。

至此,我国中等学校思想政治课程在改革中逐步发展和完善。

第二节 思想政治课程的性质与特点

一、思想政治课程的性质

思想政治课程在学校教育中有着特殊的地位和作用。要彰显思想政治课程的地位、发挥思想政治课程在教育中的作用,首先要认识什么是思想政治课程,也就是要了解思想政治课程的性质。

通过前面的分析,我们知道在学校教育中的思想政治课程是对小学的思想品德课程、中学的思想政治课程、大学的思想政治教育的统称。不同的历史时期对不同阶段的思想政治课程性质有着不同的规定,本文主要依据中华人民共和国成立以来,不同时期的思想政治课程标准对不同时期的初、高中思想政治课程性质的规定进行回顾与分析。

(一)初中思想政治课程的性质

1. 中华人民共和国成立以来初中思想政治课程性质规定回顾

1959 年《中等学校政治课教学大纲试行草案》是中华人民共和国成立以来的第一个中学思想政治课程教学大纲,规定该时期的中学思想政治课性质为:"政治课是党在学校中思想政治教育的重要组成部分,中等学校政治课是思想政治教育和道德品质教育的重要课程。"[①]

1978 年《中学政治课教学大纲》是中华人民共和国成立以来的第二个中学思想政治课程教学大纲,规定该时期的中学思想政治课性质为:"中学思想政治课是中学教育计划中的主要课程之一,是对学生进行马列主义、毛泽东思想基础知识教育的课程,是思想政治教育的重要途径之一,是贯彻德、智、体全面发展的教育方针的重要方面,是区分社会主义教育和资本主义教育的重要标志。"[②]

1986 年《中学思想政治课改革实验教学大纲》是中华人民共和国成立以来的第三个中学思想政治课程教学大纲,规定该时期的中学思想政治课性质为:"中学思想政治课是在马克思主义指导下,对学生进行思想品德和社会科学基础知识教育的重要课程。"[③]

1993 年《全日制中学思想政治课程教学大纲(试用稿)》是中华人民共和国成立以来的第四个中学思想政治课程教学大纲,规定该时期的中学思想政治课性质为:"思想政治课是全日制中学的一门主要学科,是对学生进行马列主义和毛泽东思想基本常识和社会主义政治、思想、道德教育的课程。它对帮助学生树立正确的政治方向、培养学生社会主义的思想品德起着奠基作用,是中学德育主要途径之一。它的设置是我国学校社会主义性质的一个重要标志。"[④]

1997 年《小学思想品德和初中思想政治课程标准》是中华人民共和国成立以来的第五个中学思想政治课程教学大纲,规定该时期的中学思想政

---

① 课程教材研究所编:《20 世纪中国中小学课程标准・教学大纲汇编思想政治卷》,人民教育出版社 1999 年版,第 205 页。

② 课程教材研究所编:《20 世纪中国中小学课程标准・教学大纲汇编思想政治卷》,人民教育出版社 1999 年版,第 235 页。

③ 课程教材研究所编:《20 世纪中国中小学课程标准・教学大纲汇编思想政治卷》,人民教育出版社 1999 年版,第 271 页。

④ 课程教材研究所编:《20 世纪中国中小学课程标准・教学大纲汇编思想政治卷》,人民教育出版社 1999 年版,第 300 页。

治课性质为："小学思想品德和初中思想政治课是对学生系统进行公民教育和初步的马克思主义常识教育,以及有关科学社会主义常识教育的必修课,是学校德育工作的重要途径,是我国学校社会主义性质的重要标志之一。"①

2003 年《全日制义务教育思想品德课程标准》是中华人民共和国成立以来的第六个中学思想政治课程教学大纲,规定该时期的中学思想政治课性质为："本课程是为初中学生思想品德健康发展奠定基础的一门综合性课程。"②

2. 新时代初中思想政治课程性质规定

《义务教育思想品德课程标准(2011 年版)》规定："初中思想品德课程是一门以初中学生生活为基础、以引导和促进初中学生思想品德发展为根本目的的综合性课程。"

在中华人民共和国成立以来的任何时代背景下,初中思想政治课程都是一门引导和促进中学生品德发展的重要课程,只是在不同的背景下,初中思想政治课程的内容和要求有所不同。

(二)高中思想政治课程的性质

1. 中华人民共和国成立以来高中思想政治课程性质规定回顾

中华人民共和国成立之初到 1996 年之前,初、高中的思想政治课程标准是统一的,其课程性质规定几乎一致。从 1996 年以后,初、高中的思想政治课程性质有所差异,其中高中思想政治课程性质规定如下。

1996 年《高中思想政治课程标准》指出："思想政治课是对中学生系统进行公民品德教育的和马克思主义常识教育的必修课,是中学德育工作的主要途径。"③

2004 年《普通高中思想政治课程标准》指出："思想政治课要对学生进行马列主义常识教育,并帮助学生初步形成正确的世界观、人生观和价值观,为学生的终身发展奠定思想政治素质基础。"④

2. 新时代高中思想政治课程性质规定

2017 年《普通高中思想政治课程标准》指出："高中思想政治以立德树

---

① 《小学思想品德和初中思想政治课程标准》,人民教育出版社 1997 年版,第 1 页。
② 《全日制义务教育思想品德课程标准》,北京师范大学出版社 2003 年版,第 1 页。
③ 《高中思想政治课程标准》,人民教育出版社 1996 年版,第 1 页。
④ 《普通高中思想政治课程标准(2014 年版)》,人民教育出版社 2004 年版,第 1 页。

人为根本任务,以培育社会主义核心价值观为根本目的,是帮助学生确立正确的政治方向、提高思想政治学科核心素养、增强社会理解和参与能力的综合性、活动型学科课程。

"高中思想政治课程紧密结合社会实践、讲授马克思主义基本原理,讲授马克思主义中国化最新成果特别是习近平新时代中国特色社会主义思想,引导学生经历自主思考、合作探究的学习过程,理解中国特色社会主义进入新时代的历史方位,了解新时代中国特色社会主义经济、政治、文化、社会、生态文明建设和党的建设进程,培育政治认同、科学精神、法治意识和公共参与等核心素养,逐步树立共产主义远大理想和中国特色社会主义共同理想,坚定中国特色社会主义道路自信、理论自信、制度自信、文化自信,基本形成正确的世界观、人生观和价值观。高中思想政治课程具有学科内容的综合性、学校德育工作的引领性和课程实施的实践性等特征,它与初中道德与法治、高校思想政治理论等课程相互衔接,与时事政治教育相互补充,与高中其他学科教学和相关德育工作相互配合,共同承担思想政治教育立德树人的任务。"①

与旧课标相比,新课程标准(2017年版)突出了党的十九大精神的重要性,并将其融入教和学的全过程,体现了高中思想政治课程的思想性和方向性。

二、思想政治课程特点

思想政治课程特点是对思想政治课程性质的表现,不同的性质规定呈现出不同的特点。本文主要依据新时代的初、高中课程标准对思想政治课程进行分析。

(一)初中思想政治课程特点

初中思想政治课程的特点主要有以下几个方面。

1.思想性

思想性主要体现在初中思想政治课程的教学内容中,是以社会主义核心价值观体系为导向,构成了思想政治课程的"成长的我""我与他人和集

---

① 《普通高中思想政治课程标准(2020年修订)》,人民教育出版社2020年版,第1页。

体""我与国家和社会"三大板块的内容,旨在根据学生身心发展特点,分阶段分层次对初中学生进行爱祖国、爱人民、爱劳动、爱科学、爱社会主义的教育,为青少年健康成长奠定基础。

2. 人文性

思想政治课程的人文性,主要体现在两个方面:一是初中思想政治课的课程内容上,是一种人文社会科学常识;二是体现在初中思想品德课程的教学目标上,是在尊重学生学习与发展规律基础上,用初中学生喜闻乐见的方式组织课程内容、实施教学,用优秀的人类文化和民族精神陶冶学生心灵,提升学生的人文素养和社会责任感,这体现初中思想政治课着眼于青少年文化特点,关怀学生精神成长需要。

3. 实践性

初中思想政治课程是人在对生活的认识、体验和实践的过程中逐步形成的。因此,初中思想政治课是从学生实际出发,并将初中学生逐步扩展的生活作为课程建设与实施的基础,在教学过程中注重理论与社会实践的联系,引导学生自主参与丰富多样的活动,在认识、体验与践行中促进正确思想观念和良好道德品质的形成和发展。

4. 综合性

思想政治课程的综合性主要体现在以下几个方面。一是初中思想政治课程的性质具有综合性。初中思想政治课程并不是一门单纯的德育课,也不是一门简单的智育课,而是一门"德智共生"的课程。在这门课程中,学生不仅要学习生活经验和理论知识,还要不断提升道德情感等,形成正确的世界观、人生观和价值观。二是体现在初中思想政治课的课程内容上。初中思想政治教材有机整合道德、心理健康、法律和国情等多方面的学习内容,构成了初中思想政治的"成长的我""我与他人和集体""我与国家和社会"三大板块的内容。三是体现在初中思想政治课的课程目标上。《义务教育思想品德课程标准(2011年版)》规定,初中生的课程目标是在社会主义核心价值观体系的指导下,旨在培养一批有理想、有道德、有文化、有纪律的社会主义接班人,并对课程目标的知识、能力、情感态度价值观等方面做了明确的规定。四是体现在课程功能的综合性上。初中思想政治课程有育人功能,即把初中学生培养成为有良好品德的个人;有社会发展功能,即把初中学生培养成符合社会主义发展要求的社会主义建设者和接班人;文化传承的功能;等等。

(二)高中思想政治课程特点

1.综合性

高中思想政治课程的综合性主要体现在课程性质、知识结构和课程目标方面。首先,从课程性质来说,高中思想政治课程是一门综合性、活动型课程。其次,从知识结构来说,高中思想政治课程以陈述性知识为主,包含经济、政治、文化、法律、道德、科技、历史、地理等内容。例如,在《中国特色社会主义》(人教版)必修 1 第二课"只有社会主义才能救中国"中,以新民主主义时期革命的胜利到社会主义制度的建立这个历史时期为主线,涉及了新民主主义时期的"三大改造"、1954 年宪法等经济、法律内容,体现了知识内容的综合性。再次,体现在课程目标上。2017 年版的高中思想政治课程标准中,把高中思想政治课程中三维目标凝练成新时代的四个核心素养,即"政治认同""科学精神""法治意识""公众参与",这四个核心素养是对高中思想政治课程三维目标的提升,是对思想政治课程要达到的效果要求的综合。以"政治认同"为例,在 2017 年版课程标准中这样描述:"具有政治认同素养的学生,应能够:认同走中国特色社会主义道路是历史的必然,坚信中国特色社会主义是国家富强、民族振兴、人民幸福的根本保障,坚定中国特色社会主义道路自信、理论自信、制度自信、文化自信;拥护党的领导,领会中国特色社会主义最本质的特征是中国共产党领导,中国特色社会主义制度的最大优势是中国共产党领导,党是最高政治领导力量;明确社会主义核心价值观是公民最基本的价值标准,自觉践行社会主义核心价值观,树立共产主义远大理想和中国特色社会主义共同理想。"[①]在这个目标描述中,既体现了中国特色社会主义制度、共产主义理想及中国特色社会主义共同理想等知识目标,又从"认同""坚定""领会"等方面体现了高中思想政治课程中的情感目标,还从"自觉践行""树立"等方面体现了高中思想政治课程的能力目标。综上,高中思想政治课程目标也具有综合性。

2.理论性与生活性

与初中思想品德相比,高中思想政治课程更具有理论性。这是基于高中生身心发展特点所特别安排的,尤其是在《哲学与文化》(人教版)必修 4 中哲学知识都是按照原理、方法论来安排的。例如,在探讨"唯物辩证法的

---

① 《普通高中思想政治课程标准(2017 年版 2020 年修订)》,人民教育出版社 2020 年版,第 6 页。

实质与核心"中,开篇点明"矛盾就是反映事物内部对立和统一的关系范畴。简言之,矛盾就是对立统一"①。而在后面提到除了要用"对立统一的观点看问题"的方法论,体现了高中思想政治课程内容的理论性;同时在高中政治课程教材中对于每个框题所要学习的内容,基本上都是选取学生比较熟悉或容易理解的事实材料和知识材料,通过深入浅出、通俗易懂的表述,准确地反映理论的实质,使概念或原理自然地被抽象出来。在学生初步掌握理论知识之后,教材能注意引导学生运用相关理论,去分析说明与教材内容相关的重大社会实际和学生中带倾向性的思想行为问题,敢于正视现实,不回避矛盾。同样以《哲学与文化》中的普遍矛盾和特殊矛盾的知识点为例,在教材的第 39 页,以人们常见的"水果"和"香蕉""苹果"的日常关系为例,由浅入深来讨论抽象概念普遍与矛盾的关系,方便学生理解,也体现了高中思想政治课程的生活性。

3. 开放性

高中思想政治课程的开放性体现在许多方面。首先,高中思想政治课程内容的开放性。在高中思想政治课程内容的结构设置中,设有必修课程和选修课程,其中在选修课程中设置有"当代国际政治与经济"模板,是对必修中"经济与社会""政治与法治"模块的延伸,引领学生立足国际视野来认识和了解我国经济社会和政治社会,体现了思想政治课程内容的开放性。其次,高中思想政治课程教学具有开放性。在新课程改革背景下,高中思想政治课程教学方式也在不断改变,其中议题式教学的提出,对高中思想政治课程教学提出了更高的要求,最重要的一点是高中思想政治课程教学方式、教学过程等要具有开放性。再次,高中思想政治课程的评价方式也更具有开放性。无论是对学生学的评价还是对教师教的评价,都不仅局限于教和学两方面结果的评价上,在教师教的评价上不仅包含着教师对所教学生取得成绩的评价,还包含学校对教师专业师范能力的评价、家长社会对教师师范品德的评价、学生对教师教学过程的评价等。在学生的学上,不仅是对学生智育结果的评价,还包含对学生德育方面的过程性评价。

4. 引领性

高中思想政治课程是国家对青少年进行国家意志表达的主要载体,是学校德育工作的主阵地。从一定意义上来说,高中思想政治课程就是国家思想和政治的课程,通过高中思想政治课程的教学,要"引导学生经历自主

---

① 《哲学与文化》必修 4,人民教育出版社 2017 年版,第 35 页。

思考、合作探究的学习过程,理解中国特色社会主义进入新时代的历史方位,了解新时代中国特色社会主义经济、政治、文化、社会、生态文明建设和党的建设进程,培育政治认同、科学精神、法治意识和公共参与等核心素养,逐步树立共产主义远大理想和中国特色社会主义共同理想,坚定中国特色社会主义道路自信、理论自信、制度自信、文化自信,基本形成正确的世界观、人生观、价值观"①,从而使学生成为德、智、体、美、劳全面发展的社会主义建设者和接班人。这就决定了高中思想政治课程具有引领性。

第三节　思想政治课程的基本理念

何谓基本理念? 何谓思想政治基本理念?

"基本"一词出自《汉书·谷永传》,含有根本之意,后引申为基地、凭借的条件,在现代我们多做根本、大多数、大部分之意使用。"理念",顾名思义就是理性的概念,是观念上升到理性的高度,可作为道理、真理,其概念是指人们在用语言诠释事物或现象时,所归纳和总结出的思想、观念、概念和法则,具有区域性、概括性、客观性、间接性、逻辑性、深刻性、灵活性等特点。如,我们经常所讲的人生理念、哲学理念、办学理念等。由此,基本理念是指我们根本上、大体上、大部分人所认可的思想、观念和概念,能够指导我们的生活。

思想政治课程基本理念,是指在思想政治课程这个范围里归纳出来的最为重要、大体上被人们所接受和认可的思想、观念和概念,这种思想、观念和概念是正确的,能够在我们的思想政治课程中指导教师的教育和学生的学习。思想政治课程基本理念通常以课程标准的形式规定下来,初中思想政治课程基本理念和高中思想政治课程的基本理念各有不同。

一、初中思想政治课程基本理念

《义务教育思想品德课程标准(2011年版)》把初中思想政治课程的基本理念概括为以下几个方面。

---

① 《普通高中思想政治课程标准(2017年版2020年修订)》,人民教育出版社2020年版,第1页。

(一)帮助初中学生过积极健康的生活,做负责任的公民

初中生正值思想品德形成的关键时期,也是学做人的关键时期。习近平总书记在 2019 年 3 月 18 日学校思想政治理论课教师座谈会上强调:青少年阶段是人生的"拔节孕穗期",最需要引导和栽培。因此,在"成长中的我"这个模板教学过程中帮助学生正确认识自我,尊重自我与他人,过积极健康的生活,做负责任的公民,这也是初中思想政治课程的核心。在此阶段,教师在教学过程中要逐步引领学生了解社会、参与公共生活、珍爱生命、感悟人生,逐步形成基本的是非、善恶和美丑观念,帮助学生形成良好品德,树立责任意识和积极的生活态度,做负责任的公民,从而发挥思想品德课程对学生成长的基础性作用。

(二)帮助初中学生正确认识自己,处理好各种关系

初中思想品德课程是人在对生活的认识、体验和实践的过程中逐步形成的。因此,初中生逐步扩展的生活是初中思想政治课程的基础。初中阶段正值初中生的青春期,在青春期初中生生活范围逐渐从家庭转移到学校,初中学生面临着同学、师生以及父母之间的各种关系以及成长中的许多问题。初中思想品德课程的第二个模块"在集体中成长",就是要引导初中学生正确认识成长中的自己,一起体会生活中的美好;引导初中学生正确认识个人与集体的关系,处理好与他人、集体的关系;了解宪法对公民基本权利和义务等方面的规定,帮助初中生形成基本的法律意识,正确处理好个人与国家、社会的关系,并逐步成长为一个与社会主义要求相适应的社会主义接班人。

(三)帮助初中学生形成正确的价值观念,引导其独立思考与积极实践相统一

在学校教育中,学生是学习的主体,课程作为学校教育的一部分,其形成与发展离不开学生的思考和实践。因此,坚持正确的价值观念,引导学生独立思考、积极实践相统一是初中思想品德课程的基本原则。在初中思想政治课程教学中,教师要运用合适的教法和手段,引导学生对教学内容进行思考,并把教学内容里的价值观念运用于实际生活,解决生活中的实际问题。只有当价值观念得到实践的检验时,学生才会真正认可教师在教学中传授给学生的价值观念。因而初中思想政治教学要注意把"正确的价值引导蕴涵在鲜活的生活主题之中,注重课内课外相结合,鼓励学生在实

践中进行积极探究和体验,通过道德践行促进思想品德的健康发展"①。

【教资考试链接】真题

2017(上)思想品德学科知识与教学能力试题(初级中学)

【材料分析题】

33.请你谈谈对思想品德课程基本理念的理解(材料略)。(20分)

【参考答案】

思想品德课程是一门以初中生生活为基础,以引导和促进初中学生思想品德发展为根本目的的综合性课程。思想品德教师在设计课堂教学时需要贯彻这一思想。该教学片断值得我们借鉴的地方有以下三个方面。(2分)

①帮助学生过积极健康的生活,做负责任的公民。初中学生正处于身心发展的重要时期,自我意识和独立性逐步增强。帮助学生在初中阶段形成良好品德。树立责任意识和积极的生活态度,对学生的成长具有基础性作用。思想品德课程的任务是引领学生了解社会、参与公共生活、珍爱生命、感悟人生,逐步形成基本的是非、善恶和美丑观念。过积极健康的生活,做负责任的公民。在总结升华环节,通过名人名言的解读分析,以及学生之间相互交流感悟,进行分享活动,正是帮助学生了解社会、参与生活并感悟人生的体现。在拓展思考环节,带领学生签下承诺书,正是帮助学生做负责任公民的体现。(6分)

②初中生逐步扩展的生活是课程的基础。思想品德是人在对生活的认识、体验和实践过程中逐步形成的。初中学生生活范围逐渐扩展,需要处理的各种关系日益增多。思想品德课程正是在学生逐步扩展的生活经验的基础上,与他们一起体会成长的美好、面对成长中的问题,为初中学生正确认识成长中的自己,处理好与他人、集体、国家和社会的关系提供必要的帮助。在学习新课环节,教师通过播放视频,以及出示生活中四种常见的不良诱惑,帮助初中生认清生活中的不良诱惑。在初中生逐步扩展的生活经验的基础上,教师与学生一起面对成长的问题,并提供必要的帮助。学生在这样的活动中也积极参与。在拓展思考环节,教师带领学生结合自己的实际情况写一则承诺书,也正是基于学生的生活而展开的。(6分)

③坚持正确价值观念的引导与学生独立思考、积极实践相统一是课程的基本原则。思想品德的形成与发展,离不开学生的独立思考和积极实

---

①　《义务教育思想品德课程标准(2011年版)》,北京师范大学出版社2012年版,第3页。

践。国家和社会的要求只有通过学生的独立思考与实践才能为学生真正接受。思想品德课程将正确的价值引导蕴涵在鲜活的生活主题之中,注重课内课外相结合,鼓励学生在实践中进行积极探究和体验,通过道德践行促进思想品德的健康发展。在整个课堂教学活动中,教师都是在正确的价值观下去引导学生参与课堂。学习新课阶段,教师积极引导学生独立思考,之后又对学生进行分组,给出体验题目,学生积极参与讨论,并和同学进行分享,这正是思想品德课程理念的体现。(6分)

【教资考试链接】真题

2017(下)思想品德学科知识与教学能力试题(初级中学)

【材料分析题】

33. 材料:某教师在进行《我与父母》教学时,让学生围绕"父母为我做了哪些事"和"我为父母做了哪些事"进行讨论。学生张某说,自己的妈妈是工程师,为了照顾自己放弃事业在学校附近租了一间房子陪读。学生们听了之后很感动。这时,学生李某提出了异议。他认为这种陪读虽然体现了母爱,但是母亲这种"以孩子为中心"的做法值得商榷,过于宠爱、溺爱孩子不利于子女的成长。听完大家的讨论,教师进行了如下总结:"很好,李某看到了我们容易忽视的一面,'陪读'的确体现了父母无私的爱,但是这种爱我们能心安理得地接受吗?如果接受,岂不是有些自私?而且这种爱不利于我们自立自强。父母有父母的工作和事业,我们有我们的学习和生活,在家不能以哪一方为中心,家庭成员要相互关爱,共建幸福家庭。"

问题:结合思想品德课与教学论的相关知识,分析该教师的教学有哪些值得借鉴的地方。

【参考答案】

①新课标中指出,思想品德课程的核心是帮助学生过积极健康的生活,做负责任的公民。该教师在评价此次讨论时,更加注重对学生品德养成的教育。

②新课标中指出,思想品德课程的基础是初中生逐步扩展的生活。该教师通过对学生生活中常见的"陪读"现象进行讨论评析,能够更好地帮助学生理解知识、提升能力、树立正确的"三观",帮助学生处理好与家长的关系。

③新课标中指出,思想品德课程的基本原则是坚持正确价值观念的引导与学生独立思考、积极实践相统一。该教师通过对"陪读"现象的客观理性解读,引导学生形成独立自主的人格,鼓励学生在处理与家庭的关系时,

不应以一人为中心,而应该相互关爱。

④新课标的评价建议要求教师客观公正地评价学生。该教师对于学生的不同意见,并没有否定,而是与学生一起客观、理性地分析利弊,肯定学生的回答。

⑤思想品德教学要求树立以学生发展为本的教学理念。该教师在评价学生时,重点在于对学生人格的发展,对学生自立、自强品格的培养,从学生的现实生活出发,培养学生完善的人格。

二、高中思想政治课程基本理念

《高中思想政治课程标准(2017 年版)》把高中思想政治课程的基本理念概括为以下几个方面。

(一)了解马克思主义中国化新成果,坚持正确的思想政治方向

《普通高中思想政治课程标准(2017 年版)》把高中课程结构设置为必修和选修两大部分,其中必修中设置有"中国特色社会主义""经济与社会""政治与法治""哲学与文化"四个模块。这四个模块依托"中国特色社会主义"的基本原理讲述如何坚持和发展中国特色社会主义。因此,本课程坚持理论与实践相结合的原则,对学生进行马克思主义基本理论教育,使他们理解马克思主义中国化就是马克思主义基本原理同中国具体实际相结合的过程,习近平新时代中国特色社会主义思想是马克思主义中国化最新成果。[①]

当今世界正值一个大变革时期,我们国家作为世界众多国家的一员,在这个时期面临着许多问题和挑战。高中思想政治课程就是要引导高中学生面对当前社会变革和实践创新中新挑战、新问题的时候,要善于用历史的眼光、国情的眼光、辩证的眼光、文化的眼光和国际的眼光来看待这些问题和挑战;引领学生通过观察、辨析、反思和实践,真学真懂真信真用马克思主义,坚定"四个自信",在人生成长的道路上把握正确的思想政治方向。

---

① 《普通高中思想政治课程标准(2017 年版 2020 年修订)》,人民教育出版社 2020 年版,第 2 页。

（二）构建活动型学科课程

活动型课程，又称经验课程、学生中心课程，是与学科课程对立的课程类型，这种课程侧重于学生主体性的发挥，突出学生在教学中的手脑并用，从而达到良好的教学效果。高中思想政治课程力求构建思想政治学科逻辑与实践逻辑、理论知识与生活关切相结合的活动型学科课程。教师在教学中要采取思维活动和社会实践活动等方式呈现学科内容，即通过一系列课堂活动及其课堂教学结构化设计，实现"课程内容活动化""活动内容课程化"，实现高中思想政治课程学科核心素养的培育，促进学生的长远发展，这就要求教师在思想政治课教学中把理论观点与生活经验有机结合，让学生在社会实践活动的历练中、在自主辨析的思考中感悟真理的力量，自觉践行社会主义核心价值观。

（三）采用符合学生身心发展规律的教学方式

高中学生的认知结构完整体系基本形成，认知活动的自觉性明显增强，其有意识记能力、有意想象能力等发展迅速，并且高中生的思维能力基本完成了向理论思维的转化，逻辑思维、辩证思维和创造思维等思维能力更加成熟。同时，高中生的情感不断丰富，意志力不断增强，兴趣更加广泛和稳定，学习动机更加强烈，这些都为高中生思想政治理论课的学习提供了条件。因此，在高中思想政治课程教学中，教师教学方式要符合学生身心发展规律，要"针对高中学生思想活动和行为方式的多样性、可塑性，着力改进教学方式和学习方式"[1]。这就要求高中思想政治课教师，一要在当前的课程实施中充分利用现代信息技术，拓展教育资源和教育空间，采用议题式教学方式，引入教学知识、引导和启发学生对议题产生思考和讨论，推动教师转变教学方式，使教学在师生互动、开放民主的氛围中进行；二"要通过问题情境的创设和社会实践活动的参与，促进学生转变学习方式，在合作学习和探究学习的过程中，培养创新精神，提高实践能力"[2]。

（四）建立发展性评价机制

发展性评价机制是一种动态的评价机制，是一种把学生学业和成长记

---

[1] 《普通高中思想政治课程标准（2017 年版 2020 年修订）》，人民教育出版社 2020 年版，第 2 页。

[2] 《普通高中思想政治课程标准（2017 年版 2020 年修订）》，人民教育出版社 2020 年版，第 3 页。

录相结合的评价方式。高中思想政治课程就是要紧紧围绕思想政治学科核心素养的形成与发展,建立激励学生不断进步的发展性评价机制。发展性评价机制注重学生学习和社会实践活动的行为表现,采用多种评价方式,综合评价学生的理论思维能力、政治认同、价值判断力、法治素养和社会参与能力等,从而全面反映学生思想政治学科核心素养的发展状况。

思考题:

1. 初中思想政治课程的性质、特点、基本理念是什么?
2. 高中思想政治课程的性质、特点、基本理念是什么?

课外拓展研究:

1. 探究新民主主义革命时期革命根据地的政治教育。
2. 探究中华人民共和国成立以来思想政治课程的教学大纲(标准)。

第二章　思想政治课程的目标

第一节　课程目标概述

课程目标是课程的核心和关键,是教学实施的方向、标准、基础和前提。因此课程目标的定位具有非常重要的意义。

一、课程目标的含义与分类

(一)课程目标的含义

目标是指行为主体想要达到的境地或标准。课程目标是指在课程设计与开发过程中,课程本身要实现的具体要求;或者说,课程目标是一定学校的某门、某类课程或课程体系所要达到的具体目标,即学生学习所要达到的结果,或者说是一定学段的学校课程力图最终达到的标准。

思想政治课程目标就是学生学习思想政治课程最终所要达到的结果或目的。具体说来,思想政治课程目标是以社会主义核心价值体系为导向,促进学生形成正确思想观念和良好道德品质,使学生成为有理想、有道德、有文化、有纪律的社会主义建设者和接班人。

(二)课程目标的分类

课程目标的类型按照学生的素质结构来分,一般有横向分类和纵向分类。课程目标的横向分类一般是把课程目标划分为事实目标、技能目标、态度目标,或者技巧目标、方法目标、知识目标等,或者认知目标、情感目标、动作技能目标等。

从横向分类来看,我国思想政治课程目标的设置经历了三个发展阶段。第一阶段是自中华人民共和国成立到改革开放期间，这一时期的课程目标，主要强调对党、对国家、对人民的政治态度，我们把这一时期的课程目标称为一维目标。第二阶段是从改革开放到新课程改革，主要强调基础知识和基本技能，我们把这一时期的课程目标称为二维目标，或双基目标。第三阶段是新课程改革以来，强调知识目标、能力目标和情感态度价值观目标，我们把它称为三维目标。在这三维目标中，知识包括感性知识和理性知识，如事实、概念、观点、原理等，能力包括思维能力、学习能力、操作能力等，情感态度是指对人、对事、对集体的态度，价值观就是对价值问题的观点和看法。知识目标、能力目标、情感态度价值观目标在本质上是统一的、不可分的，其中，知识目标是基础，能力目标是中心，情感态度价值观目标是根本。三维目标在思想政治课程的不同发展阶段，其排列的顺序和侧重点有所不同。一般来说，低年级强调情感态度价值观，高年级强调知识与能力。

课程目标的纵向分类，就是把课程目标划分为学科目标、阶段目标、年级目标、单元目标、课时目标等。每一级的纵向目标又可分为不同的内容目标或素养目标。例如：初中思想政治某课时目标，可分为该课时的情感态度价值观目标、能力目标、知识目标；高中思想政治某课时目标，又可分为该课时的政治认同素养目标、科学精神素养目标、法治意识素养目标、公共参与素养目标。

二、课程目标的功能

课程目标的功能是指课程目标对课程与教学活动可能产生的作用和影响。一般认为课程目标的功能主要包括以下四个方面。

(一)评价功能

课程目标是课程与教学的出发点和归宿，是评估教学活动是否达到结果及要求的重要标准，是学生应当达成的水平及程度的标准，即是师生在教学活动中双方共同努力达成的标准，因而课程目标就具有评价的功能，调整着教师的教学进程和学生的学习活动。

(二)激励功能

课程目标对学生具有激励作用，对教师具有管理作用。一堂成功的课是目标明确、结构合理的课；一位优秀的教师能够善于确定有效目标，能够有效完成课程目标，并且用课程的目标来展开教学、激励学生。

（三）导向功能

课程导向功能是指课程目标所要达到的最终结果的方向性，即指向课程最后所要达到的结果的方向。当教学活动偏离了课程目标所指向的方向时，教师也会自觉地反思并予以纠正。

（四）调控功能

调控功能是指"课程目标对教师选择的教学内容和教学方案具有指导、协调、支配、控制的作用"[①]，也就是指导教师在教学时必须按一定的目标选择教学内容，用最合适、最恰当的教与学的方案去完成教学任务，实现课程目标。

三、课程目标设置的基本依据

"课程目标定位过程中，国家起着主导作用。各国在考虑德育课程目标定位时，都力求与经济、政治、社会和文化发展的要求相适应。"[②]其实，课程目标的定位与经济、政治以及社会的适应，就是与社会生活的适应，和文化的适应就是与学科知识发展的适应。除此之外，还应该与学习者的需要相适应。

（一）学习者的需要

学习者的需要是设置课程目标的直接依据。学生的发展有赖于课程的引导，课程的设计与实施必须符合学生的发展水平。这是因为，其一，课程的设计与实施只有依据学生的需要，为了学生的需要，课程目标和要求才能最终通过学生的学习和实践变成现实。其二，学生的需要制约着课程目标的方向和课程内容的选择。学生的需要包括健康的需要、审美的需要、交往的需要、自我认知的需要、心理发展的需要、升学就业的需要等。

---

① 邝丽湛、王卫平、谢绍熺：《思想政治新课程教学论》，广东高等教育出版社 2005 年版，第 36 页。

② 吴铎：《德育课程与教学论》，浙江教育出版社 2003 年版，第 20 页。

学生多样化的需要决定课程目标和内容必须具有高度的综合性,处理好知识与能力、个人需要与社会需要、直接经验与间接经验等的关系。其三,学生身心发展水平和个性差异制约课程内容的深度和教材的难易度。所以说学习者的需要是课程目标设置首要的、基本的来源和依据。

(二)当代社会生活的需求

当代社会生活的需求是设置课程目标的最终依据。这是因为社会是一个有机结构,这个有机结构是在劳动的基础上,由生产力、生产关系和上层建筑等基本要素构成的复杂的有机整体。其中,生产力、生产关系和上层建筑是一个社会最基本的要素,它们的矛盾运动是推动社会变化和发展的最终决定力量,也是课程变化和发展的最终决定力量。也可以说,生产力是课程不断演变和发展的最终动力和基本条件,生产关系决定课程的性质,上层建筑决定课程的指导思想。因此,课程最终是由社会发展的需要决定的,课程要为社会发展服务,社会的需要就成为课程设计的来源与依据。

(三)学科知识的发展

学科知识的发展是设置课程目标的重要依据。知识是人类直接经验和间接经验的总和,表现为一系列的概念、原理、观点、感受、体验和技能等要素。知识对课程的决定作用在于:其一,知识是课程的主要内容。课程的编制就是对一定知识内容的选择、计划和安排,课程实施就是对一定知识内容的传授与学习,衡量课程效果的一个重要标准就是看学生对一定知识内容的掌握和熟练程度。其二,知识的性质和发展的程度决定课程内容的形式和广度。课程发展的历史实际上就是人类社会的知识发展史。所以课程编制的时候,就要处理好科学文化知识的增长与课程内容的扩展和更新之间的矛盾性。其三,知识的门类结构和分化的状况制约着课程类型的划分。总之,学科知识是课程内容的主体部分,课程是学科知识的载体和传承方式。因此,学科知识也是课程目标设计的重要来源与依据。

第二节　思想政治课程目标

一、初中思想政治课程目标

(一)初中思想政治课程总目标

初中思想政治课程以社会主义核心价值体系为导向,旨在促进中学生正确思想观念和良好道德品质的形成与发展,为使学生成为有理想、有道德、有文化、有纪律的社会主义合格公民奠定基础。[①]

(二)初中思想政治课程分类目标[②]

1.情感、态度、价值观

(1)感受生命的可贵,养成自尊自信、乐观向上、意志坚强的人生态度。

(2)体会生态环境与人类生存的关系,爱护环境,形成勤俭节约、珍惜资源的意识。

(3)养成孝敬父母、尊重他人、诚实守信、乐于助人、有责任心、追求公正的品质。

(4)形成热爱劳动、注重实践、崇尚科学、自主自立、敢于竞争、善于合作、勇于创新的个性品质。

(5)树立规则意识、法制观念,有公共精神,增强公民意识。

(6)热爱集体、热爱祖国、热爱人民、热爱社会主义,认同中华文化,继承革命传统,弘扬民族精神,有全球意识和国际视野,热爱和平。

2.能　力

(1)学会调控自己的情绪,能够自我调适、自我控制。

(2)掌握爱护环境的基本方法,形成爱护环境的能力。

(3)逐步掌握交往与沟通的技能,学习参与社会公共生活的方法。

(4)学习搜集、处理、运用信息的方法,提高媒介素养,能够积极适应信息化社会。

---

① 《义务教育思想品德课程标准(2011)》,北京师范大学出版社 2012 年版,第 5 页。
② 《义务教育思想品德课程标准(2011)》,北京师范大学出版社 2012 年版,第 5 页。

(5)学会面对复杂的社会生活和多样的价值观念,以正确的价值观为标准,做出正确的道德判断和选择。

(6)学习运用法律维护自己、他人、国家和社会的合法权益。

3. 知识

(1)了解青少年身心发展的基本常识,掌握促进身心健康发展的途径与方法,理解个体成长与社会环境的关系。

(2)了解我与他人和集体关系的基本知识,认识处理我与他人和集体关系的基本社会规范与道德规范。

(3)理解人类生存与生态环境的相互依存关系,认识当今人类所面临的生态环境问题及其根源,掌握环境保护的基础知识。

(4)知道基本的法律知识,了解法律在个人、国家和社会生活中的基本作用和意义。

(5)知道我国的基本国情,初步了解当今世界发展的现状与趋势。

【教资考试链接】课堂思考

【简答题】

材料:在王老师的《礼貌显魅力》教学公开课上,听课教师对其提问进行了统计,数据如下:

提问的角度	问题类型	问题数量	比重
过程与结果角度	指向过程性的问题	3	21.4%
	指向结果性的问题	11	78.6%
三维目标角度	关注知识目标达成的问题	9	64.3%
	帮助学生思维能力发展的问题	3	21.4%
	促进学生价值观内化的问题	2	14.3%

问题:结合上述数据和思想品德课程评价相关要求,对王老师课堂提问加以评析。

【参考答案】

①王老师的问题从过程和结果两个方面展开,体现了形成性评价和终结性评价相结合的原则。但两者的数量比例不对等。应适当增加过程性问题的数量。

②王老师整堂课所提问题,从三维目标来看,体现了知识、能力、情感态度价值观培养。但在价值观内化问题上比重较小,应加大能力和价值观内化的问题比重。

二、高中思想政治课程目标

(一)高中思想政治课程总目标

高中思想政治课程以立德树人为根本任务,以培育中学生的社会主义核心价值观为根本目的,帮助学生确立正确的政治方向、提高思想政治学科核心素养、增强社会理解和参与能力。

(二)高中思想政治课程分类目标[①]

1. 政治认同素养

认同走中国特色社会主义道路是历史的必然,坚信中国特色社会主义是国家富强、民族振兴、人民幸福的根本保障,坚定中国特色社会主义道路自信、理论自信、制度自信、文化自信;拥护党的领导,领会中国特色社会主义最本质的特征是中国共产党领导,中国特色社会主义制度的最大优势是中国共产党领导,党是最高政治领导力量;明确社会主义核心价值观是公民最基本的价值标准,自觉践行社会主义核心价值观,树立共产主义远大理想和中国特色社会主义共同理想。

2. 科学精神素养

用马克思主义基本立场、观点和方法,观察事物、分析问题、解决矛盾;解放思想、实事求是,对经济、政治、文化、社会和生态文明建设的实践,做出科学的解释、正确的判断和合理的选择;感悟人生智慧,过有意义的生活;以锐意进取的态度和负责任的行动促进社会和谐。

3. 法治意识素养

理解法治是人类文明演进中逐步形成的先进的国家治理方式,全面依法治国是国家治理的一场深刻革命,明确建设社会主义法治国家的基本要求;树立宪法法律至上、法律面前人人平等的法治理念;懂得权利与义务的关系,养成依法办事、依法行使权力、依法履行义务的习惯;拥有法治使人共享尊严,让社会更和谐、生活更美好的认知和情感。

---

① 《普通高中思想政治课程标准(2017年版2020年修订)》,人民教育出版社2020年版,第6页。

4.公共参与素养

具有集体主义精神;遵循规则,有序参与公共事务;热心公益事业,践行公共道德,乐于为人民服务;积极参与民主选举、民主协商、民主决策、民主管理、民主监督的实践,体验人民当家作主的幸福感;具备善于对话协商、沟通合作、表达诉求和解决问题的能力,勇于担当社会责任。

三、思想政治课程目标的表述方式

思想政治课程标准对课程目标的表述一般采用"行为性目标表述方式",行为主体是学生。具体表现为:每一个课程目标一般都由四个基本部分构成:行为主体→行为动词→行为条件→预期表现。例如,描述(动词)几种消费心理(条件),树立(动词)正确的消费观(预期表现)。"行为目标表述"方式体现在"三维"类型目标当中,分别采取不同的行为动词。例如,有关情感态度价值观目标的行为动词有:感受、亲近、热爱等;有关能力目标的行为动词有:观察、分辨、运用等;有关认知目标的行为动词有:知道、理解、熟悉等。

第三节　思想政治课程目标的定位与教材处理

一、思想政治教材处理的一般步骤和原则

(一)思想政治教材处理的一般步骤

目前,初中思想政治教材有多种版本,但趋向统一,而普通高中思想政治教材则是统一的。无论统一与否,教材从本质上说是教师用于实现教学目标的手段,也是学生完成学习任务的工具。因此,教材不应背离课程标准和培养目标,在处理教材时应以课程标准为导向;同时,教材是教师和学生共同使用的工具,教师在教学活动中要兼顾教学双方的需要。教材同时也是学材,或者应称为课本。

思想政治教材的处理,大致需要经历以下几个步骤。

1. 准备

作为处理思想政治教材的主体,教师的头脑并非一片空白,而应当具备相应内容的学科理论背景和对学生学情的认识。教师只有将学科理论、学情认识与教材相结合,才能更深刻地理解教材、应用教材。当然准备部分并非只是在阅读教材之前完成的,实际上是在阅读教材过程中交互开展的。

2. 理解

教师应仔细阅读、理解教材的每一部分。理解每一段正文的含义,概括每段正文的中心思想。仔细研读每个案例,理解案例提出的问题,明白案例的意图。应该通盘了解各册教材内容,必要时要联系初高中的教材内容。如,初中《道德与法治》(人教版)八下第六课有"国家权力机关"的内容,而高中思想政治必修 3 第五课也有"人民代表大会:我国的国家权力机关"的内容。无论初中教师还是高中教师,都必须全盘熟悉初高中的教材,才能更好地理解教材,恰当备课。有时,甚至需要把思想政治教材与其他教材联合起来研读,例如要讲解高中思想政治必修 1 第一课"科学社会主义的理论与实践",必须联系初高中的历史课程方面的内容。

3. 分析

在仔细阅读教材的基础上,还必须分析作者背后的意图,得出教材的知识体系框架,这个知识体系框架应该是基于作者原意的。有时可能会遇到实在搞不懂作者思路的情况,这可能是自身或作者的原因。不管怎样,应该把疑问之处标示出来,列出自己的各种可能推测。例如,在初中《道德与法治》七下第六课"集体生活邀请我"中,第一目为"集体的温暖",主要讲集体给个人带来的温暖;而第二目"集体的力量"却不探讨集体带给个人的力量,而去讲集体与个人力量的关系,以及集体对个人的影响,甚至还提及第一目中已经探讨的集体给个人安全感的内容。虽然思路上可能不太顺畅,但是作者或许是想从个人与集体力量的对比中得出团结的重要性。

4. 评价

教材的观点是否与课程标准和最新意识形态观念等相符,思路是否合理,教材的案例是否陈旧或不确切,等等,都需要教师基于课程标准、学情等因素加以审视。这并非完全是说教材有什么问题,一方面,教材需要不断改进,与时俱进;另一方面,教师只是从自己的教学实际出发对教材评价,是为了更好地教学,并非对教材具体内容的否定。例如,在初中《道德与法治》(人教版)七下第六课"集体生活邀请我"中,教材中有学校为学生准备"爱心雨披"的情境,这个案例的情况可能在城市中条件较好的学校是存在的,但如果是在经济较落后地区的中学,案例内容就离学生实际生活较远,一味使用教材案例效果反而适得其反。

5. 应用

根据实际情况,教师需要对教材内容进行取舍和重构。取舍包括对教材案例的选择,对知识点内容的详略处理等。重构则是在理解教材知识体系的基础上,结合实际情况设计教学中的知识等各种目标呈现的逻辑顺序,是对教材内容的选择、补充和完善。这种取舍和重构考验着教师的想象力和创新能力等多个方面的水平。

(二)思想政治教材处理的一般原则

1. 政治性原则

政治性原则要求教师在处理教材时应以中央最新的指导思想为准,这也是所有教学工作的底线。坚持政治性原则,既是教师遵守宪法的需要,也是对教师职业道德的要求。坚持政治性原则要做到以下几点:一是在课程标准或教材与中央指导思想不尽一致时,应以中央最新指导思想为依据,课程标准和教材有时会出现内容滞后的情况,这就需要教师能够及时调整内容。二是当教师个人认识与政治要求不一致时,要求教师不能随意改变教材内容,而应当积极钻研业务,提高个人觉悟。三是防止极"左"倾向。不能以为"左"就是政治正确,"左"实际上也是一种政治不正确,有时甚至可能是"高级黑"。

2. 层次性原则

教材在编写时可能会超出课程目标的要求,对于要达到的教学目标也没有根据社会现实、学情等情况加以分层分类。而当今社会正处于价值观多元化的时代,强行要求所有的学生必须遵循完全相同的价值观是不切实际的。为此,就需要对教材涉及的教学目标进行分层,看哪些是每个公民必须要做到的,哪些是对公民的更高要求,恰当处理教材内容。例如,在初中《道德与法治》(人教版)七下第八课"公平正义的守护"中,个人见义勇为就不是人人都能做到的,我们可以提倡,但不能一味地强求。这就要求我们在处理教材时要注意讲解的分寸。

3. 现实性原则

通常讲教学要贴近社会、贴近生活、贴近学生,指的就是教学要联系现实。教学的目的是提高学生的素养,为了更有效地实现这个目标,有必要对教材进行恰当的处理。依据现实性原则,才能更好地区分教材重、难点与教学重、难点的不同。只有贴近现实,课堂才能生动有趣,才能提高学生的上课积极性,引发学生的思考,从而实现良好的教学效果。

4.真实性原则

真实性原则要求教师以学生真实的心理活动为依据处理教材。真实性原则与现实性原则有所不同,现实的素材和场景未必一定是真实的。思想政治课绝对不是假大空,真实是其最强大的说服力。在教材中,有些案例可能是编写者从自身认识出发,根据自己以为的中学生活而虚构的,看似具有现实性,却并不真实。这样也就不能真正打动学生,学生的回应也不太可能是发自肺腑的,往往是把课本的知识点念一遍,所谓的师生互动就成了假互动。因此,教师一定要了解学生内心深处的真实想法,合理取舍教材内容,要让学生敞开心扉,真正与教师进行心与心的沟通,要让学生体会到真情实感。

5.设计性原则

如果说教材是原著的话,教师则应同时是编剧、导演和演员。一堂好课应该具有一种自然的设计感,把整个课堂内容用一根线索有机地串在一起,使得整节课跌宕起伏,具有某种故事性。这个线索可以是根据对教材的理解,按教材内容的呈现顺序展开,也可以是根据剧情需要,重新编排教材的内容顺序。例如,在处理初中《道德与法治》(人教版)九下第三课"中国担当"时,可以新冠抗疫为线索,以教材内容为顺序,展现中国对本国人民的负责和对世界的担当,体现中国人的智慧。又如,在初中《道德与法治》(人教版)八下第七课"尊重自由平等"中,可以打破教材的内容体系,把自由与平等作为各自独立的一节课来教学,第一节课先讲自由的含义、作用、实现等,第二节课再讲平等的内容。

二、初中思想政治课程目标的定位与教材处理

(一)国情部分的目标定位与教材处理

1.国情部分的目标定位

情感态度价值观目标:体会生态环境与人类生存的关系,爱护环境,形成勤俭节约、珍惜资源的意识;热爱集体、热爱祖国、热爱人民、热爱社会主

义，认同中华文化，弘扬民族精神，有全球意识和国际视野，热爱和平。

能力目标：掌握爱护环境的基本方法，形成爱护环境的能力。

知识目标：理解人类生存与生态环境的相互依存关系，认识当今人类所面临的生态环境问题及其根源，掌握环境保护的基础知识；知道我国的基本国情，初步了解当今世界发展的现状和趋势。

2. 国情部分的教材处理

国情部分教材处理一般要遵循客观原则、生动性原则、思想提升的原则等；实事求是，理论联系实际；要注意历史感和时代感的培养，突出情感态度价值观的重要性，要避免过多地使用文字语言，尽可能地使用图片、视频等手段，使其生动化和具体化，以便于学生理解，同时强化情感态度和价值观。

（二）心理健康部分的目标定位与教材处理

1. 心理健康部分的目标定位

情感态度价值观目标：感受生命的可贵，养成自尊自信、乐观向上、意志坚强的人生态度。

能力目标：学会调控自己的情绪，能够自我调适、自我控制。逐步掌握交往与沟通的技能，学习参与社会公共生活的方法。学习搜集、处理、运用信息的方法，提高媒介素养，能够积极适应信息化社会。

知识目标：了解青少年身心发展的基本常识，掌握促进身心健康发展的途径与方法，理解个体成长与社会环境的关系。

2. 心理健康部分教材处理

根据课程标准确定的内容，选择与学生成长息息相关、对学生发展至关重要的教学内容。同时要充分考虑学生的兴趣点，材料的引用要能够引起他们的共鸣；要充分利用学生的主动性，引导学生实现自我发现、自我教育、自我提高，从而起到事半功倍的效果；对于那些已经存在各种问题的同学不能忽视，要及时发现问题、解决问题，促进其健康成长。

（三）道德部分的目标定位与教材处理

1. 道德部分的目标定位

情感态度价值观目标：养成孝敬父母、尊重他人、诚实守信的品质，形成热爱劳动、注重实践、崇尚科学、自主自立、敢于竞争的个性品质。

能力目标：学会面对复杂的社会生活和多样的价值观念，以正确的价值观为标准,做出正确的道德判断和选择。

知识目标:了解我与他人和集体的关系,认识处理我与他人和集体关系的基本社会规范与道德规范。

2.道德部分的教材处理

在道德部分教材处理上要力戒说教,以免引起学生的反感;面对学生的错误,应该本着宽容的精神,帮助他们理顺思路,帮助他们走上正确的道路;要体现教学的层次性要求,要因人而异,不搞一刀切;不仅要以引导者的身份出现,更要以朋友的身份出现;在案例的选择上,要考虑所选材料的时代性、真实性、实效性。

(四)法律部分的目标定位与教材处理

1.法律部分的目标定位

情感态度价值观目标:树立规则意识、法制观念,有公共精神,增强公民意识。

能力目标:学习运用法律维护自己、他人、国家和社会的合法权益。

知识目标:知道基本的法律知识,了解法律在个人、社会和国家生活中的基本作用和意义。

2.法律部分的教材处理

在法律部分教材处理上,要注意运用典型案例的形式,将抽象的法条变成生动的案例故事,这样便于学生理解,加深记忆;要选择与学生的生活息息相关的材料,要尽可能选取学生生活中可以接触到的情境作为案例,让学生理解法律的尊严,体会法律维护社会秩序的作用;要让学生学会运用相关法律知识、解决实际问题的能力;在教材处理上,要以学生为中心,要按照学生不断扩展的生活需要,介绍与之相关的法律内容;在教材处理时要注意以保护为中心,全面介绍有关法律,让学生理解法律是保护他们合法权益的手段和武器。

三、高中思想政治课程核心素养的目标定位与教材处理

(一)《中国特色社会主义》的目标定位与教材处理

1.《中国特色社会主义》的目标定位

政治认同素养:坚持和发展中国特色社会主义是实现中华民族伟大复

兴中国梦的必由之路,坚定中国特色社会主义共同理想,树立共产主义远大理想。

科学精神素养:理解人类社会发展的一般进程,了解世界各地历史发展的不同轨迹,理解社会发展的历史进程取决于社会基本矛盾的运动。

法治意识素养:了解近代中国探索复兴之路的历程,明了社会主义是近代中国历史发展的必然,明白中国特色社会主义是根植于中国大地、反映中国人民意愿、适应中国和时代发展进步要求的科学社会主义。

公共参与素养:增强道路自信、理论自信、制度自信、文化自信,将个人前途与国家命运结合起来,在实现中国梦的生动实践中放飞青春梦想。

2.《中国特色社会主义》的教材处理

在教材的处理上,要凸显《中国特色社会主义》基本观点,注重方向性与价值导向,关注学生的思维过程,理论联系实际;要统筹学科体系的知识经验,依托初中《道德与法治》相关教学的基础,既不重复又不脱节、形成互补,寻求教学效率、效能和效果的最优化;要围绕议题中心教学,坚持价值性与知识性相统一;要强化辨析教学,坚持建设性与批判性相统一。

(二)《经济与社会》的目标定位与教材处理

1.《经济与社会》的目标定位

政治认同素养:了解社会主义基本经济制度的优越性,理解坚持社会主义市场经济和深化经济体制改革的意义。

科学精神素养:明确社会主义基本经济制度是社会主义市场经济的根基,树立以人民为中心的发展思想。

法治意识素养:对促进社会公正、实现共同富裕、营造良好社会风尚、完善社会保障的政策提出建议。

公共参与素养:运用中国特色社会主义政治经济学的基本观点,观察和分析经济社会现象。

2.《经济与社会》的教材处理

在教材的处理上,一要"两尊重":尊重学科逻辑,尊重生活实践逻辑;二要"三贴近":贴近学生、贴近实际、贴近生活;三要"四化":优化情境、强化活动、深化辨析、淡化定义。在教学上,要基于学科问题基础上进行教学,结合教情与学情,创设典型的真实的问题情境,引导学生思考如何解决这些具体的问题。

（三）《政治与法治》的目标定位与教材处理

1.《政治与法治》的目标定位

政治认同素养：了解中国共产党的性质、宗旨和指导思想，明确党的执政地位是历史和人民的选择。懂得走中国特色社会主义政治发展道路，必须坚持党的领导、人民当家作主、依法治国有机统一。

科学精神素养：阐释中国特色社会主义政治制度的基本内容、鲜明特点和主要优势。

法治意识素养：了解全面依法治国的总目标，知道科学立法、严格执法、公正司法和全民守法的基本要求。

公共参与素养：具备有序参与国家政治生活和社会公共生活的能力。

2.《政治与法治》的教材处理

在教材的处理上，教师要准确地把握教材的性质，以价值传递和塑造为目的，以知识讲解和传授为载体；要认真吃透教材内容，注重发挥教材特色；要掌握教学方法，要善于引用典型事例来证实、说明或描绘相关的内容来教学；教师要有相关的知识储备，如党史、共和国史、改革开放史，以及党的路线方针政策等；教师要有各种活动资源的储备，如影视资源、官方网站、校本文化和地方资源等。

（四）《哲学与文化》的目标定位与教材处理

1.《哲学与文化》的目标定位

政治认同素养：了解马克思主义哲学的基本原理，形成正确的世界观、人生观和价值观。

科学精神素养：运用辩证唯物主义和历史唯物主义观点认识自然界、人类社会、人类思维，确信实践是检验真理的唯一标准。

法治意识素养：实事求是、与时俱进地观察和分析经济、政治、文化、社会现象，在生活中做出理性的价值判断和行为选择。

公共参与素养：继承中华优秀传统文化、尊重世界文化多样性、发展中国特色社会主义的文化自觉和文化自信。

2.《哲学与文化》的教材处理

新课程理念要求用教材教，而不是教教材。在使用教材时，教师要善于运用和重新整合教材。首先，教师要认真研究教材，要明确教材的体例特点，如单元、课、框、目等，正确使用正文的探究活动，正确使用辅助文，正确对待综合探究等;其次,正确处理思想政治课和时代发展的关系,处理好理论和实际生活的关系,把正确思想政治方向的引导与适合学生成长的特点结合起来;同时,还要着眼于学生创新精神和实践能力的培养,突出课程实施的开放性和实践性,把知识的传授同培养学生的创新精神、实践能力有机结合起来。

思考题:

1. 简述课程目标设置的基本依据。

2. 简述思想政治课程的三维目标及其关系。

3. 简述思想政治课程目标的表述方式。

4. 简述初中、高中思想政治课程的总目标和分类目标。

课外拓展研究:

1. 探究初中思想政治课程的目标定位与教材处理方式。

2. 探究高中思想政治课程的目标定位与教材处理方式。

第三章 思想政治课程的形态与结构

第一节 课程形态与结构概述

一、课程形态的含义与分类

(一)课程形态的含义

形态,在《辞海》中的释义为形状姿态、事物在某一条件范围下所呈现的模式、语词的语法形式等。

课程形态,指的是课程的存在和表现形式。课程形态是由课程本质所决定的,具有一定的本质稳定性。同时,课程形态也不是一成不变的,具有社会历史性,随着社会生活的发展变化和课程改革的不断深化而发生不同的变化。

(二)课程形态的分类

1. 以教育目标和教育内容的性质为标准

分为德育课程、智育课程、美育课程、体育课程、劳动技术教育课程等。在教育目的的宏观指导下,形成对教育目标的认识。教育目标进而决定着教育内容的选择。通过课程的实施,将教育目标诉诸具体的教育实践之中,不同的教育内容其承担的教育任务不同,但其本质方向是一致的,将教育学生成为德、智、体、美、劳全面发展的人作为其教育的目标。

2. 以教育内容的性质和组织方式为标准

分为分科课程、广域课程、综合课程、核心课程、活动课程等。

（1）分科课程。

分科课程是一种单学科（Single-subject）的课程组织模式，它强调不同学科门类之间的相对独立性，强调一门学科逻辑体系的完整性。[1] 分科课程是一种比较传统的课程形态，依据知识门类分科设置，将人类活动经验进行分类整理，形成相对独立的形态。分科课程一般具有逻辑性、系统性和简约性的特点，是课程形态的基本表现形式。

（2）广域课程。

广域课程（Broad-field Curriculum），一译"合科课程"，是指综合性的学科课程。20 世纪 20 年代产生于欧美一些国家，现不同程度地流行于世界各国。[2] 广域课程这一课程形态较为综合化，其综合范围与相关课程、融合课程相比，更加广泛。它包含着知识分支，内容丰富。同时，它也对各科教材进行组织和排列，促进教学发展。

（3）综合课程[3]。

所谓"综合课程"（Integrated Curriculum），是指这样一种课程组织取向：有意识地运用两种或两种以上学科的知识观和方法论去考察和探究一个中心主题或问题。综合课程可以根据中心主题或问题的来源不同，分为学科本位综合课程、社会本位综合课程、经验本位综合课程。

（4）核心课程[4]。

一般认为，"核心课程"概念起源以 19 世纪所确立的"齐勒计划"（Ziller Plan），以及美国教育家帕克（P. Parker）所确立的"帕克计划"（Parker Plan）为标志。核心课程的概念纷繁复杂，晚近对其的概念定义一般分为两种取向：第一种取向是把核心课程视为学科取向的（Subject-oriented）组织模式。这是对核心课程概念的最常识化的理解，也是课程实践中比较流行的一种理解。这种核心课程概念认为，核心课程即对所有学生都是必要的、因而是所有学生必修的学科领域。第二种取向是把核心课程视为混合取向的组织模式（Hybrid Organizational Patterns）。这种核心课程概念认为，核心课程是谋求学习者、社会、学科彼此间平衡与整合的课程组织模式，而不是简单地规定一些必修科目。

---

[1]　张华：《课程与教学论》，上海教育出版社 2000 年版，第 276 页。

[2]　教育大辞典编纂委员会编：《教育大辞典：第 1 卷（教育学、课程和各科教学、中小学校）》，上海教育出版社 1990 年版，第 273 页。

[3]　张华：《课程与教学论》，上海教育出版社 2000 年版，第 266 页。

[4]　张华：《课程与教学论》，上海教育出版社 2000 年版，第 280—297 页。

(5)活动课程①。

活动课程,是一种以学生自主学习和直接体验为基本方式,以学生个性养成为基本目标的课程。它不以系统知识的传授为基础,而以实践活动为基础,属于非学科性课程。活动课程有三个显著特征:(1)自主学习;(2)直接体验;(3)个性养成教育。

3.以学习经验的性质或者学生心理发展的指向为标准

分为认知性课程和情意课程。

(1)认知性课程。

认知,是人的心理过程,是获得知识和应用知识的过程,也是一种信息加工的过程。认知性课程,主要是指学生通过课程的学习,在理智、知识和技能方面得到发展,提高学生的认知水平与认知能力,培养学生形成正确的认知风格和认知策略。

在现实的课程中,认知性课程往往与德育课程相联系,形成认知性德育课程。所谓认知性德育课程,也称德育学科课程,主要通过把有关政治思想和道德知识观念传授给学生,促进学生道德认识、情感、意志与行为习惯的形成与发展。② 通过教师在课堂中的说理、讲授,开展小组合作、小组讨论等方式,把教材中的相关知识教授给学生,促进学生政治思想的学习,明晰正确的政治方向。同时,在课程之中,也注重学生道德知识的习得与道德素质的养成,培养学生良好的德性。

(2)情意课程。

情意课程,指的是促进学生情意发展的课程,往往表现为情绪、情感、态度、价值观等方面的发展。情意课程是对认知性课程的补充,两者相互独立,又相关联系。对于学生而言,掌握知识、提高能力必不可少,认知发展对学生的成长起着重要作用。与此同时,也不能忽视对学生情意的发展,对学生的情感、态度、价值观的发展也要引起足够的重视。学生是一个完整的人、独立的人、有个性的人,要注重认知与情意两者的统一,促进学生全面发展。

4.以课程决策的层次为标准

分为理想的课程、正式的课程、领悟的课程、实行的课程和经验的课程。

---

① 高峡等:《活动课程的理论与实践》,上海科技教育出版社 1997 年版,第 1,30 页。
② 韩传信:《德育原理教程》,安徽大学出版社 2009 年版,第 98 页。

（1）理想的课程。

理想的课程是指由一些教育研究机构、学术团体和课程专家提出的应该开设的课程，具有一定的指导性和引领性，大都以观念形式存在，未落实到实际课程体系之中，体现的是对课程的期待与展望。

（2）正式的课程。

正式的课程是指由教育行政部门规定的课程计划、课程标准和教材，我们平时在课程表中看到的课程就是这一课程形态的表现。正式的课程是在理想的课程基础上形成的，是理想的课程中被官方准许的那部分课程，是理想的课程逐渐走向现实的重要课程形态。

（3）领悟的课程。

领悟的课程是指任课教师对正式的课程所领悟的课程，相比前两种课程形态，这一课程形态会比较复杂。不同的教师对课程有不同的领悟，这种领悟的课程可能与正式课程之间会产生一定的距离，而这个距离会影响课程预期的获得。

（4）实行的课程。

实行的课程是指在课堂上实际实施的课程，这一课程形态是建立在教师对课程的领悟基础之上的。基于不同的领悟，教师会选择不同的教学方式、教学过程进行课程实施。在实施中，根据学生反应的不同，教师也时常会做出一定的调整。

（5）经验的课程。

经验的课程是指学生在课堂学习中实实在在体验到的东西。不同基础的学生，在课堂上收获的经验往往不一样。这一课程形态决定了学生最终的经验受益，决定了课程实施的效果。

这五种课程形态具有层级性，不同层级的课程形态受到不同因素的制约与影响，最终影响着学生在课程学习中的效果。在层级性的作用下，层层落实，将原本抽象的、观念性的课程逐渐落实为具象的、实际性的课程，推动课程进一步发展。

5.以课程表现形式为标准

分为显性课程和隐性课程。[1]

（1）显性课程。

显性课程是学校教育中有计划、有组织地实施的"正式课程"（Formal

---

[1]　张华：《课程与教学论》，上海教育出版社2000年版，第310页。

Curriculum)或"官方课程"。学校教育中大部分的学科课程属于显性课程，此课程形态在学校教育中占绝大多数，起着举足轻重的作用。

（2）隐性课程。

隐性课程则是学生在学习环境（包括物质环境、社会环境和文化体系）中所学习到的非预期或非计划性的知识、价值观念、规范和态度。这当然是非正式的、非官方的课程，具有"潜在性"。

显性课程（有计划的学习经验）与隐性课程（非预期的学习经验）共同构成学校课程的全貌——"实际课程"。

二、课程结构的含义与特点

（一）课程结构的含义

结构，在《辞海》中的解释为各组织成分的搭配、排列或构造。

在《为了中华民族的复兴，为了每位学生的发展——〈基础教育课程改革纲要（试行）〉解读》一书中，编者将课程结构定义为："课程结构是指在学校课程的设计与开发过程中将所有课程类型或具体科目组织在一起所形成的课程体系的结构形态。这种形态的形成以既定的课程目标和各类课程固有的价值为依据，以此所确立的课程结构明确了各种课程类型以及具体科目在课程体系中的地位差异和比例关系。"[1]在《新课程的理念与创新——师范生读本》一书中，编者将课程结构定义为："课程结构是对构成学校课程体系中各要素及其所形成的关系形态的总称。在课程结构中包含了课程体系的各种要素，这些要素通过一定形式的整合形成了具有特定关系的课程体系，而课程体系其实就是课程结构的外显形态。学校课程体系中的要素，主要包括课程内容、具体科目、课程类型等。"[2]

综上所述，笔者认为课程结构是由各课程要素作为组织成分，经过搭配、排列或构造的一种课程体系的结构形态。各课程要素相互作用，呈现出不同的结构形态，展现了不同的课程呈现方式。

---

① 钟启泉、崔允漷、张华主编：《为了中华民族的复兴，为了每位学生的发展——〈基础教育课程改革纲要（试行）〉解读》，华东师范大学出版社 2001 版，第 55 页。

② 钟启泉、崔允漷主编：《新课程的理念与创新——师范生读本》，高等教育出版社 2003 年版，第 52—53 页。

(二)课程结构的特点

1.整体性

从课程结构的确定看,课程结构是根据课程目标规划与设计课程体系中的所有要素使之成为一个有机整体。课程结构通过一定的课程要素组合与构成,外显为一个完整的课程体系。不论内部要素如何变化,要素之间的组合如何变换,课程结构最终都是以一个"整体的形象"展现在大众面前,以严密整合的整体性结构在课程与教学中发挥着重要作用。

2.层次性

课程结构的要素个体多,要素之间的组合变化多。在错综复杂的要素关系中需要层次性来加以区分,理清结构,以使课程更有序地发展。层次性的特点就要求课程结构必须进行综合和分化,对不同学段、年级学生的身心发展规律进行把握,根据其不同的认知选择不同的要素以及要素的组合进行结构层次的排列,使其更好地符合学生的需要,推动课程的发展。

(三)新课程结构特点①

1.体现了全新的课程结构原则

(1)均衡性原则。

课程结构的均衡性是达到理想课程形态的重要指标。将课程结构的各要素进行合理取舍与排列,以期达到一个相对均衡的状态,主要体现在课程类型与科目的均衡性上。通过课程类型均衡性的发展,学生可以在学习课程的过程中不断提升自己的知识水平与能力水平,让学生更好地关注社会的发展,真正将所学知识运用到实际生活中。课程结构的均衡性发展也促进了学生素质的均衡性发展,密切了理论与实际的联系,推动了学生的全面发展。

新课程在结构上所倡导和实现的均衡性,试图改变以往学生动手实践能力低下、知识体系相互隔离、所学知识远离现实生活的状况,引导学生在掌握课程内容的同时,关注生活,关注社会发展和科技进步,能够积极开展探究活动,主动参与社会生活,实现素质的均衡发展。

---

① 钟启泉、崔允漷主编:《新课程的理念与创新——师范生读本》,高等教育出版社 2003 年版,第 61—64 页。

（2）综合性原则。

课程结构是各要素有机整合所形成的形态，是一种综合性的形态。与此同时，课程的综合化需要课程结构的综合性来推动，课程结构的综合性是课程结构的重要特点。开设学科性的综合课程、综合实践活动课程、统整分科课程中的课程内容等，让课程结构实现综合化，以此推动课程内容的综合化，将知识性内容与生活化内容相联系，使课程内容更加贴合学生的生活实际，推动课程的发展，促进学生的全面发展。

新课程所倡导的课程综合化，对学生和学校教育产生了重要价值：对学生来说，能力得到了一定的提升，学习兴趣得到了一定的激发；而对学校教育来说，增进了学校教育与社会的联系和互动。

（3）选择性原则。

课程结构的选择性是以课程结构内部要素的多样性为前提的。课程要素呈现多样化的特点，但课程结构对于要素的选择不是一概而论的，而是需要根据不同的情况进行要素的选择，进而实现课程结构的新选择。

新课程的结构调整特别增强了课程的选择性，主要体现在如下几个层面：第一，地方和学校依据其现实的教育状况，积极创造条件，有选择地实施国家课程。第二，在普通高中阶段增设选修课程，选修课程占总课时量的1/3。第三，在地方课程和校本课程中，学生可以根据自己的兴趣和特长有选择地学习一定的课程。同时，学生还可以在综合实践活动课程中选择不同的主题活动。

2.形成了较严密的课程综合与分化的体系结构

新课程的总体结构是：小学阶段以综合课程为主，初中阶段综合课程与分科课程相结合，高中阶段以分科课程为主。

3.对一些传统课程进行了改造或整合

涉及中学阶段的主要有：科学（3—9年级）、综合实践活动（3—12年级）、艺术（1—12年级）、历史与社会（7—9年级）、体育与健康（7—12年级）、通用技术（10—12年级）等。

4.普通高中新课程呈现出三级结构

新的普通高中课程在课程结构上发生了重大变化，形成了层次分明的三级结构：学习领域、科目、模块。学习领域由课程价值相同或相近的若干科目组成。模块是组成科目的各个部分。将科目分解为相互独立又相互关联的若干模块，是普通高中课程改革在课程结构调整上的重大举措。

第二节　思想政治课程的形态

一、初中思想政治课程的形态

初中思想政治课程的形态多样。下面主要从综合课程和情意课程两种课程形态展开阐述。

(一)综合课程

在初中思想政治课程标准中,对其课程特性有四方面的描述,其中一方面就是综合性。课标中写道:"有机整合道德、心理健康、法律和国情等多方面的学习内容;与初中学生的家庭生活、学校生活和社会生活紧密联系;将情感态度价值观的培养、知识的学习、能力的提高与思想方法、思维方式的掌握融为一体。"[①]所以,从中可知,初中道德与法治课有综合性的特性,以综合性的形态存在于课程体系之中,综合课程是初中道德与法治课程最显著的形态,其主要表现在内容的综合性、呈现方式的综合性、目标体系的综合性。

1. 内容的综合性

初中阶段,初中生的生活进一步扩展,其身心发展也进入一个新的时期——青春期。基于初中生的生活变化以及其身心发展特点,道德与法治课程融合了道德、心理健康、法律、国情等相关内容,将其融入与自我、与他人和集体,以及与国家和社会的关系这三组重要关系之中,依次构成了本课程的三大内容板块,分别是"成长中的我""我与他人和集体""我与国家和社会"。三大内容板块如同课程的线索,将四部分内容融合其中,共同串联起完整的初中道德与法治课程。

2. 呈现方式的综合性

内容的综合性在一定程度上决定了呈现方式的综合性,呈现方式的综合性是为了更好地展现内容的综合性。为了更好地将内容呈现,针对不同的内容要选择不同的方式,以利于内容更好地呈现。针对道德部分的内

---

① 《义务教育思想品德课程标准(2011 年版)》,北京师范大学出版社 2012 年版,第 2 页。

容,教师在教授时,不仅仅要利用讲授法的方式来组织和呈现课堂,还可以使用情境教学法的方式,让学生在具体道德情境之中做出正确的道德判断和道德选择,树立正确的价值观。针对心理健康部分的内容,教师在教授时,要根据学生的心理发展状况和年龄发展特点,选择合适的课程呈现方式。例如,可以通过一些心理小游戏了解学生心理的健康状况,排解学生心理的困惑,让学生可以保持一个良好的心理健康状态。针对法律部分的内容,教师可以采用案例教学法的呈现方式,让学生通过对具体法律案例的分析,了解法律是如何发挥其作用的,作为初中生又该如何利用法律的武器保护自身的合法权益。针对国情部分的内容,教师可以采取实践性课程的呈现方式,在条件允许的情况下,带领学生参观一些爱国主义教育基地,让学生在亲身感受中,内心的爱国之情得到激发,体会到祖国的伟大与建设的不易。作为新时代的青年,理应要为祖国的建设尽一份自己的力量。课堂的呈现方式是多样的,是根据课堂内容的不同而选择多种方式,相互协调,综合运用,推动道德与法治课程的新发展。

3.目标体系的综合性

初中思想政治课通过综合性内容的教授,提高初中生的思想道德素质和科学文化素质,从三维目标方面对初中生提出了综合性的目标要求和素质要求。初中思想政治课引导初中生需要达到以下几个维度的目标:情感态度价值观目标、能力目标、知识目标。在三维目标的指导下,教师更好地实施课堂教学。这三个维度目标中的目标内容是综合的,是基于三大内容板块和四部分内容这些综合内容的基础上形成的,目标内容具有综合性。另外,目标之间的构建形式也是综合的。目标往往不是单一维度的使用,需要综合多个维度的目标一起使用。初中思想政治课的目标设计,形成了"一总、三分、四块"的目标体系,对学生成长提出了综合性的要求,为课程实施提出综合性的目标。各模块内容之间协调促进、共同发展,这一目标体系的综合性为初中思想政治课的课程实施奠定基础,更好地促进初中思想政治课教学目标的实现,促进初中生的全面发展。

(二)情意课程

初中思想政治课在内容选择和课程目标的设定上,呈现出一个很大的特点,那就是情感性。这也是道德与法治课程与其他必修课程的最大区别。

1.目标的情意性

初中思想政治课以加强初中学生思想品德教育为主要任务,帮助学生提高思想道德素质,形成健康的心理品质;帮助学生树立法律意识,增强社会责任感和社会实践能力;引导学生在遵守基本行为准则的基础上,追求更高的思想道德目标;引导学生弘扬民族精神,树立中国特色社会主义共同理想;帮助学生逐步形成正确的世界观、人生观和价值观,为使学生成为有理想、有道德、有文化、有纪律的合格公民奠定基础。

在初中思想政治课所依据的课程标准中,对于课程目标的具体阐述,将"情感态度价值观"放在了三维目标的首位,之后依次为能力和知识。可见,情意性目标在初中思想政治课中的重要性。通过对情感态度价值观目标的进一步分析,可以发现,这些情意性目标涉及对生命的态度、对人与自然关系的思考、对亲情的重视、对劳动品质的培养、对法治观念的树立、对祖国的热爱等等。学生通过思想政治课程的学习,养成良好的品质,形成正确的意识,扩展自己的视野,树立正确的世界观、人生观和价值观。在具体的教学过程中,教师要注重情意性目标的落实,坚持价值性和知识性的统一,落实价值引领。所以,教师要寻求价值引领与知识传授的融通之道,寓价值观引导于教学活动全过程,用丰厚的知识成果滋养先进的价值观念,让价值观教育做到润物细无声。[①] 目标的情意性特点推动着初中思想政治课的进一步发展,通过教学不断地激发学生的学习热情和动机,使学生具有丰富的内心体验、积极的情感和正确的态度、崇高的价值观。

2. 内容的情意性

初中思想政治课的内容不是平白的叙述,不是纯粹理性的分析,其课程内容是紧贴初中学生的生活,饱含情感,具有丰富的情意性特征。课程内容不仅是对学生知识的扩展、在能力上的提升,更是对学生在情意上的熏陶与教育,促进学生的全面发展。

第一部分"成长中的我",由"我"的成长出发,对于青春期出现的种种心理现象,要学会悦纳自己。遇到挫折时,要自强不息,保持一种乐观的心态,积极面对生活中的艰难困苦。对待生命要有正确的态度,学会自尊自爱。对于法律,内心要有法制意识,同时要增强自我防范意识。第二部分"我与他人和集体",由"我"的日常生活出发,以处理好日常生活中的各种关系为目标,在与他人的交往和集体生活中成长。在学校生活中,感知友情的温暖;在家庭生活中,感受亲情的温暖。在与他人的交往中,要养成诚实的良好品质,真诚待人。在社会交往中,养成良好的性格品质,不自傲,

---

① 夏波:《落实"八个相统一"的道德与法治课》,《思想政治课教学》2019 年第 8 期,第 30—33 页。

也不自卑。在法律方面,要勇于行使自己的权利,同时也要积极履行自己的义务,提高社会责任感。第三部分"我与国家和社会",从"我"生活的这个社会出发,在社会生活中要积极参与公共生活、公益活动,要自觉爱护公共设施,遵守公共秩序,养成为他人、为社会服务的精神。从"我"身处的这个国家出发,感受个人成长与民族文化和国家命运之间的联系,提高文化认同感、民族自豪感,以及构建社会主义和谐社会的责任意识。从"我"所处的世界出发,要扩展自己的视野,培养全球意识,认识到树立全球观念的重要性,增强为世界和平与发展做贡献的意识和愿望。在法律方面,主要理解法律与秩序之间的关系,增强公民意识,学会行使自己享有的知情权、参与权、表达权、监督权。

二、高中思想政治课程的形态

高中思想政治课程同样具有非常丰富的课程形态。下面以综合性课程、活动型课程、德育性课程以及认知性课程这四种课程形态为例,进行具体阐述。

(一)综合性课程

在思想政治课程的表现形式中,最显著的就是综合课程。其具体表现为内容的综合性、呈现方式的综合性和目标体系的综合性。

1.内容的综合性

高中思想政治课程共分为必修课程、选择性必修课程以及选修课程,每一种类型的课程中又以模块为单位进行内容的组合。在必修课程中,课程内容包含了中国特色社会主义的相关知识,着眼于人类社会的发展历程,立足于中国特色社会主义的伟大实践,明确中国特色社会主义是科学社会主义理论逻辑与中国社会发展历史逻辑的辩证统一,中国特色社会主义已进入新时代。中国特色社会主义作为必修一,帮助学生树立为共产主义远大理想和中国特色社会主义共同理想而奋斗的信念,起到了总揽和起头作用。学生通过相关知识的学习,了解中国特色社会主义的相关知识。除此以外,其余几个必修模块涵盖了经济、政治、法治、哲学、文化等相关内容。在选择性必修课程中,融入了政治学、法学、逻辑学等相关知识,扩展学生的视野,以更广阔的视野看待自己所生活的世界,以更丰富的知识去面对生活中的问题。在选修课程中,财经与生活、法官与律师、历史上的哲学家这三个模块的内容更拓展了原先两个类型课程的内容。通过三种类型课程的教学,教师将习近平新时代中国特色社会主义思想、法治教育、中华优秀传统文化和革命传统教育等相关内容融入教学之中,并让学生通过高中思想政治课程的学习,掌握重点内容,丰富知识涵养,促进学生的发展。

2.呈现方式的综合性

课程呈现方式的综合性,主要体现在课程呈现形式的多样化。课程呈现形式的多样化,主要表现为教材形式的多样化和课堂教学形式的多样化。

从教材形式的多样化来看,教材设置单元导语、课导语、正文、穿插于正文中的各种栏目、综合探究。基本栏目有探究与分享、相关链接、专家点评、名人名言、名词点击等五种类型。[①] 教材的呈现方式多样化从不同的栏目设置来全方位展示教材内容,分类明确,补充得当,为高中思想政治课的有效开展奠定良好的教材基础。多样性的展现体现了高中思想政治课程的独特魅力。

从课堂教学形式的多样化来看,高中思想政治课堂的教学形式多样,在教学中教师通过运用活动教学、议题式教学、情境创设式教学、案例教学、辨析式教学等一系列教学形式,调动学生的积极性,活跃课堂气氛,让学生在活动中学习,在活动中成长。高中思想政治课不仅仅要传授知识,提高能力,更要对学生的价值观进行正确的引领。教学形式的多样化,有利于激起学生对高中思想政治课的兴趣,更利于高中思想政治课的教学,使价值观的引领在多样化的形式中潜移默化地对学生产生影响,内化于学生的心间,外化于学生的实际行动之中。

3.目标体系的综合性

在高中思想政治课标中,课程目标是四个学科的核心素养,这四个素养不是孤立的,而是相互联系的。把握思想政治学科核心素养要素之间的相互关系,要看到它们不是孤立存在的,而是一个有机整体,在内容上相互交融、在逻辑上相互依存。其中,"政治认同"关乎学生的成长方向和理想信念的确立,也是"科学精神""法治意识"和"公共参与"有中国特色的共同标识。"科学精神"既显示学生认识社会、参与社会的能力和态度,也显示人自身自由发展的文明程度,体现中国特色哲学社会科学的有关原理和方

---

① 普通高中思想政治教材编写组:《普通高中思想政治教材介绍》,http://www.moe.gov.cn/fbh/live/2019/51084/sfcl/201908/t20190827_395972.html。

法,是达成"政治认同"、形成"法治意识"、实现"公共参与"的基本条件。"法治意识"体现当代中国公民依法行使权力、履行义务的必备品质,是"公共参与"的必要前提,也是"政治认同"和"科学精神"的必然要求。"公共参与"体现人民当家作主的责任担当,是"政治认同""科学精神"和"法治意识"的行为表现。① 所以,教师在高中思想政治课的教学中,要充分运用这四个学科核心素养作为其课程目标,对于不同的内容要选取综合目标,不要单独使用,要综合考虑并运用,充分体现目标的综合性。

(二)活动型课程

高中思想政治课不仅是综合性的课程,而且是活动型的课程,从课程性质和实际教学两方面都可以窥探一二。

从课程性质来看,课标中写道:"高中思想政治以立德树人为根本任务,以培育社会主义核心价值观为根本目的,是帮助学生确立正确的政治方向、提高思想政治学科核心素养、增强社会理解和参与能力的综合性、活动型学科课程。"②这是高中思想政治课标从课程性质的角度将这一课程规定为活动型学科课程。

从课程理念来看,课标在对其的基本理念中写道:"构建以培育思想政治学科核心素养为主导的活动型学科课程。本课程力求构建学科逻辑与实践逻辑、理论知识与生活关切相结合的活动型学科课程。学科内容采取思维活动和社会实践活动等方式呈现,即通过一系列活动及其结构化设计,实现'课程内容活动化''活动内容课程化'。"课程内容不是枯燥的文本,是"活"的内容,要将其进行活动化的设计,带动其生命力的发展。活动内容也不是随意选择的,不能为活动而活动,要根据课程的需要选择适合的内容,让活动变成课程的一部分。课程内容与活动内容相互结合、相互支撑,在相辅相成中推动高中思想政治课的发展。

从实际教学来看,课标中提出的第一个教学与评价建议便是:"围绕议题,设计活动型学科课程的教学。"③活动设计理应应用于课堂教学之中,让学生通过活动参与到课堂之中,更有课堂参与感与获得感。教师可以变换

---

① 《普通高中思想政治课程标准(2017 年版 2020 年修订)》,人民教育出版社 2020 年版,第 41 页。

② 《普通高中思想政治课程标准(2017 年版 2020 年修订)》,人民教育出版社 2020 年版,第 1 页。

③ 《普通高中思想政治课程标准(2017 年版 2020 年修订)》,人民教育出版社 2020 年版,第 42 页。

使用多种活动方式,来配合其课堂教学任务。有的教师使用了"模拟联合国"的活动方式,也有教师采用"模拟政协"的活动方式。[①] 越来越多的活动方式被应用于实际教学,发挥着其独特的作用。活动型课程有助于调动学生的积极性,让学生更好地融入课堂;有助于学生学科核心素养的培育,让学生的综合素质得以进一步的提高。

(三)德育性课程

高中思想政治课程不仅承担着传递知识的任务,而且承担着立德树人的艰巨任务,这就需要将德育教育积极融入教学之中,发挥德育性课程的作用。

高中思想政治课的课程性质规定了其德育性课程的特征,课标中写道:"高中思想政治课程具有学科内容的综合性、学校德育工作的引领性和课程实施的实践性等特征,它与初中道德与法治、高校思想政治理论等课程相互衔接,与时事政治教育相互补充,与高中其他学科教学和相关德育工作相互配合,共同承担思想政治教育立德树人的任务。"[②]学校的德育工作是学校日常工作中必不可少的一环,高中思想政治课在学校的德育工作中起到重要的引领作用,要与学校其他德育工作相承接,带领学校德育工作的发展。高中思想政治课承担立德树人的任务,这就需要在日常的教学中融入德育教育,以春风化雨般的德育教导让学生感受到德育的美好,让学生通过高中思想政治课的学习,树立正确的"三观"。

(四)认知性课程

认知性课程是高中思想政治课形态的重要表现方式之一,是主要培育高中生学科核心素养的课程体现。学科核心素养的培育,其包含学生对课程中的知识认知,学生通过课程学习具有一定的认知能力与水平。在认知基础之上,进而培养情、意、行,达到知情意行的统一。就政治认同而言,学生要有正确的政治认知,学生对国家的相关制度要有一定的认知,对中国特色社会主义要有深刻的认识;在此基础上,才能进一步加深内心情感的认同。就科学精神而言,学生需要对马克思主义哲学有一定的认知,对马

---

① 朱志平等:《思想政治活动型学科课程的建构与实践》,《基础教育课程》2018 年第 10 期,第 7—11 页。

② 《普通高中思想政治课程标准(2017 年版 2020 年修订)》,人民教育出版社 2020 年版,第 1 页。

克思主义哲学中所提到的哲学原理要有一定的理解能力,进而才能将其世界观和方法论运用到实际生活中,指导实践。就法治意识而言,学生需要对法律条文有一定的认知,对法治的概念有一定的认知,在此基础上,才能运用法律去剖析现实问题,捍卫自己的合法权益,知晓依法治国这一国策的现实意义。就公共参与而言,学生需要对自己参与政治生活的合理方式有一定的认知,在了解方式的基础上,才能更好地进行公共参与,体验人民当家作主的幸福感,勇担社会责任,增强公德意识和参与能力,追求更高的道德境界。

进一步分析,高中思想政治课形态是认知性德育课程。将知识的认知、能力的提升与个人的德行培养相互融合,全方位培养学生。不论是原先的三维目标,还是现在的学科核心素养,从中体现的都是认知和德育相结合的理念。在高中思想政治课上,教师通过多种教学方式,将政治思想和道德知识教授给学生,帮助学生树立正确的政治方向,培养学生良好的德行,让学生通过学习具有政治认同素养、科学精神素养、法治意识素养以及公共参与素养。

第三节　思想政治课程的结构

一、初中思想政治课程的结构

初中思想政治课程的结构,是指初中思想政治课程的要素之间的体系构成。初中思想政治课程的结构是初中思想政治课程的主要呈现方式,是初中思想政治课程得以落实和发挥的基础条件。

(一)文本结构

1.课程标准

国家课程标准是国家对基础教育课程的基本规范和要求。《基础教育课程改革纲要(试行)》明确指出,课程标准是教材编写、教学、评估和考试命题的依据,是国家管理和评价课程的基础。它体现国家对不同阶段的学生在知识与技能、过程与方法、情感态度与价值观等方面的基本要求,规定各门课程的性质、目标、内容框架,提出教学和评价建议。①

初中思想政治课按《义务教育思想品德课程标准(2011 年版)》进行课程的实施与教学的进行,主要包括前言、课程目标、课程内容以及实施建议四个部分,体现了国家对初中阶段学生在知识与技能、过程与方法、情感态度价值观等方面的基本要求,规定了初中道德与法治课程的性质、基本理念、设计思路、目标、内容框架,提出了教学建议、评价建议、教材编写建议、课程资源开发与利用建议。

2.教材

初中思想政治课教材有广义和狭义之分。从广义上讲,是指初中思想政治课教学实施过程中所使用的材料之和。从狭义上讲,是指初中思想政治课教学中所使用的教科书。笔者这里主要依据狭义概念对初中思想政治课教材进行进一步的阐述。

初中思想政治课所使用的教材——初中"道德与法治"教材共 6 册,围绕个人、家庭、学校、社会、国家、世界展开编排。在教材呈现方式上,遵循如下逻辑结构:一是经验导入——设置情境或活动导入,与较为典型的学生生活经验相联系;二是聚焦主题,正面陈述有一定知识支撑的观点、原则;三是揭示矛盾、深入分析,并有相关行动方法的指导。②"道德与法治"教材加强了在中华优秀传统文化教育、革命传统教育、法治教育、国家主权意识教育、民族团结教育等方面的内容,尤其是法治教育方面。与之前的"思想品德"教材相比,"道德与法治"教材在名称上就体现了法治教育的重要性。在原先重视品德、道德教育的基础上,加入法治教育,将道德教育与法治教育摆在同等位置上。

其中,初中法治专册(八年级下册)主要通过讲授宪法的核心价值及其在国家生活中的崇高地位,使学生树立宪法至上的信念;通过详细讲解公民的基本权利与义务,引导学生正确行使权利、积极履行义务;通过介绍我国的国家机构和国家基本制度,引导学生树立制度自信,增强国家认同;通过阐述自由平等的真谛、公平正义的价值,引导学生在生活中践行法治精

---

① 钟启泉、崔允漷、张华主编:《为了中华民族的复兴,为了每位学生的发展——〈基础教育课程改革纲要(试行)〉解读》,华东师范大学出版社 2001 版,第 169 页。

② 义务教育道德与法治教材编写组:《义务教育道德与法治教材介绍》,http://www.jyb.cn/rmtzcg/xwy/wzxw/201708/t20170828_2751784.html。

神。① 通过法治教材的编写,将法治教育融入教材之中,以宪法精神为主线,对学生进行系统化的法治教育,让学生在道德与法治课的学习过程中学法、知法、守法、用法。法治教育的参与,对学生法治思维的养成大有裨益,对公民素养的提高也有颇多益处。通过道德教育与法治教育两者的结合,把法律的约束力量、底线意识与道德教育的感化力量紧密结合,让道德与法治课的内容更加充实、更有厚度、更具生命力,学生通过该课程的学习能够不断提高自身的科学文化素质与思想道德素质,成为更好的自己。

(二)内容结构②

1.心理健康

初中阶段的心理健康教育是一个关键环节。在这一阶段,通过整合心理健康的学习内容,学生能够养成积极向上的人生态度和对学习和对事业的信心,把优良的品德转化为良好的行为习惯和心理品质,始终保持乐观的精神状态,养成沉着、冷静、务实、高效的心理品质,促成学生健康人格的形成。

初中思想政治课主要通过心理健康教育,让学生正确认识自己成长过程中生理变化带来的心理变化,学会悦纳自己、善待他人,合理调控自己的情绪,正确对待学习生活中遇到的挫折,为人格的发展完善奠定基础。

初中思想政治课在进行心理教育时应立足于时代大背景,新的时代有新的特点,新的时代的初中生也会遇到新的心理问题。例如,二胎的到来。家庭因素是影响学生心理健康的一个重要因素,二胎的到来使学生的心理发生一定波动,初中生的心理尚未完全成型,极易产生心理问题。此时,初中思想政治课中的心理健康教育部分就承担起了对学生进行心理疏导的一部分职责,在有效的课堂组织之下,心理健康教育可以与家庭教育一起形成一定的合力,让学生的心理趋向稳定。心理健康教育是初中思想政治课的重要组成部分,承担着促进学生心理健康发展的职责,与其余几部分内容相互联系,相互融合,共同促进初中思想政治课的新发展,共同促进初中生身心健康发展。

---

① 道德与法治教材法治专册编写组:《道德与法治教材法治专册介绍》,http://www. moe. gov. cn/jyb＿xwfb/xw＿fbh/moe＿2069/xwfbh＿2017n/xwfb＿20170828/sfcl＿20170828/201708/t20170828＿312493. html。

② 《中公教育思想品德学科知识与教学能力(初级中学)》,世界图书出版公司 2019 年版,第201 页。

2.道德

初中思想政治课中,道德部分是重要内容。从现今使用的教材来看,《道德与法治》这一书名反映了道德的重要地位,道德作为重要部分贯穿于初中思想政治课始终。道德作为一种规范体系,是在人们通过处理自身和他人的关系以及在做人做事的习惯中形成。道德一方面反映和调整人们的现实利益关系,另一方面依赖于人们的内心信念、共同习惯和社会舆论,并通过这些而发生作用。在现代社会,良好的公德是保持社会秩序稳定和文明进步的重要因素。社会公德不只是"崇高""无私"和"忘我"的理想要求,它更多的是符合大多数人的利益,创造一个对大多数人有利的生活环境。

初中思想政治课将道德教育作为重要内容,从自尊自强、人际交往的品德要求以及社会责任等不同角度,对青少年进行道德培养。初中思想政治课注重学生的情感体验和道德实践,这两者是最重要的道德学习方式。教师要善于利用并创设丰富的教育情境,引导和帮助学生通过亲身经历与感悟,在获得情感体验的同时,深化思想认识。教师还要为学生提供直接参与实践的机会,提高他们道德践行的能力。[①] 通过初中思想政治课的教学,学校不断提高学生的思想道德素质,促使初中生良好德行的形成与发展。

3.法律

文明的社会秩序、良好的道德状况需要公正的法律和有效的执法。一个社会的道德风尚如何,很大程度上取决于这个社会传统文化的特点和历史传承的状况,也取决于这个社会法制的公平程度和管理体制的透明程度。初中生处在人格成长的关键时期,他们的法治观念和意识直接影响他们以后的成长。因此,对学生加强法制教育是非常必要的。当代青少年学生如果不懂得法律知识,就很难得到全面发展。在基础教育阶段,对学生进行法制教育,无疑是提高学生整体素质、实现思想品德课程教育目标的重要举措。因此,必须加强对青少年的法制教育,增强他们的法律意识。

初中思想政治课程要让青少年知道:法律是保护人民权利的武器,是真正为了人民的,也是能够为民所用的;法律是保护包括中学生在内的青少年的有效工具,它对未成年人的保护方面有特殊的规定;依法治国、建设社会主义法治国家,需要提高全体人民的法律意识和法治观念;应该从青

---

① 《义务教育思想品德课程标准(2011年版)》,北京师范大学出版社2012年版,第18页。

少年开始就加强法制教育,这样才能使全民族的法律意识和法治观念得到增强。

4. 国情

初中思想政治课要引导青少年学生关心国家和社会发展的命运,提高他们的民族自尊心和自信心。为此,应该让他们了解中国有五千年悠久的历史,有灿烂辉煌的文化,有比较丰富的资源,中华民族是勤劳勇敢的民族。应该让他们了解,中国共产党关于社会主义初级阶段的理论是符合我国国情的。思想政治课通过国情教育,使青少年学生树立为中华民族伟大复兴而努力学习的远大理想和抱负。同时,青少年学生对当今世界发展趋势也要有所了解,在全球视野中看中国,知道我国在世界格局中的地位、作用和面临的机遇与挑战,增强忧患意识。培养学生的国际视野,让学生做一个有胸怀、有担当的大国公民,积极感受"和平进步、和谐发展、和睦相处、合作共赢、和美生活是全世界的共同理想"。

二、高中思想政治课程的结构①

对比新老课程标准,新课程标准对课程结构做了更多系统的阐述,从设计依据、结构以及学分与选课进行阐述。调整后的课程结构,既强调了课程的基础性,又突出了学生的自主选择性,协同了教考关系,方便学校组织教学,可考可测。②

(一)设计依据

高中思想政治课程结构的设计,主要依据下述要求。

(1)聚焦思想政治学科核心素养,讲述马克思主义基本原理,紧跟实践基础上的理论创新进程,阐明习近平新时代中国特色社会主义思想,落实立德树人根本任务,全面加强爱国主义、集体主义、社会主义教育,体现思想政治课程的性质与理念。

(2)坚持改革方向、问题导向,立足当下、不忘本来、面向未来,彰显一

---

① 《普通高中思想政治课程标准(2017 年版 2020 年修订)》,人民教育出版社 2020 年版,第 8 页。

② 沈兵:《统整中的超越——高中政治新旧课标课程结构和内容的比较》,《思想政治课研究》2019 年第 1 期,第 141—142,113 页。

脉相承、与时俱进的改革信念。

（3）根据博采众长、为我所用的原则，在坚守本色、保持特色的同时吸收、借鉴国际教育发展的经验。

（4）促进知行合一，凸显活动型学科课程的实践性和参与性。

（5）贯彻整体构建、有序衔接、依次递进的思路，在统筹规划大中小学德育课程的框架中，定位高中阶段的内容目标。

（6）遵循教育规律和学生成长规律，课程设计兼顾基础性与选择性、提高学习效率与减轻学业负担的要求，促进学生全面而有个性地发展。

（二）结构

必修课程是培育全体学生学科核心素养的基本载体。选择性必修课程是对必修课程的延展，满足学生多样化的学习兴趣和升学需要。选修课程更关注学生专业素养发展、高校自主招生及学生个性化发展的需要。

基于发展中国特色社会主义的主题、主线，设计必修课程的整体框架，包括 4 个模块。模块 1"中国特色社会主义"，依循历史进程，讲述为何开创和发展中国特色社会主义；模块 2"经济与社会"、模块 3"政治与法治"、模块 4"哲学与文化"，依托模块 1 的基本原理，讲如何坚持和发展中国特色社会主义。

基于必修课程强调实践体验的要求，采取内容与活动相互嵌入的组合方式。强调社会实践活动并不意味着要减少学科内容的学习时间，而是要求采取社会实践活动的方式学习学科内容。为此，在对接内容要求的教学提示中，应以议题的方式提示课程内容，并提出多种活动建议，供课程实施时选择。

基于选择性必修课程和选修课程是必修课程延展的需要，确定选择性必修模块和选修模块与必修模块的关系。选择性必修课程设置"当代国际政治与经济""法律与生活""逻辑与思维"3 个模块，与必修课程的实施相互配合、相互补充。选修课程设置"财经与生活""法官与律师""历史上的哲学家"3 个模块，是对必修课程和选择性必修课程的进一步拓展。

（三）学分与选课

必修课程设置 4 个模块，共 6 学分；选择性必修课程设置 3 个模块，共 6 学分。必修课程与选择性必修课程作为国家课程总计 12 学分。必修课程是全体学生必须完成的学业。选择性必修课程是选择本课程作为学业水平等级性考试的学生必须完成的学业，考试成绩计入高校招生录取总成绩;也可供对该课程有兴趣的学生选修,计入毕业学分。选修课程是学生自主选择修习的课程,包括国家设置课程的拓展、提高性课程和校本课程,涉及个人生活、职业体验、大学先修等方面的内容,可根据学生个性化发展的需求和当地经济、科技、文化发展的特点开设。如何选课取决于学生的志趣(见表 3-1)。

表 3-1 高中思想政治课程结构表

必修	选择性必修	选修
中国特色社会主义(1 学分)	当代国际政治与经济(2 学分) 法律与生活(2 学分) 逻辑与思维(2 学分)	财经与生活 法官与律师 历史上的哲学家
经济与社会(1 学分)		
政治与法治(2 学分)		
哲学与文化(2 学分)		

必修课程各模块应按顺序依次开设,其中模块 1 和模块 2 为一学期,模块 3 和模块 4 各为一学期;选择性必修课程模块可灵活安排。

确定本课程作为学业水平等级性考试科目的学生,应学习选择性必修课程模块,其考试成绩计入高校招生录取总成绩。教师应与家长一起,综合考虑学生的个人需求和升学考试要求,指导学生选课。

思考题:

1. 如何认识初中思想政治课程的形态与结构?

2. 如何认识高中思想政治课程的形态与结构?

课外拓展研究:

1. 探究初中思想政治情意课程的特点。

2. 探究高中思想政治课程结构依据及其之间的关系。

第四章　思想政治课程的内容

课程内容是课程目标的最直接体现,是实现课程目标的手段,也是直接指向"应该教什么"的问题。深刻认识中学思想政治课程的内容,不仅有助于学校思想政治课程改革的理论研究,以及学校思想政治课程资源的发掘、选择、开发与利用,而且对学校思想政治教学的实践有着重要意义。

第一节　课程内容概述

一、课程内容的含义

什么是课程的内容? 课程内容与教材内容、教学内容有着什么关系?

我们一般认为课程内容是课程目标的体现和具体化,是联系教师与学生的重要纽带,是确定教学形式与方法的重要依据。课程目标一旦有了明确的表述,就在一定程度上为课程内容的选择和组织提供了一个基本的方向。所以也可以说,课程内容是课程目标的最直接体现,是实现课程目标的手段,直接指向"应该教什么"的问题。通俗地说,课程内容的问题就是"教什么"的问题。

对于课程内容与教材内容、教学内容的关系问题,许多人对此有着错误的认识。很多人误以为教材内容就是课程内容,或者课程内容就是教学内容,等等。其实,课程内容、教材内容和教学内容有着明显的区别。

课程内容一般是指一定课程中学生需要学习的事实、概念、原理、技能、策略、方法、态度及价值观念等。课程内容往往是以课程标准的形式规定下来,课程内容具有法定的地位,是相对稳定的,不能轻易改变的。课程内容要解决的是"教什么"的问题。教材内容则是师生教学活动的中介,是课程内容的具体化。教材内容实际上说的是"用什么教"的问题,它包括一切有效的传递、体现课程内容和承载课程价值的文字与非文字材料。教学内容是教师在教学过程中根据具体的教学目标和教学情境对教材内容进行方法化处理，形成具体有效的教学设计。也就是说，教材内容是进入教师的教学过程，经由教师的加工处理和"教学化"过程转变成为教学内容。教学内容不仅是开放的，还是动态的，是在教学过程中创造的。或者说，教材内容是教学内容的重要部分，但不是全部。

二、课程内容的取向

什么是课程内容的取向？课程内容的取向就是指课程内容以什么为中心的问题。对于课程内容以什么为中心，不同的时代，不同的学者都有着不同的观念。这里我们介绍三种有代表性的观点。

(一)课程内容就是教材内容的观点

课程内容就是教材内容的观点，其代表人物是夸美纽斯。夸美纽斯是捷克伟大的民主主义教育家，西方近代教育理论的奠基者，是公共教育最早的拥护者，其理念在他所著的《大教学论》中提出。他尖锐地抨击中世纪的学校教育，并号召"把一切知识教给一切人"。提出统一学校制度，主张普及初等教育，采用班级授课制度，扩大学科的门类和内容，强调从事物本身获得知识等。体现在课程上，夸美纽斯从其"把一切事物教给一切人"的泛智教育论出发，提出百科全书式课程的观点，认为课程内容就是教材内容，认为课程内容就是学生要学习的知识，而知识的载体就是教材。因而，课程内容也就是上课所用的教材，是一种以学科为中心的教育目的观的体现。这种观点认为"体系是以学科逻辑组织的，内容是社会选择和社会意志的体现，形态是既定的、先验的、静态的，外在于教育者和学习者，并且基本上是凌驾于学习者之上的。地位是至高无上的，教学必须服从教材，师生在教材面前永远是接受者的角色"[①]。这种把重点放在教材上的课程内容优点是考虑到各门学科知识的逻辑性、系统性。在课程内容的教材取向下，教师与学生有明确教与学的内容，容易把握和评价，从而使课程教学工作有据可依；不足是忽视学生的要求，把课程内容看作是事先规定好了的

---

① 邝丽湛、王卫平、谢绍熺：《思想政治新课程教学论》，广东高等教育出版社 2005 年版，第 66 页。

东西。

(二)课程内容就是学习活动内容的观点

课程内容就是学习活动内容的观点,其主要代表人物是杜威。杜威是美国著名哲学家、教育家、心理学家,实用主义的集大成者,是机能主义心理学和现代教育学的创始人之一,也是 20 世纪上半叶美国最著名的学者之一,其思想曾对 20 世纪前期的中国教育界、思想界产生过重大影响。他认为课程内容就是学习活动的内容,认为课程的最大流弊是与儿童生活不相沟通,学科科目相互联系的中心点不是科学,而是儿童本身的社会活动,主张从做中学。这种课程内容即学习活动取向的优点是主张学生通过参与活动习得知识,要求课程与社会活动密切联系,这样学习才有意义,才能激发学生的兴趣,是一种探究式的发现式教学。其课程理论思想突破了以学科课程为中心的传统课程结构,引入了经验性、活动性课程,拓展了教育的空间,促进了个体认识、情感等多方面发展。其不足是课程内容的活动取向,往往注重学生外显的活动,而无法看到学生是如何同化课程内容的,无法看到学生的经验是如何产生的。对系统学科知识的鄙视,造成了仅关注外显的活动,就不会深层次地研究学习,活动容易流于形式,从而导致教学质量的下降。

(三)课程内容就是学习经验的观点

课程内容就是学习经验的观点,其主要代表人物是泰勒。泰勒是美国著名的教育理论家,被誉为“现代课程理论之父”,代表著作有《课程与教学的基本原理》。在泰勒看来,课程内容即学习经验,而学习经验是指学生与外部环境的相互作用。他认为,学习是通过学生的主动行为发生的,学生的学习取决于他自己做了些什么,而不是教师呈现了些什么内容或要求做些什么。学习经验取向的优点是:强调学生是一个主动参与者,认为学生是学习活动的主体,学习的质和量取决于学生而不是课程;强调学生与外部环境的互相作用。教师的职责是要构建适合学生能力与兴趣的各种情境,以便为每个学生提供有意义的经验。把课程内容视为学生的学习经验,是一种建构主义的观点,这种观点认为学生是否真正理解课程内容,取决于学生的心理建构,取决于学生已有的认知结构的情感特征对课程内容是否起着支配作用,知识只能是“学”会的,而不是“教”会的。其不足是加剧了内容选择的难度。因为学生的心理体验只有他自己了解,教育者没法了解学生的心理是如何受特定环境影响的。

三、课程内容的选择标准

课程内容的不同取向反映了不同的价值观念体系,影响着课程内容的选择。泰勒在论述课程内容的选择原则时,主要关注学生方面的因素,认为学生应该是学习的积极参与者,而不是被动的接收者。施良方教授在《课程理论》中以综合"教材""学习活动""学习经验"三种取向的课程内容观为基础,提出了选择课程内容的三项准则:课程内容的基础性、课程内容应贴近社会生活、课程内容要与学生和学校教育的特点相适应。我们认为现代社会课程内容选择主要应遵循以下几个准则。

(一)体现课程目标与超越课程目标的统一

课程内容是为课程目标服务的,所以课程内容的选择要以课程目标为导向,要体现课程目标,同时又要超越课程目标。因为课程目标是要求所有学生必须达到的最低标准,学生潜能的充分发展还要依靠另外的丰富内容,而且课程目标的制定总是以一定的价值判断为基础的,这种价值判断受当时条件的影响,会有一定的局限性。

(二)体现学科知识与经验知识的统一

从知识与社会生活的关系上看,学科知识是对客观世界较为抽象的分析和概括,而经验知识则与社会生活、学习者的经验更为接近。经验知识的积累有利于提高学生解决实际问题的能力,起到联系学科知识与现实世界的桥梁的作用。例如,初中《思想品德课程标准》指出:思想品德课程是一门以初中学生生活为基础、以引导和促进初中学生思想品德发展为根本目的的综合性课程。因而,在课程内容的选择上,必须要贴近初中学生的生活,即贴近学生的现实生活、贴近学生的社会生活、贴近学生的真实生活。

(三)体现共性化与个性化的统一

社会的发展需要一些共同机制的制约。个体必须具备特定的知识技能和心理素质,即所谓的"共同文化",才能在社会中立足和生存,社会才能发展。同时,个体本身也有自我发展的需要。所以在选择课程内容时,要掌握好共性化知识与个性化知识的度,保证学生向"社会人"和"个体人"统合的方向发展,而不是千人一面地发展。

(四)体现知识教学与价值观教育的统一

在课程内容的选择方面,要把知识教学与价值观教育结合起来,或者说文理科并重,以正确的价值观来指导科学知识的应用,保证所传授的知识为人类造福。不能为知识而知识教学,在课程内容的选择上,要把知识、能力、情感态度价值观等有机结合起来。作为中学思想政治课程,内容选择的一个大前提就是导向要正确、内容要科学,即要旗帜鲜明地以马列主义、毛泽东思想和中国特色社会主义理论为指导。

(五)体现世界性与民族性的统一

世界各国大部分课程内容的趋向一致化日益明显,世界性问题、全球达成一致的价值观念以及促进世界融合的内容越来越多地进入课程,但同时要保持课程内容的民族特色,传承民族文化。例如,在我国中华优秀传统文化教育方面,介绍传统节日、民歌民谣、传统美德、民族精神、古代辉煌科技成就等内容,培养学生对中华优秀传统文化的亲切感,增强对中华优秀传统文化的理解和认同。

总之,课程内容的选择要努力体现课程的性质,体现社会主义核心价值观,遵循学生身心发展的规律,遵循学生认知结构形成与发展的规律,课程内容的选择还要注意难易度问题,太难学生接受不了,太易学习过程轻松,都不利于学生学习兴趣的保持,从而降低学习质量;最适合的难度是"跳一跳,摘到桃子"的境界。

第二节　初中思想政治课程的内容

初中学生正处于身心迅速发展和学习参与社会公共生活的重要阶段,处于思想品德、价值观念和法治意识等形成的关键时期,迫切需要在道德与法治的发展上得到有效帮助和正确指导,因此初中思想政治课内容的选择与编写就显得极为重要。

一、初中思想政治课程内容的设计

在《义务教育思想品德课程标准(2011年版)》中明确指出,思想品德课程设计思路是:思想品德课程以初中学生逐步扩展的生活为基础,以学生成长过程中需要处理的关系为线索,有机整合道德、心理健康、法律、国情等方面的内容,进行科学设计。

初中学生逐步扩展的生活,尤其处在青春期的初中学生的身心发展特点是思想品德课程设计的基础,课程应从学生的生活实际出发,直面他们成长中遇到的问题,满足他们发展的需要。初中阶段的学生需要进一步学习正确处理与自我、与他人和集体,以及与国家和社会的关系,这三组重要关系依次构成了本课程的三大内容板块。每一内容板块中均涉及道德、心理健康、法律和国情等方面的具体内容。① 或者说,按照"成长中的我""我与他人和集体的关系""我与国家和社会的关系"为逻辑线索,组织心理健康、伦理道德、法律和国情教育等四个方面的学习内容。课程内容的设计具体体现为三个模块:模块1——"成长中的我"(包括认识自我、自尊自强、心中有法)。模块2——"我与他人和集体"(包括交往与沟通、在集体中成长、权利与义务)。模块3——"我与国家和社会"(包括积极适应社会的发展、认识国情爱我中华、法律与秩序)。

【教资考试链接】真题

2018(上)思想品德学科知识与教学能力试题(初级中学)

【简答题】

32. 人们常用横纵坐标来形象地描述初中思想品德课程内容的逻辑关系,即初中思想品德课程以心理健康、道德、法律和国情教育为横坐标,以自我认识、我与他人和集体、我与国家和社会为纵坐标,以此来概述内容的逻辑性。

问题:请运用思想品德课程理念的相关知识,简要说明上述逻辑体系的合理性。(12分)

【参考答案】

初中学生逐步扩展的生活,尤其处于青春期的初中生的身心发展特点是思想品德课程设计的基础,初中阶段的学生需要进一步学习正确处理与自我、与他人和集体、与国家和社会的关系。这三组关系构成了本课程的三大内容板块,每一内容板块中均涉及道德、心理健康、法律和国情的具体内容。上述逻辑体系是课程设计思路的形象表现,也体现了本课程的课程理念。

---

① 《义务教育思想品德课程标准(2011)》,北京师范大学出版社2012年版,第4页。

①帮助学生过积极健康的生活、做负责任的公民是课程的核心。横坐标是思想品德课的教学内容,纵坐标则是学生的生活实际,通过纵横坐标作用的发挥,帮助学生在各个领域形成基本的是非、善恶和美丑观念,过积极健康的生活,做负责任的公民。

②初中学生逐步扩展的生活是课程的基础。纵坐标体现的正是学生逐步拓展的生活,通过生活的拓展,横坐标的教学内容及时跟进,为初中学生正确认识成长中的自己,处理好与他人、集体、国家和社会的关系,提供必要的帮助。

③坚持正确价值观念的引导与学生独立思考、积极实践相统一是课程设计的基本原则。横坐标的教学内容与纵坐标的学生逐步拓展生活,共同构成学生面临的问题,思想品德课程将正确的价值引导蕴涵在鲜活的生活主题之中,注重课内课外相结合,鼓励学生在实践中进行积极探究和体验,通过道德践行促进思想品德的健康发展。

教材内容是课程内容的重要体现,初中"道德与法治"教材设计就是对初中思想政治课程内容结构的最好体现。那么,初中"道德与法治"教材是如何设计的?

(一)"道德与法治"教材内容的统一编写

2014年党的十八届四中全会提出:把法治教育纳入国民教育体系,在中小学设立法治知识课程。为贯彻落实党的十八届四中全会关于在中小学设立法治知识课的要求,规范教材建设,办好有中国特色社会主义教育,教育部办公厅发布了《关于2016年中小学教学用书有关事项的通知》,将义务教育阶段原"思想品德"课调整为"道德与法治",强调德法兼修,并要求从2017年9月起,全国中小学"道德与法治"这门课程开始统一使用由教育部组织编写的新教材。教育部组织编写的新教材也称作部编教材或部编统一教材。统一编写的"道德与法治"新教材在价值引领上更加突出了社会主义核心价值观进教材、中华优秀传统文化进教材等新要求。同时,更加重视法治教育,像宪法、民法、刑法、程序法等这样一些法律、法规,在新版统编教材里有很多体现和要求。

我们知道,法治和法制是既有区别又有联系的两个概念,不容混淆。法制是法律制度的简称,属于制度的范畴,是一种实际存在的东西。实行法制的主要标志,是一个国家从立法、执法、司法、守法到法律监督等方面,都有比较完备的法律和制度。法治是法律统治的简称,是一种治国原则和方法,是相对于"人治"而言的。实行法治的主要标志,是一个国家的任何机关、团体和个人,包括国家最高领导人在内,都严格遵守法律和依法办事。二者的联系在于,法制是法治的基础和前提条件,要实行法治必须具有完备的法制;法治是法制的目标和归宿,法制的发展前途必然是最终实现法治。

(二)"道德与法治"教材内容的总体设计

初中"道德与法治"教材,在总体设计上,体现《义务教育思想品德课程标准》,以初中学生生活经验为依据,以初中学生的身心发展特点为基础,以青春生命在与他人、与集体、与社会、与国家以及全球关系中的自我发展为线索,以培养社会主义合格公民为中心,直面他们成长中遇到的问题,满足他们发展的需要,遵循生活逻辑,整合道德、心理、法律及国情方面的知识领域,凝练三年6册教材各个单元的学习主题,统筹安排各年级教育。

(三)"道德与法治"教材内容的呈现方式

《道德与法治》为了进一步改变简单、浅表、枯燥的德育课程方式,探索道德价值观学习、法治意识形成、品德和人格形成的规律与机制,使教材不再成为学生用来记诵、应对考试的工具,在教材的呈现方式上超越知识传递性的学习,改变简单告知对与错的方式,改变教师单方面的说教,通过设计与青少年生活贴近、令他们喜爱的活动,使学生在探究体验、反思与分享中展开思维和情感过程,涵养品格,形成正确的价值认同。

在教材呈现方式上,《道德与法治》遵循的逻辑结构:一是经验导入,即设置情境或活动导入,与较为典型的学生生活经验相联系;二是聚焦主题,正面陈述有一定知识支撑的观点、原则;三是揭示矛盾、深入分析,并有相关行动方法的指导。具体来说,每一课内容的展开都包含着一条引领生活经验的线索:以"运用你的经验"开始,以学生的个体生活经验作为学习起点,运用"探究与分享""相关链接""阅读感悟""方法与技能"等活动设计,在不同层面促使学生个体生活经验得以表达、分享、交流,进而引导个体对自身经验的反思,通过师生经验、生生经验的冲突、碰撞、共认等促进学生个体经验的调整、扩展;最后以"拓展空间"结束,使教材从课堂延伸到学生更广阔的生活领域。

二、初中思想政治课程内容

初中思想政治课程内容的特点是学科性知识与生活性知识的结合。本课程在内容上以学生的生活为中心,以我我关系、我他关系、我社关系为线索,围绕道德、心理、法律、国情四个方面的学习领域展开,体现在课程内容上有三个主体模块,概括为"成长中的我""我与他人和集体""我与国家和社会",①课程内容表现如下。

(一)成长中的我

1.认识自我

悦纳自己的生理变化,促进生理与心理的协调发展。了解青春期心理卫生常识,体会青春期的美好,学会克服青春期的烦恼,调控好自己的心理冲动。正确对待学习压力,克服厌学情绪和过度的考试焦虑,培养正确的学习观念和成就动机。理解情绪的多样性、复杂性,学会调节和控制情绪,保持乐观、积极的心态。客观分析挫折和逆境,寻找有效的应对方法,养成勇于克服困难和开拓进取的优良品质。主动锻炼个性心理品质,磨砺意志,陶冶情操,形成良好的学习、劳动习惯和生活态度。了解自我评价的重要性,能够客观地认识自我,积极接纳自我,形成客观完整的自我概念。

2.自尊自强

认识生命形态的多样性,理解人类生命离不开大自然的哺育。认识自己生命的独特性,珍爱生命,能够进行基本的自救自护。自尊、自爱,不做有损人格的事。体验行为和后果的联系,懂得每个行为都会产生一定的后果,学会对自己的行为负责。能够分辨是非善恶,学会在比较复杂的社会生活中做出正确选择。体会生命的价值,认识到实现人生意义应该从日常生活的点滴做起。养成自信自立的生活态度,体会自强不息的意义。

3.心中有法

知道法律是由国家制定或认可,由国家强制力保证实施的一种特殊行为规范。理解我国公民在法律面前一律平等。知道不履行法律规定的义务或做出法律所禁止的行为都是违法行为,理解任何违法行为都要承担相

---

① 《义务教育思想品德课程标准(2011)》,北京师范大学出版社 2012 年版,第3—7页。

应的法律责任,受到一定的法律制裁。知道法律对未成年人的特殊保护,了解家庭保护、学校保护、社会保护和司法保护的基本内容。掌握获得法律帮助和维护合法权益的方式和途径,提高运用法律的能力。了解违法与犯罪的区别,知道不良心理和行为可能发展为违法犯罪,分析未成年人犯罪的主要原因,增强自我防范意识。

(二)我与他人和集体

1.交往与沟通

知道礼貌是文明交往的前提,掌握基本的交往礼仪与技能,理解文明交往的个人意义和社会价值。了解青春期闭锁心理现象及危害,积极与同学、朋友和成人交往,体会交往与友谊对生命成长的意义。体会父母为抚养自己付出的辛劳,孝敬父母和长辈。学会与父母平等沟通,调适"逆反"心理。增强与家人共创共享家庭美德的意识和能力。了解教师的工作,积极与教师进行有效沟通,正确对待教师的表扬与批评,增进与教师的感情。学会用恰当的方式与同龄人交往,建立同学间的真诚友谊,正确认识异性同学之间的交往与友谊,把握原则与尺度。

2.在集体中成长

正确认识个人与集体的关系,主动参与班级和学校活动,并发挥积极作用。有团队意识和集体荣誉感,感受学校生活的幸福,体会团结的力量。学会换位思考,学会理解与宽容,尊重、帮助他人,与人为善。领会诚实是一种可贵的品质,正确认识生活中诚实的复杂性,知道诚实才能得到信任,努力做个诚实的人。理解竞争与合作的关系,能正确对待社会生活中的竞争,敢于竞争,善于合作。知道每个人在人格和法律地位上都是平等的,做到平等待人,不凌弱欺生,不以家境、身体、智能、性别等方面的差异而自傲或自卑,不歧视他人,富有正义感。

3.权利与义务

了解宪法对公民基本权利和义务的规定,懂得正确行使权利、自觉履行义务。知道公民的人身权利受法律保护,任何非法侵害他人人身权利的行为,都要承担相应的法律责任。知道公民有受教育的权利和义务,学会运用法律维护自己受教育的权利,自觉履行受教育的义务。知道法律保护公民的财产,未成年人的财产继承权和智力成果不受侵犯,学会运用法律保护自己的经济权利。知道法律保护消费者的合法权益,学会运用法律维护自己作为消费者的权益。

(三)我与国家、社会

1.积极适应社会的发展

关注社会发展变化,增进关心社会的兴趣和情感,养成亲社会行为。正确认识好奇心和从众心理,发展独立思考和自我控制能力。合理利用互联网等传播媒介,初步养成积极的媒介批评能力,学会理性利用现代媒介参与社会公共生活。了解不同劳动和职业的特点及其独特价值,做好升学和职业选择的心理准备。知道责任的社会基础,体会承担责任的意义,懂得承担责任可能需要付出代价,知道不承担责任的后果,努力做一个负责任的公民。理解遵守社会规则和维护社会公正对于社会稳定的重要性,正确认识和理解社会矛盾,理解发展与稳定的辩证关系。积极参与公共生活、公益活动,自觉爱护公共设施,遵守公共秩序,有为他人、为社会服务的精神。感受个人成长与民族文化和国家命运之间的联系,提高文化认同感、民族自豪感,以及构建社会主义和谐社会的责任意识。

2.认识国情,爱我中华

知道我国的人口、资源、环境等状况,了解计划生育、保护环境、合理利用资源的政策,形成可持续发展意识。知道我国是一个统一的多民族国家,各民族人民平等互助、团结合作、艰苦创业、共同发展。了解我国在科技、教育发展方面的现状,理解实施科教兴国战略的现实意义,认识科技创新的必要性,努力提高自身素质。了解全面建成小康社会的奋斗目标。知道促进城乡、区域协调发展是实现全面建成小康社会奋斗目标的一项重要要求。知道中国特色社会主义理论体系。了解我国现阶段基本经济制度和政治制度,知道我国各民族人民的共同理想。学习和了解中华文化传统,增强与世界文明交流、对话的意识,了解文化的多样性和丰富性,尊重不同的文化和习俗,以平等的态度与其他民族和国家的人民友好交往。了解当今世界发展趋势,知道我国在世界格局中的地位、作用和面临的机遇与挑战,增强忧患意识,认识树立全球观念的重要性,增强为世界和平与发展做贡献的意识和愿望。

3.法律与秩序

知道中华人民共和国宪法是我国的根本大法,是全国各族人民、一切国家机关和武装力量、各政党和各社会团体、各企业事业组织的根本活动的准则,增强宪法意识。知道依法治国就是依照宪法和法律的规定管理国家,体会依法治国基本方略的实施有赖于每个公民的参与、是全体公民的共同责任。知道我国环境保护的基本法律,增强环境保护意识,自觉履行保护环境的义务。了解建立、健全监督和制约机制是法律有效实施和司法公正的保障,增强公民意识,学会行使自己享有的知情权、参与权、表达权、监督权。懂得维护国家统一,维护各民族的团结,维护国家安全、荣誉和利益是每个公民的义务。

【知识链接】初中"道德与法治"教材内容

教材内容是课程内容的最好体现。那么,初中"道德与法治"教材内容是如何反映初中思想政治课程内容的?

初中"道德与法治"(人民教育出版社 2018 年版)教材共 6 册,教材按照由近及远、由浅入深、螺旋上升的原则,围绕个人、家庭、学校、社会、国家、世界展开编排。从家庭、学校、社区、国家、世界生活场域逐步拓展,选取学习素材,突出德法兼修,强化实践体验,全面系统地落实社会主义核心价值观。下面简要介绍每册教材的基本内容。

(一)"道德与法治"七年级上册教材的基本内容

七年级上学期学生遇到的主要问题是走向新的学习生活,与同伴、老师和家人的交往,核心词是成长,以成长为核心,涵盖、整合有关学习、自我探索、交往和生命的话题。从引导学生生活、满足学生成长的需要出发,依据课程标准中内容标准的相关要求,本册教材设计了四个相对独立的单元:第一单元成长的节拍;第二单元友谊的天空;第三单元师长情谊;第四单元生命的思考。第一单元成长的节拍,包括中学时代、学习新天地、发现自己。第二单元友谊的天空,包括友谊与成长同行、交友的智慧。第三单元师长情谊,包括师生之间、亲情之爱。第四单元生命的思考,包括探问生命、珍视生命、绽放生命之花。

第一单元成长的节拍,作为对初中生活开端的理性阐述,具有统领全套教材的意义,既是学生整个初中道德与法治课程的学习起点,也是全套教材建构的逻辑起点。第二单元友谊的天空。学会交往、处理交友中的问题,既是学生道德和心理发展在本阶段的核心任务,也是初中生活逐步展开后学生实际的需要,在学生生命成长中具有重要的意义。第三单元师长情谊。承接上一单元学会与同伴交往,本单元则是帮助学生正确处理师生关系、亲子关系和家庭关系,是人际交往的继续与延伸。教材不回避青少年成长可能遇到的各种冲突与矛盾,在尊重学生的独立愿望、成长需要的基础上,引导他们走近师长,看到冲突背后"爱"的流动,通过主动对话和交流达成相互理解。第四单元生命的思考。本单元内容在七上教材体系中居于核心地位,既是本册书前三个单元的价值升华,也为学生一生的健康成长打好生命的底色。虽然课程设置上只是作为一个单元内容来呈现,但对生命教育的关切贯穿整套教材始终。

(二)"道德与法治"七年级下册教材的基本内容

伴随着学生身体和心理的迅速发育,独立意识逐渐增强,生活矛盾也开始凸显。七年级下册教材在设计中遵循学生的成长规律,以学生成长中的问题与矛盾为基础,突出"成长的不仅是身体"的基本观点,提炼确定了青春时光、做情绪情感的主人、在集体中成长、走进法治天地四个学习主题。本册教材设计了四个相对独立的单元:第一单元青春时光;第二单元做情绪情感的主人;第三单元在集体中成长;第四单元走进法治天地。第一单元青春时光,包括青春的邀约、青春的心弦、青春的证明。第二单元做情绪情感的主人,包括揭开情绪的面纱和品出情感的滋味。第三单元在集体中成长,包括"我"和"我们"、共奏和谐乐章、美好集体有我在。第四单元走进法治天地,包括法律在我们身边和法律伴我们成长。

第一单元青春时光。作为七年级下册起始单元,本单元奠定七下青春生命教育的底色。内容主题聚焦"青春",基于却不局限于"青春期",视青春为人生经历的一段重要时光,与七年级上册第一单元"中学时代"相呼应。第二单元做情绪情感的主人。本单元接续青春生命成长的主题,聚焦学生在身心发展关键期的情绪特点与广泛意义上的情感生活,在心理教育的过程中融入道德与价值观教育。第三单元在集体中成长。本单元设计不仅坚持马克思主义的集体主义教育,重视和培养学生的责任担当,同时重视集体中的民主与自治,发掘集体对个人成长的价值,强调集体对个性的丰富与完善,引导学生学会过集体生活,使集体主义教育向体现社会主义核心价值观新要求的方向拓展。第四单元走进法治天地。本单元作为法律板块的起始单元,以我国建设社会主义法治国家为背景,带领学生了解社会的法治进程,初步感受法律与生活密不可分,理解法律对生活的保障作用;让学生感受法律对青少年自身的关爱,引导学生自觉尊崇法律,激发学生学习法律的责任感,学会依法办事,同时教育青少年要积极适应法治时代的要求,树立法律信仰,努力成为法治中国建设的参与者和推动者。

(三)"道德与法治"八年级上册教材的基本内容

本册教材以学生参与的社会生活为基本空间,逐步过渡到国家层面,与八年级下册和九年级教材相连接,具有承前启后的作用。教材内容立足学生社会生活,突出政治认同、理性精神、法治意识、公共参与等学科核心素养引领。以学生的社会生活为基本场域,以社会生活、社会规则、责任奉献和国家情怀为主题,设计四个相对独立的单元:第一单元走进社会生活;第二单元遵守社会规则;第三单元勇担社会责任;第四单元维护国家利益。第一单元走进社会生活,包括丰富的社会生活和网络生活新空间。第二单元遵守社会规则,包括社会生活离不开规则、社会生活讲道德和做守法的公民。第三单元勇担社会责任,包括责任与角色同在和积极奉献社会。第四单元维护国家利益,包括国家利益至上、树立总体国家安全观和建设美好祖国。

八年级学生正处于青春期,参与社会生活的愿望不断增强,处于由家庭和学校走向社会的关键阶段。基于学生身心发展阶段性特征和时代发展背景,教材第一单元以学生的社会生活为主题,设计了丰富的社会生活和网络生活新空间两课,意在引导学生认识自己所处的时代,明确自身应肩负的使命,努力成长为负责任的公民。第二单元从社会规则的功能切入,意在引导学生懂得社会规则对个人、社会的价值和意义,理解道德和法律是调节人们行为的两种主要社会规则,不断提高道德修养,增强法治意识,推动社会进步。第三单元在学生了解社会生活和社会规则的基础上,进一步引导学生明确社会责任,认识勇担社会责任是一种价值追求、一种精神境界,从而积极主动奉献社会。第四单元引导学生从对社会的认识扩展到国家层面的认识,从国家利益、国家安全与国家发展方面形成对国家的深刻认识,进而为培养关心国家发展、投身国家建设的情感态度与价值观奠定基础,也为后续教材的展开奠定认识基础。

(四)"道德与法治"八年级下册教材的基本内容

为使教材有机融入法治知识,培养学生的法治意识,根据党的十八届四中全会"在中小学设立法治知识课程"的要求,教育部把初中八年级下册设置为法治教育专册,集中讲授宪法,强化系统性。本册教材设计了四个相对独立的单元:第一单元坚持宪法至上;第二单元理解权利义务;第三单元人民当家作主;第四单元崇尚法治精神。第一单元坚持宪法至上,包括维护宪法权威和保障宪法实施。第二单元理解权利义务,包括公民权利和公民义务。第三单元人民当家作主,包括我国基本制度和我国国家结构。第四单元崇尚法治精神,包括尊重自由平等和维护公平正义。

八年级下册在内容上以宪法精神为主线,坚持党的领导、人民当家做主、依法治国有机统一,通过对公民与国家关系的探究,将公民的基本权利和义务、国家基本制度、国家机构等内容贯穿起来,使之成为一个整体。同时从学生生活出发,将宪法的规定与生活中常见的社会事务结合起来,引导学生对宪法地位和宪法精神的理解和认同,从而真正从内心认同法治,树立法治信仰,践行法治精神,并引导学生在掌握法定权利与义务等基本法律知识的基础上,通过活动体验和参与,提升正确判断、选择、行动的能力。本册教材,一方面,运用案例创设问题情境,引导学生思考和探究,实现由感性到理性,从而达成对法律知识的领悟;另一方面,以法律知识教育为载体,促进学生法治思维养成与实践能力提升。教材在阐释法律规范的同时,更注重学生法治思维的养成与实践能力的提升。同时,教材强调法治教育与道德教育相结合,注重以良法善治传导正确的价值导向,把法律的约束力量、底线意识与道德教育的感化力量紧密结合,使学生理解法治的道德底蕴,牢固树立诚信观念、契约精神,尊崇公序良俗,从而实现法治的育人功能。

(五)"道德与法治"九年级上册教材的基本内容

进入九年级,学生感受、认识和参与生活的范围不断扩大,思想水平和情感能力快速提升,对国民身份认同的心理需要日益凸显,做一个怎样的中国人逐渐成为这一时期青少年思想和精神发育的核心主题。本册教材以富强、民主、文明、和谐为价值追求,设计了四个相对独立的单元:第一单元富强与创新;第二单元民主与法治;第三单元文明与家园;第四单元和谐与梦想。第一单元富强与创新,包括踏上强国之路和创新驱动发展。第二单元民主与法治,包括追求民主价值和建设法治中国。第三单元文明与家园,包括守望精神家园和建设美丽中国。第四单元和谐与梦想,包括中华一家亲和中国人中国梦。

本册教材引导学生聚焦生活场域中"我"与国家和社会的关系,以核心价值观教育为主线,以完善人格培养为目标,通过引导学生认同国家发展的价值追求,逐步明确国民身份,在更为宏大的时代背景下回答"我是谁,我从哪里来,我到哪里去"的认识性问题。借助学生在活动中获得的生命经验,将国情知识学习与核心价值观内化、国民身份认同结合起来,将生活场域扩展、个体品德发展与主流价值引导结合起来,将学习过程中情感态度价值观形成与知识掌握、能力培养结合起来,推动学生将对国家的热爱、对社会进步的期盼升华为共同的价值追求。

(六)"道德与法治"九年级下册教材的基本内容

依据课程标准的内容规定,在对前面 5 册教材的衔接与递升基础上,立足国家发展和全球视野,兼顾个人在毕业阶段面临的一些生活主题,本册教材设计了三个相对独立的单元:第一单元我们共同的世界;第二单元世界舞台上的中国;第三单元走向未来的少年。第一单元我们共同的世界,包括同住地球村和构建人类命运共同体。第二单元世界舞台上的中国,包括与世界相连和与世界共发展。第三单元走向未来的少年,包括少年的担当、我的毕业季和从这里出发。

第一单元着眼于从学生已有的经验出发,引导他们发现自己生活的各个方面与世界之间的联系。本单元的设计同时兼顾了城市与乡村、经济发达与欠发达地区的差异,让偏远地区的学生也能感受到在经济全球化时代,每个人都有机会也都有必要关注世界,与世界建立起密切的联系。引导学生掌握相应的技能与方法,把为世界和平与发展做贡献的意识和愿望落实到具体行动中去。第二单元在前面学习的基础上,对学生进行中国与世界关系认知教育,引导学生学会以全球视野与辩证的眼光认识并正确对待中国对世界的责任与担当,增强为世界和平与发展做出贡献的意识与愿望。让学生感受到今日中国对世界的深远影响,树立民族自信心;同时又看到中国未来发展所面临的新风险、新挑战、新机遇,增强忧患意识,愿意为国家的发展做出自己的贡献。第三单元将全球观念及国家责任具体落实到少年的担当和使命上。帮助即将毕业的初中学生认识到,不仅要有承担传承文化、继往开来的意识,更要具备中国少年的情怀与抱负,做一个不负时代重托的当代中国少年;引导学生认识到少年强则中国强,帮助学生认清自己肩负的责任。将少年的担当与时代背景、与国家发展、与人类命运结合在一起,在全球化和国家发展这些宏大的背景下谈少年的担当,提升了这一主题的高度,使少年学生更清醒地认识到自身的使命,从而增强少年担当的自觉。

第三节　高中思想政治课程的内容

高中思想政治以立德树人为根本任务,以培育社会主义核心价值观为根本目的,是帮助学生确立正确的政治方向、提高思想政治学科核心素养、增强社会理解和参与能力的综合性、活动型学科课程。通过思想政治课程学习,学生能够具有思想政治学科核心素养,即具有政治认同素养、科学精神素养、法治意识素养和公共参与素养。①

在前一章课程的形态与结构中,我们知道:高中思想政治课程结构包括必修课程、选择性必修课程、选修课程。课程内容与课程结构是一致的。根据《普通高中思想政治课程标准》规定,高中思想政治课程内容包括必修课程、选择性必修课程、选修课程等三部分内容。其中必修课程内容包括四个模块:模块1"中国特色社会主义"、模块2"经济与社会"、模块3"政治与法治"、模块4"哲学与文化"。选择性必修课程内容包括"当代国际政治与经济""法律与生活""逻辑与思维"三个模块。选修课程内容包括"财经与生活""法官与律师""历史上的哲学家"三个模块内容。②

一、必修课程内容③

(一)模块1:中国特色社会主义

中国特色社会主义着眼于人类社会的发展历程,立足于中国特色社会主义的伟大实战,明确中国特色社会主义是科学社会主义理论逻辑与中国社会发展历史逻辑的辩证统一,中国特色社会主义已进入新时代,帮助学生树立为共产主义远大理想和中国特色社会主义共同理想而奋斗的信念。

课程内容要求包括两大部分:其一,人类社会发展的进程与趋势。描述不同社会形态的本质特征,解释人类社会发展的一般过程,阐明社会发展的历史进程取决于社会基本矛盾的运动。分析资本主义社会的历史地位,概述社会主义从空想到科学、从理论到现实的历史轨迹,阐明人类社会的发展趋势。其二,中国特色社会主义的开创与发展。包括阐述新民主主义革命的性质和特点,理解新中国确立社会主义制度的历史必然性,阐明开创中国特色社会主义是党和人民长期奋斗、创造、积累的根本成就。

在学业要求上,通过本模块的学习,学生能够结合社会实践活动,了解人类社会发展的一般过程和基本规律;确信社会主义终将代替资本主义是

① 《普通高中思想政治课程标准(2017年版2020年修订)》,人民教育出版社2020年版,第4页。
② 《普通高中思想政治课程标准(2017年版2020年修订)》,人民教育出版社2020年版,第9页。
③ 《普通高中思想政治课程标准(2017年版2020年修订)》,人民教育出版社2020年版,第11—22页。

不可抗拒的历史趋势;懂得中国特色社会主义是科学社会主义的成功实践,是中国近代历史发展的必然选择;理解坚持和发展中国特色社会主义,是实现中华民族伟大复兴中国梦的必由之路;坚定中国特色社会主义道路自信、理论自信、制度自信、文化自信;坚定中国特色社会主义共同理想,树立共产主义远大理想。

(二)模块 2:经济与社会

依据习近平新时代中国特色社会主义经济思想的基本原理,讲述我国社会主义基本经济制度,解析社会主义市场经济的基本特征,阐释指导我国经济社会发展的新理念,帮助学生理解全面深化改革的意义,提升在新时代参与社会主义现代化建设的能力。

课程内容要求包括两大部分:其一,经济制度与经济体制。包括了解各种所有制经济的地位与作用,阐释公有制经济与非公有制经济相互促进、共同发展,明确坚持毫不动摇巩固和发展公有制经济,毫不动摇鼓励、支持、引导非公有制经济发展;评析市场机制的优点与局限性,辨析经济运行中政府与市场的关系,解析宏观调控的目标与手段。其二,经济发展与社会进步。包括阐释以人民为中心的发展思想和创新、协调、绿色、开放、共享的新发展理念。解释经济发展方式的转变和供给侧结构性改革,评析经济发展中践行社会责任的实例;了解我国个人收入的方式与合法途径,解释个人收入分配政策的完善;评析实现共同富裕、促进社会公平正义的收入分配与社会保障政策,列举完善社会保障体系的措施。

在学业要求上,通过本模块的学习,学生能够结合社会实践活动,初步运用中国特色社会主义政治经济学的基本观点,观察和分析经济社会现象;了解社会主义基本经济制度的优越性;理解坚持社会主义市场经济和深化经济体制改革的意义;明确社会主义基本经济制度是社会主义市场经济的根基;树立以人民为中心的发展思想;尝试对促进社会公正、实现共同富裕、营造良好社会风尚、完善社会保障的政策提出建议。

(三)模块 3:政治与法治

以党的领导、人民当家作主、依法治国有机统一为主线,讲述党的领导是人民当家作主和依法治国的根本保证,人民当家作主是社会主义民主政治的本质特征,依法治国是党领导人民治理国家的基本方式,奠定学生政治立场与法治思维的基础。

课程内容要求包括两大部分:其一,中国共产党的领导。包括引述宪法序言,说明没有中国共产党就没有新中国,阐明中国共产党成为执政党的必然性;引述党章规定,明确党的性质、宗旨和指导思想;理解坚持党对一切工作的领导意义,阐述中国共产党依宪执政,依法执政的道理、方式和表现。其二,人民当家作主。包括列举宪法有关人民主体地位的规定,说明我国是人民民主专政的社会主义国家,人民代表大会制度是我国的根本政治制度;阐明中国共产党领导的多党合作和政治协商制度是具有中国特色的基本政治制度;阐述民族区域自治制度是符合我国国情的基本政治制度,铸牢中华民族共同体意识,解释公民享有宗教信仰自由的含义;领悟基层群众自治制度是我国人民依法直接行使民主权利的基本政治制度。

在学业要求上,通过本模块的学习,学生能够结合社会实践活动,了解中国共产党的性质、宗旨和指导思想,明确党的执政地位是历史和人民的选择;阐释中国特色社会主义政治制度的基本内容、鲜明特点和主要优势;了解全面推进依法治国的总目标,知道科学立法、严格执法、公正司法、全民守法的基本要求;懂得走中国特色社会主义政治发展道路,必须坚持党的领导、人民当家作主、依法治国有机统一,理解推进国家治理体系和治理能力现代化的重要性;具备有序参与国家政治生活和社会公共生活的能力。

(四)模块4:哲学与文化

阐明马克思主义哲学是科学的世界观和方法论,讲述辩证唯物主义和历史唯物主义基本观点,坚持实践的观点、历史的观点、辩证的观点、发展的观点,在实践中认识真理、检验真理、发展真理;讲述社会生活及个人成长中价值判断、行为选择和文化自信的意义;培育学生思想政治学科核心素养,奠定世界观、人生观、价值观基础。

课程内容要求包括三大部分:其一,探索世界与追求真理。包括比较哲学思维与日常思维的异同;理解哲学是时代精神的精华,阐明马克思主义哲学是科学的世界观和方法论;了解人的实践活动的特性和作用,理解社会生活的实践本质;阐明实践是认识的基础,是检验真理的唯一标准;阐述认识运动的辩证发展过程;说明思维和存在的关系问题,阐释世界的统一性在于它的物质性,表达无神论立场,表明坚持一切从实际出发、实事求是的态度;描述世界是普遍联系、永恒运动的,领会全面地、发展地看问题的意义,学会运用矛盾分析法观察和处理问题。其二,认识社会与价值选择。包括领悟社会存在决定社会意识,理解价值观的形成与时代和环境密切相关;解析价值观差异与冲突产生的社会根源,能够进行合理的价值判断和行为选择;理解价值观对人们行为的导向作用,探寻实现人生价值的条件和途径,践行社会主义核心价值观。其三,文化传承与文化创新。辩证地看待传统文化,领会对中华优秀传统文化进行创造性转化、创新性发展的重要意义,弘扬民族精神。感悟世界文化的多样性,理解文化多样性的价值,明确文化交流互鉴的途径和意义。辨识各种文化现象,领悟优秀文化作品的影响力和感召力;展示中国特色社会主义文化自信。

在学业要求上,通过本模块的学习,学生能够结合社会实践活动,了解马克思主义哲学的基本原理;运用辩证唯物主义和历史唯物主义观点认识自然界、人类社会、人类思维,确信实践是检验真理的唯一标准;实事求是、与时俱进地观察和分析经济、政治、文化、社会、生态等现象,在生活中做出科学的价值判断和行为选择;继承中华优秀传统文化和革命文化,发展社会主义先进文化,尊重世界文化多样性,增强中国特色社会主义文化的自觉和自信;基本形成正确的世界观、人生观和价值观。

二、选择性必修课程内容①

(一)模块 1:当代国际政治与经济

围绕当今世界多极化与经济全球化趋势,解析不同的国家性质和国家形式,说明国际关系的主要影响因素和世界经济发展的基本特点,介绍国际组织的主要类型及其作用,引导学生在拓展国际视野的过程中,坚持总体国家安全观,坚定不移地走中国特色社会主义道路,积极贡献中国智慧和力量,推动构建人类命运共同体。

课程内容要求包括:(1)各具特色的国家。了解国体和政体的关系,揭示国家的本质,理解国家管理形式的多样性。解析国家的结构形式,理解维护国家统一、捍卫国家主权的意义。引用实例,比较不同国家的特点及其发展状况,阐明我的总体国家安全观。(2)世界多极化。引用国家之间合作、竞争、冲突的实例,印证国家利益和国家实力是决定国际关系的主要因素。引述有关资料,全面阐述和平与发展是当今时代的主题,描述世界多极化趋势;解释我国独立自主的和平外交政策,阐述合作共赢的理念,

---

① 《普通高中思想政治课程标准(2017 年版 2020 年修订)》,人民教育出版社 2020 年版,第24—31 页。

认识构建人类命运共同体的意义。阐明霸权主义、强权政治的危害，了解共商共建共享的全球治理观，理解国际关系民主化的意义。（3）经济全球化。辨识国际经济中的比较优势，描述当代国际经济发展的基本特点和趋势。分析经济全球化的机遇和挑战，坚持正确义利观，阐释推动建设开放型世界经济的意义。引用实例，说明中国如何推动经济全球化朝着更加开放、包容、普惠、平衡、共赢的方向发展。（4）国际组织。阐释联合国宪章倡导的国际关系基本准则，评析联合国在国际事务中发挥的作用；分析世界贸易组织、世界银行、国际货币基金组织在国际经济事务中发挥的作用；识别主要的区域性国际组织，评价区域性国际组织在国际事务中发挥的作用。

在学业要求上，通过本模块的学习，学生能够在全球视野中观察不同国家的政治制度，坚定中国特色社会主义道路自信、理论自信、制度自信、文化自信；理解各国相互联系的程度空前加深，全球越来越成为相互依存的命运共同体，懂得和平与发展是时代主题、合作共赢是时代潮流；解析当今世界多极化和经济全球化进程，理解国际组织在国际事务中的作用；明确国家利益和国家实力是决定国际关系的主要因素；具有融入国际社会的积极意愿和开放态度，自觉维护国家主权、安全和发展利益。

（二）模块 2：法律与生活

聚焦公民依法维护合法权益的法律行为，介绍公民一般的民事权利和义务，让学生了解婚姻家庭中的法律关系和法律责任、劳动关系的法律保障、社会纠纷的解决机制和法律程序，为学生进一步发展思想政治学科核心素养、增强法治意识，提供日常生活中的法律常识。

课程内容要求包括：（1）民事权利与义务。了解我国民法的基本原则，识别我国公民的民事权利和民事责任。列举物权法的基本原则和物权的主要类型，懂得维护物权的途径。简述合同的含义和价值，理解合同的主要内容和违约责任，了解合同订立的程序，熟悉解决合同纠纷的途径。理解侵权责任的内容，树立依法承担责任的观念。（2）家庭与婚姻。熟知监护、抚养、扶养、赡养、继承等民事关系，培育家庭责任意识。理解婚姻法律关系，阐释正确的婚姻家庭观念。（3）就业与创业。了解劳动法的基本原则，理解劳动者的权利和义务，解释劳动合同的主要内容，熟悉劳动者依法维权的途径和方式。列举与创业有关的企业登记、企业信息公示、税收和知识产权保护等基本法律制度，评述市场竞争的基本规则，说明依法经营的必要性。（4）社会争议解决。识别人民调解、行政调解等不同的调解方式,明确调解制度的特点和程序。列举劳动人事争议仲裁、经济仲裁等仲裁形式,明确仲裁制度的特点和程序。解析民事诉讼、刑事诉讼、行政诉讼的特点和程序,说明不同诉讼中的举证规则,树立证据意识。概述公民的诉讼权利,熟悉公民获得法律援助的渠道。

在学业要求上,通过本模块的学习,学生能够结合生活实际,更加全面地认识公民的民事权利与义务;更为具体地理解婚姻家庭中的法律责任,以及与创业和就业相关的法律制度;更为理性地看待生活中的矛盾和纠纷,懂得调解、仲裁、诉讼等不同的纠纷解决机制;进一步提高主动学法的意愿、自觉用法的能力。

(三)模块 3:逻辑与思维

科学思维的训练引导学生掌握科学思维的基本要求,把握逻辑思维和辩证思维的方法,提高创新思维能力,学会运用科学思维探索世界、认识世界。

课程内容要求包括:(1)学会科学思维。描述常见的思维活动,体会思维是人所特有的属性,了解思维的基本形态和特征;懂得正确思维的基本条件,区分抽象思维和形象思维;掌握科学思维的特点,体悟学会科学思维的意义。(2)遵循逻辑思维要求。知道概念是反映事物本质属性的思维形式;理解任何概念都是内涵和外延的统一。知道判断的基本特征;了解形成恰当判断的条件;学会正确运用判断;结合具体的判断活动,区分判断的不同类型。了解推理的类型;掌握演绎推理的方法;学会归纳推理、类比推理;评析常见的推理错误。辨析常见的逻辑错误,掌握形式逻辑的三个基本规律。(3)运用辩证思维方法。结合对复杂事物的把握,体会辩证思维的特征;理解分析与综合的辩证关系。联系事物发展过程中的渐进性和飞跃性,懂得事物的发展过程是量变与质变的统一;理解质量互变规律;把握适度原则,辨析简单肯定一切或否定一切的危害,解析认识经由"感性具体—思维抽象—思维具体"的途径;了解辩证否定观的实质;体会认识不断深化的历程。(4)提高创新思维能力。体会联想思维中迁移、想象的运用;了解联想思维的方法和特点;知道迁移、想象在创新思维中的作用。了解发散思维中所采取的推测等方法;概括发散思维的特点;知道聚合思维和发散思维的功能。分析逆向思维的依据和优势;发挥正向思维和逆向思维的互补作用。体会超前思维是对常识局限性的突破和超越;把握超前思维的探索性、预测性特点;了解创造性预测事物发展态势的意义。

在学业要求上,通过本模块的学习,学生能够经历探究过程,明确科学思维的重要意义;学会遵循逻辑思维的规律;把握辩证思维的方法;提高创新思维的能力;提升自己的思维品质;正确运用科学思维方法观察和理解社会,处理学习和生活中遇到的问题。

三、选修课程内容①

(一)模块 1:财经与生活

提供本课程模块,目的是在中国特色社会主义进入新时代以后,帮助学生更好地立足于社会主义市场经济运行和社会主义现代化建设的需要,了解经济生活的基本概念和原理,提升学生正确理解和积极参与经济生活的能力,帮助学生进一步树立正确的财富观与人生观,坚持公正、法治的价值取向,践行敬业、诚信的价值准则。

课程内容要求包括:(1)货币与市场。描述货币形态的变迁,了解货币的职能,树立正确的金钱观。知道影响货币供求的主要因素,解析中央银行和商业银行在货币供应中的作用。说明市场供求与价格的关系,解析市场价格如何引导资源合理配置,阐释维护市场竞争与交易秩序的意义。(2)收入与支出。归纳影响个人收入和消费水平的主要因素,分析消费结构变迁的主要规律。概括影响消费决策的主要因素,解析绿色低碳的生活方式,反对奢侈浪费和不合理消费,坚定走生产发展、生活富裕、生态良好的文明发展道路。说明政府筹集收入的途径,了解政府的主要支出,阐明依法纳税的意义。(3)投资与理财。运用实例描述主要的金融市场,分析它们在我国经济生活中发挥的主要功能。比较各种常见的投资理财方式;探讨投资理财风险的管控与规避,合理确定投资理财组合,树立正确的财富积累观念。运用实例阐释财务管理的基本原则,让学生了解财务管理的根本方法。(4)企业与就业。对比不同类型的企业,了解公司的组织机构,理解成本、收益和利润。探讨增强企业竞争力的途径,了解企业失信联合惩戒制度措施,剖析企业诚信经营的价值。评述提高就业率的措施,阐发正确的就业观,弘扬劳模精神和工匠精神,营造劳动光荣的社会风尚和精益求精的敬业风气。

---

① 《普通高中思想政治课程标准(2017 年版 2020 年修订)》,人民教育出版社 2020 年版,第31—35 页。

(二)模块2:法官与律师

提供本课程模块,目的是帮助学生更多地了解法官和律师这两种有代表性的法律职业的不同职责和共同使命;理解法官和律师对于维护公平正义、推动社会进步、满足人民美好生活需要的作用;在建设社会主义法治文化的实践中,不断增强法治意识,进一步提高法治思维和用法、护法能力。

课程内容要求包括:(1)法官的职责。简述人民法院的机构设置;明确法官的任职条件、主要职责,以及义务和权利;评析法官的职业道德准则;概括法官对维护司法公正的价值。(2)审判程序、民事诉讼的审判程序和刑事诉讼的审判程序。简述行政诉讼的审判程序。(3)律师的职责。简述律师的执业条件、业务范围和权利义务,了解律师的职业道德和执业纪律,评析律师维护社会正义的价值。(4)辩护和代理。简述律师刑事辩护的基本要求,阅读辩护词;概述律师民事代理的业务范围,阅读代理词。

(三)模块3:历史上的哲学家

提供本课程模块,目的是帮助学生更多地了解中外历史上唯物主义与唯心主义哲学流派的代表人物及其核心思想;通过对不同哲学观点进行比较、鉴别和评价,看到哲学的时代价值及其影响历史进程的作用;每一个时代的理论思维都是历史的产物,学习哲学史可以帮助我们提高理论思维水平,更加自觉地理解和掌握马克思主义哲学原理。

课程内容要求包括:(1)百家争鸣的时代。简述老子的生平和著作,了解道家哲学的思想观点;熟悉孔子的生平和思想,评析儒家哲学的代表人物和思想观点。(2)理学与心学的演变。知道宋明理学的代表人物及其思想观点,了解陆王心学的代表人物及其思想观点。(3)西方哲学的起源。简述古希腊哲学从泰勒斯到德谟克利特的发展历程,概述从苏格拉底经柏拉图到亚里士多德的哲学思想发展脉络。(4)西方哲学的发展。列举经验论和唯理论哲学的代表人物和思想观点、18世纪法国唯物主义的代表人物和思想观点,概述德国古典哲学的发展脉络、代表人物和思想观点,了解德国古典哲学的终结与马克思主义哲学的革命性变革。

思考题:

1.什么是课程内容?什么是教材内容?什么是教学内容?

2.课程内容的取向都有哪些观点?

3.选择课程内容的标准有哪些?

4.初中思想政治课程内容包括哪几个模块？

5.高中思想政治课程内容的结构如何？

课外拓展研究：

1.初中思想政治课程内容的设计思路。

2.高中思想政治课程内容的设计思路。

第五章　思想政治课程的实施建议

第一节　课程实施概述

一、课程实施的含义

课程实施是指把课程计划付诸实践的过程，是达到预期的课程目标的基本途径。关于课程实施的含义，中外学者提出了很多不同的认识。目前学术界对课程实施的内涵界定主要有两种观点。一种观点认为，课程实施问题就是研究一个课程方案的执行情况。对课程实施的研究重点，就是考察课程方案中所设计内容的落实程度。这种观点是将课程方案看作固定的、不可变更的，实施就是一个执行的过程。作为课程执行者的学校和教师，应当很好地理解和运用课程，忠实地执行课程方案中规定的项目。而实施的效果如何，取决于课程执行者对课程方案的理解水平和落实程度。另一种观点则认为，课程实施是作为一个动态的过程而存在的。"课程实施是把一项课程改革付诸实践的过程。实施的焦点是实践中发生改革的程度和影响改革程度的那些因素。"因此，课程实施问题不只是研究课程方案的落实程度，还要研究学校和教师在执行一个具体课程的过程中，是否按照实际的情况对课程进行了调适以及产生的影响课程改革程度的因素。以上是两种比较典型的对课程实施的认识。① 虽然关于课程实施的界定中，各种观点间存在差异，但也有一些相同的基本点。

第一，课程实施是将编制好的课程计划付诸实践的过程，是实现预期的课程理想、达到预期的课程目的、实现预期教育结果的手段。

---

① 钟启泉:《课程的逻辑》，华东师范大学出版社 2008 年版，第 15 页。

第二,课程实施是通过教学活动将编制好的课程付诸实践。

第三,课程实践的焦点是实践中发生改革的程度和影响课程实施的那些因素。

基于以上认识,我们认为:思想政治课程的实施是一个由多要素构成的综合复杂系统。这个系统是在一定教学思想指导下,通过教师对系统内部各要素的科学组织,有目的、有规则地运行,并以一定的组织形式体现出来。

二、课程实施的基本取向

课程实施的取向是指对课程实施过程本质的不同认识以及支配这些认识的相应的价值观。在课程实施过程中,由于持不同的教育价值观,教育者相应地会对课程实施有不同的认识,并会以不同的态度和方式参与课程实施。课程实施的取向集中表现在对课程计划与课程实施过程之关系的不同认识上。美国学者迈克尔·富兰等曾于 1977 年提出课程实施的三种取向,即得过且过取向(Muddling Through Orientation)、适应取向(Adaptation Orientation)和忠实取向(Fidelity Orientation)。[①] 后来经过辛德尔等人的发展,进一步将其概括为忠实取向、相互调适取向和课程创生取向。[②]

(一)忠实取向

忠实取向即视课程实施为忠实地执行课程方案的过程。这种观点强调课程设计的优先性与重要性,强调事前规划的课程方案具有示范作用,教师应当不折不扣地执行。倘若课堂中的教师不能忠实地实施课程,则认为投资可观的资源、时间与精力以及规划最佳的学校课程是前功尽弃。课程实施的忠实取向不给教师留下太多的弹性与自由发挥的空间,不鼓励或允许个别教师在自己的课堂情境中修改课程内容。其基本假设是,教师的课程实施选择权愈少,则课程实施的方法愈明确,课程实施就愈"忠实"。

① Fullan,Michael,Pomfret,Alan: *Research on Curriculum and Instruction Implementatio*,*Review of Educational* Researd,1977(22):335—397.

② P. W. Jackson(ed.): *Handbook of Research on Curriculum*,Macmillan Pub. 1992,418-427.

忠实取向的课程实施适用于某些特定的课程情境,特别是课程内容极为复杂、困难且不容易掌握精熟的新课程方案,或是学生的理解有赖于配合课程内容的特定安排。因此,课程实施的顺序有必要在事前加以规定。然而,课程的规范说明与行政命令规定可以规范课程科目知识的最小范围与最低标准,但无法硬性限制师生的最大选择范围与最高成就标准,更不应该限制师生对学习方法的选择。

(二)相互调适取向

相互调适取向,即把课程实施视为课程设计人员与课程实施者双方同意进行修正调整,采用最有效的方法以确保课程实施成效的过程。相互调适取向强调课程实施不是单向的传递、接受,而是双向的互动与改变。课程方案有必要根据学校教育的实际情况而加以弹性调整。事实上,所有的课程方案在实施过程中都必须经过修正调整,才能适用于特定而变化的课堂情境。只有这样,教师才能使学生的学习获得最大的效能。

相互调适取向认为,一项课程方案付诸实施之后,可能会发生两方面的变化:一方面,既定的课程方案发生变化,以适应各种具体实践情境的特殊需要;另一方面,既有的课程实践会发生变化,以适应课程方案的特定要求。课程实施中的相互调适现象是必要的,也是必然的。相互调适取向倾向把课程变革视为一种复杂的、非线性的和不可预知的过程,而不是预期目标与规划方案的线性演绎过程。它考虑了具体实践情境,如社区条件、学校情境、师生特点等对课程实施的影响,反映了师生的主动性、课程实施的复杂性、不确定性和过程性。与忠实取向相比,这种取向更符合课程实施的实际情况。

(三)课程创生取向

课程创生取向,即把课程实施视为师生在具体的课堂情境中共同合作、创造新的教育经验的过程。真正的课程并不是在实施之前就固定下来的,它是情境化、人格化的。课程实施本质上是在具体的课堂情境中"创生"新的教育经验的过程。既有的课程方案,不过是一种供这种经验创生过程选择的工具而已。课程创生取向强调"课程是实践"。课程不是被传递的教材或课表,不是理所当然的命令与教条,而是需要加以质疑、批判、验证和改写的假设。

此外,课程创生取向强调"教师即课程"。教师是决定课程实施成败的关键角色。专家设计的课程仅仅是一种暂时性的假设,教师要在课堂教学中加以实验,与学生交互作用,与同事讨论对话,经由这种过程建构的结果才是知识。教师和学生是在观察、实验、分析、对话和争论中建构知识的。因此,课程创生取向认为教师必须改变角色,做一个学习者、反思者。使得学校的"每一个教师都成为课程设计者,每一间教室都成为课程实验室,每一所学校都成为教育社区"。由于创生取向强调教师和学生在课程开发中的创造性,重视教师和学生在课程制定过程中的作用,因此这一取向对教师和学生的要求很高,推行的范围相对有限。[①]

上述三种取向从不同侧面揭示了课程实施的本质,各有其存在的价值。从忠实取向到相互调适取向,再到课程创生取向,体现了教育领域对课程实施的关注,体现了课程变革的发展方向。其观点都有各自的价值判断及合理性,能够帮助我们更清楚地认识课程实施的含义。

三、影响课程实施的基本因素

探讨影响课程实施的因素,提高课程实施的质量,是课程实施研究的重要内容。20世纪60年代以来,关于课程实施的影响因素曾有过大量的研究,归纳起来,主要有以下几个方面。

(一)课程计划的特性

课程计划是根据教育目的和不同类型学校的教育任务,由国家教育主管部门制定的有关教学和教育工作的指导性文件。课程实施是为了把这种具有指导意义的课程计划引入实践,加以施行。因此课程计划的特性是影响课程实施的一个变量。倘若课程计划是与现实需求和公共认识相吻合的,课程目标与手段之间的关系是明确的,对课程实施者的要求是他们力所能及的,课程质量高且易于使用,那么课程实施就会比较有效。

(二)交流与合作

交流可以是课程编制者与实施者之间的交流,也可以是实施者之间的交流,经常交流有关课程计划方面的情况对成功的课程实施来说是极为重要的。通过交流,课程编制者可以向实施者表达隐含在课程中的一些基本假设、价值取向,可以提供一些有利于实施的建议,还可以传递其他地区学

---

① 施良方:《课程理论》,教学科学出版社1996年版,第128页。

校课程实施的一些情况。通过交流,课程实施者之间也可以了解各自实施课程的情况、存在的问题,以及一些值得借鉴的做法等,达到取长补短之目的。这些交流,有助于课程实施者加深对课程计划的认识和对课程内容的理解,从而促进课程的成功实施。

(三)课程实施的组织和领导

各级教育行政部门和学校领导对课程计划的实施负有领导、组织、安排、检查等职责。各种规章制度固然不可少,这是课程实施成功的保证。但是这里最重要的还是做人的思想工作,因为尽管我们可以开辟各种渠道让教师有交流的机会,但是如果教师对新的课程计划抱有成见,这些渠道就会失去意义。一般而言,采用新的课程,对教师来说,意味着要放弃原来熟悉的一套方法和程序,而且有些曾经是很成功的做法。所以西方有的学者甚至认为:"课程实施的最大障碍就是教师的惰性。"这里的"惰性",我们可以把它理解为"习惯做法"。所以学校领导要在学校里形成一种气氛,让所有教师都感觉到他们的意见和建议是受欢迎的,并会尊重他们的各种尝试。

(四)教师的培训

教师是课程实施过程中最直接的参与者。新的课程计划成功与否,教师的素质、态度、适应和提高是一个关键因素。事实表明,一些课程计划没有取得预期效果,并不是课程计划本身的问题,而是因为教师不积极参与或不能适应的缘故。虽然说通过各种交流可以提高教师的理解和认识,但课程实施的一些技能、方法、策略,需要通过一定的培训,至少要让年级组长或教研室主任或骨干教师受到比较正规的培训,使他们回去能够发挥表率作用。

(五)各种外部因素的支持

新的课程计划的实施需要得到社会各界的支持。新闻媒介、社会团体、学生家长的理解和支持,可以成为推动课程改革的无形动力。例如,国家和地方政府政策的倾斜,财政和物质资源、技术支援等也会对课程实施产生很大的影响。此外,有些课程尤其是现在日益受到重视的中学职业技术教育方面的课程,需要一定的政策保障和一定的财力、物力基础。社会各界的各种协助(包括技术帮助)也会有助于课程实施。[①]

第二节　思想政治课程的教学与评价建议

思想政治课程的教学实施是一个由多要素构成的综合复杂系统。这个系统是在一定教学思想的指导下,通过教师对系统内部各要素的科学组织而有目的、有规则地运行,并以一定的组织形式体现出来。教师在进行教学实施的过程中要特别重视教学与评价的相关问题。就此,本文参阅课程标准,对思想政治课程教学与评价提出相关建议。

一、初中思想政治课程教学与评价建议

《义务教育思想品德课程标准(2011)》将初中思想政治课程理念确定为:初中学生逐步扩展的生活是课程建构的基础;帮助学生学习做负责任的公民、过有意义的生活是课程的追求;坚持正确价值观念的引导与启发学生独立思考、积极实践相统一是本课程遵循的基本原则。因此,初中思想品德教学和评价应积极践行这一基本价值遵循,提高思想品德教学效果。

(一)教学建议[②]

教学是落实思想政治课程标准、达成思想政治课程目标的主要途径和基本环节。教学的组织与实施,应全面贯彻党的教育方针,以社会主义核心价值体系为导向,坚持正确的政治方向;应坚持课程改革的理念和要求,贯彻思想品德教学原则,进行教学改革,提高思想品德教学的实效性;应以本标准为依据,遵循初中学生身心发展和思想品德形成与发展的规律。

1.准确把握课程性质,全面落实课程目标

思想政治课程的建构要为全面提高学生的整体素质服务,立足于让学生个性发展、全面发展、全体发展。因此,教师在教学过程中应准确把握课程的综合性,以学生健康成长需要处理的主要关系为线索,将道德、心理健康、法律、国情等内容进行有机整合、科学设计,避免将这些内容割裂开来、

① 施良方:《课程理论》,教学科学出版社1996年版,第145页。
② 《义务教育思想品德课程标准(2011)》,北京师范大学出版社2012年版,第17—18页。

分块进行教学;应准确把握思想品德课程的德育性,避免概念化、孤立化地传授和记诵知识,努力使知识的学习服务于学生思想道德发展的需要;关注知识形成过程、思想方法、创新意识及个人潜能的开发,重视学习方法、实际应用能力的培养。

2.强调与生活实际以及与其他课程的联系

思想品德的形成与发展,需要学生的独立思考和生活体验,社会规范也只有通过学生自身的实践才能内化。初中思想政治课将正确的价值引导蕴含在鲜活的生活主题之中,注重课内外相结合,通过道德践行促进思想品德的形成和发展。因此,教师要深入了解学生的学习需求,面向丰富多彩的社会生活,善于开发和利用初中学生已有的生活经验,选取学生关注的话题组织教学,为学生的思想道德成长服务。此外,教师应增强课程的开放性,积极开发各门学科中的相关资源,加强与其他课程的有机联系和融通,形成教育合力,使学生在学习知识的同时不断提升品德素养。

3.创造性地使用教材,优化教学过程

思想政治教学要使学生掌握人类长期积累下来的学科知识和技能,提高政治思想道德认识和水平,就需要遵循人类认识过程的一般规律。在这一认识过程中,需要教师帮助学生进行创造性的认识活动。教师和学生的创造性认识活动是依托教材进行的。教材是学生学习的基础性资源,教师要了解和研究教材的整体布局,把握教材具体内容在单元和整个教材中的地位、任务,根据课程标准设定鲜明而集中的教学目标。教师要转变教材使用观念,从"教教材"转变为"用教材教"。在合理使用教材的基础上,教师应创造性地组织教学内容,设计合理的教学结构,灵活采用多种教学方法和手段,优化教学过程,提高课堂教学水平。

【教资考试链接】真题
2017(下)思想品德学科知识与教学能力试题(初级中学)
【简答题】
32.思想品德课教师要转变观念,从"教教材"转变为"用教材教"。根据课程创造性地组织教学内容,合理设计教学结构,灵活采用多种教学方法和手段,优化教学过程,提高课堂教学水平。
问题:思想品德课教师在教学中应如何使用教材?
【参考答案】
①教师首先要"吃透教材",钻研好教材,要了解和研究教材的整体布

局,把握教材具体内容在单元和整个教材中的地位、任务。这是创造性使用教材的前提。

②教师应做到课标和教材的有机结合,根据课程标准,设定鲜明而集中的教学目标,引导学生利用已有的知识与经验,主动地探索知识的发生与发展,创造性地开展教学活动。

③教师应恰当地整合教材内容,在教学过程中创造性地对教材内容顺序进行调整,可以根据教学需要对教材内容进行合理的调换和恰当的重组,使其更加系统、完整,方便学生思考和探索,并与现实生活联系起来。

④在教学过程中,要善于运用各种教学资源、地方资源、学生资源,丰富教材内容。

4.注重学生的情感体验和道德实践

依据课程标准编写的教材,无论是内容结构的设计、教学内容的组织,还是素材、案例的选取,都以贴近学生生活、满足学生需要、符合学生身心特点和接受能力为宗旨。因此,教师在教学实施过程中,要凸显学生的主体地位,引导学生采取情感体验和道德实践等道德学习方式,提高学生学习的效率和效果。此外,教师要善于利用并创设丰富的教育情境,引导和帮助学生通过亲身经历与感悟,在获得情感体验的同时深化思想认识。教师还要为学生提供直接参与实践的机会,提高他们道德践行的能力,使学生在丰富的社会实践中,增强学习的兴趣和能力。

【教资考试链接】真题
2018(下)思想品德学科知识与教学能力试题(初级中学)
【材料分析题】
33.材料:下面是《让友谊之树常青》的课堂教学片段。

师:友谊像一株慢慢生长的植物,只有精心养护,才能经受风雨的洗礼和时间的磨砺。我们要用心呵护友谊。那么如何用心呵护友谊呢?

请同学们思考:遇到下列情况时,你是怎样做的?

当同学、朋友生病,不能到校上课时,_____;

当同学、朋友遇到烦恼时,_____;

当同学、朋友生活有困难时,_____;

当同学、朋友学习遇到困难时,_____;

学生填写卡片,班级交流分享。

> 师:呵护友谊,需要用心关怀对方,体会朋友的需要,在朋友需要的时候站在他身边,以行动向朋友表达关心和支持。下面我们来进行一个"请你帮忙"的活动。
>
> ……
>
> 学生各抒己见。
>
> 师:呵护友谊,需要学会尊重对方。每个人都是独立的个体,要给朋友一些空间,把握好彼此的界限和分寸。
>
> 拓展延伸:你和你的朋友发生过冲突吗? 如果有,请写出自己的故事(不需要写自己的名字)。然后请同学一起讨论:在与朋友发生冲突时,我们应如何处理呢?

问题:请分析该课堂教学片段是如何体现"注重学生的情感体验和道德实践"这一教学建议的。(20分)

【参考答案】

初中思想品德课程教学建议强调要注重学生的情感体验和道德实践。情感体验和道德实践是最重要的道德学习方式。

①教师要善于利用并创设丰富的教育情境,引导和帮助学生通过亲身经历与感悟,在获得情感体验的同时深化思想认识。该教师创设情境,通过填写卡片让学生通过联系自己在朋友遇到各种烦恼和困难时是如何做的,获得直接的情感体验。

②教师还要为学生提供直接参与实践的机会。该教师创设了小波遇到苦难的情境,引导学生在体会小波和被他起绰号的同学的感受,并请学生想办法帮助他,让学生初步参与实践,提高他们道德践行的能力。

③该教师创设了问题情境,让学生结合自己与朋友发生冲突的经历,共同思考如何解决冲突,为学生提供了参与实践的机会,既有利于深化学生的认识,也有利于学生在实践中践行道德。

5.引导学生学会学习

以人为本,促进学生全面发展,是现代教育的主流。以往的思想品德教学过分注重知识点的记忆、考试分数等可量化、外在的指标,教学方法陈旧单一,教学过程被简化为"我说你听"的说教。学生的学习主动性被压抑。因此,要转变这一教学现状,教师要在教学中注重激发学生的学习积极性,引导学生通过调查、参观、讨论、访谈、项目研究、情境分析等方式,主动探索社会现实与自我成长中的问题,在合作和分享中扩展自己的经验,在自主探究和独立思考的过程中增强道德学习能力。

（二）评价建议[①]

思想政治课程评价是促进学生思想品德健康发展的重要手段。设计思想政治课程评价方案时，应以课程目标和课程内容为依据，体现学科评价特点，搜集学生学习的完整信息，客观评价学生的思想道德状况。教师要总结与反思评价结果，改进教学，进而更好地实现课程目标。

1.评价力求客观公正

思想政治课程教学评价必须采取客观的实事求是的态度，做到公正、公平，能够给教师的教和学生的学以客观的价值判断，不能掺杂主观臆断和个人的感情色彩。这就要求在进行教学评价过程中，要坚持实事求是的科学态度，以科学可靠的检测技术和方法，取得真实可靠的数据资料，以客观存在的事实为基础，实事求是，公正严肃地进行评定，以此准确记录和描述学生的学习状况和思想品德发展状况，调动学生道德学习的积极性。

2.注重形成性评价的运用

形成性评价是面向"未来"的评价，关注过程，注重发展。缺少对过程的评价就会导致学生只重结果而忽视过程，就无法促使学生注重学习探究的过程，不利于学生良好的学习习惯、思维品质和道德品质的形成，限制学生的创造性，减少学生对思想品德课的学习兴趣。因此，评价不仅要重视结果，更要注重发展、变化和过程，要把形成性评价与终结性评价结合起来，突出形成性评价。要注意给予学生足够的机会展示他们的学习成果。

【教资考试链接】课堂思考

【简答题】

材料：下面是思想品德教师上课的采样。

> 第一组："没有想好不要急于发言""不对！完全没有说到要点""我就知道你不会答，上课为什么不听？""这么简单的问题你都不会，没见过你这样笨的学生"……
>
> 第二组："你读的很正确，若声音再响亮一点会更好……现在，让我们看看该怎样回答这个问题。""你的提问很好，说明你动脑筋了。"……

问题：（1）比较上述的两组评价，分析他们的区别以及对孩子的影响。

---

① 《义务教育思想品德课程标准（2011）》，北京师范大学出版社 2012 年版，第 20 页。

(2)上述两组评价给我们的启示。

【参考答案】

①第一组:充斥着教师对学生的批评和斥责,会对学生产生各种消极影响。伤害学生的自尊心、自信心,甚至使学生对老师产生反感。

②第二组:鼓励学生在学习中的成功表现,给学生以成就感和自信心、满意感、安全感,使课堂轻松愉快,为学生主动积极学习创造良好的条件。

③启示:对学生的表现给予鼓励和引导,是一种过程性的评价,对促进学生的成长有着积极的意义。学生需要激励和引导,不缺少批评。教师的语言和批评可能会影响学生一生的发展。

3.实现评价主体多元化

长期以来,思想政治课程评价是管理者为主的自上而下的活动,学生被排斥在评价主体之外,处于被评价者的地位。思想政治课程标准提倡改变单独由教师评价学生的状态,重视学生在教学评价中的主体地位,重视学生、教师和家长在评价过程中的作用,使评价成为学生、教师、家长等共同参与的交互活动。因此,教学评价应让学生、家长都参与其中,使评价成为多主体共同参与和协商的活动,成为学生主动参与、自我反思、自我教育、自我发展的过程,促进学生和教师的共同发展。

4.以促进发展为评价目的

考试具有检测功能,但我们不能将这种功能无限夸大。对于其他评价手段所得到的结果,我们可以有很多用途,比如发现问题、发现人才、发现特长等,从而实现教学评价促进人的全面发展的目的。各级教育行政、招生考试部门以及学校教师在设计思想品德课程评价方案时,必须以课程标准评价目标与评价实施要求为依据,综合多方面获取的考查信息,对学生的思想政治课程学习做出全面合理的评价。要注意评价的导向性,不能用单一的知识性考试成绩作为对学生思想政治课程学习质量评价的唯一方式,警惕应试倾向的评价方式,避免评价方式偏离本课程目标和理念,使评价始终以促进学生发展为本。

【教资考试链接】课堂思考

【材料分析题】

材料:下面是某思想品德教师在"珍爱生命"一课中的教学片断。

教师:在我们的生活中,有哪些不珍爱生命的表现?请小组讨论交流,推选代表发言。

> 学生甲（小组一的代表）：一些学生不吃早饭，一些学生课间在教室哄闹……
>
> 教师（评价一）：其他小组对他们的回答有什么看法？除了在学校、家庭生活中，还有哪些不珍爱生命的表现？
>
> 学生乙（小组二的代表）：小组一列举了学校、家庭生活中不珍爱生命的表现，问题发现的很准。在社会生活中，还有一些学生有闯红灯的行为。
>
> 教师（评价二）：回答的很好，其他小组能不能请一些不常发言的同学再补充几点？
>
> 学生丙（小组三的代表，一个很少发言的学生）：董存瑞炸碉堡是不珍爱生命的表现。
>
> 教师（评价三）：（愕然）怎么会有这样的想法？你一定要认真看书学习。（教师引导学生进入下一环节的学习）

问题：请运用思想品德课程理念与教学评价知识，针对材料中三处教师对学生学习活动的评价，谈谈自己的看法。

【参考答案】

评价一：教师没有对学生的回答内容做出任何的回应和评价，直接让别的小组来回答，不能体现教学评价的功能和意义。

评价二：教师对学生的回答做出了回应，是鼓励性的评价，体现了教学评价的激励功能，但是没有具体指出学生回答好在什么地方，不能起到导向作用，不能体现教学评价的导向功能。

评价三：教师直接对学生的回答给予全面否定，没有对学生的回答给予全面的评价，没有发现学生思维的发散性，打击了学生课堂表现的积极性，对学生的学习产生不利影响。

二、高中思想政治课程教学与评价建议[①]

随着基础教育新课程改革的发展，高中思想政治课程越来越关注学生核心素养的养成，倡导开放互动的教学方式与合作探究的学习方式，使学

---

① 《普通高中思想政治课程标准（2017 年版 2020 年修订）》，人民教育出版社 2020 年版，第41—47 页。

生在充满教学民主的过程中,提高主动学习和发展的能力。这就要求在教学实施过程中,要强化教学的实践性和开放性。在教学组织形式上,要真正建立起以课堂教学为基础、课内外相结合的教学体制。在教学评价上,采取有针对性的、与教学相匹配的评价方式。

(一)围绕议题,设计活动型学科课程的教学

高中思想政治课程标准指出:"活动型学科课程的实施要使活动设计成为教学设计和承载学科内容的重要形式。一方面,要对应结构化的学科内容,力求提供序列化的活动设计,并贯穿于教学全过程;另一方面,要针对相关活动,设计可操作的测评。"课程标准突出了活动型学科课程在教学实施中的重要作用。而教学设计能否反映活动型学科课程实施的思路,关键在于确定开展活动的议题。这要求教师在备课过程中,应提供含有"既包含学科课程的具体内容,又展示价值判断的基本观点;既具有开放性、引领性,又体现教学重点、针对学习难点"的议题,围绕议题展开活动设计。设计要求包括:提示学生思考问题的情境、运用资料的方法、共同探究的策略,提供表达和解释的机会;应有明确的目标和清晰的线索,统筹议题涉及的主要内容和相关知识,并进行序列化处理;要了解学生对议题的认识状况及原有经验,提高教学的针对性、实效性;了解议题的实践价值,创设丰富多样的教学情境,引导学生面对生活世界的各种现实问题,等等。与此相对应,活动型学科课程的教学评价,应专注学科核心素养的行为表现,采用"求同"取向与"求异"取向相结合的验证思路,采用多种活动方式,鼓励学生运用相关学科知识和技能,基于不同经验、运用不同视角、利用不同素材,表达不同见解、提出不同问题解决方案,使评价内容既包含达成基本观点的过程,也包括实现教学设计的效果。

(二)强化辨析,选择积极价值引领的学习路径

思想政治课程的教学与评价,必须凸显价值引领的意义,需要用支撑思想政治学科核心素养的基本观点统整、统筹学科知识。有些学科概念旨在引导学生思考和行动,无须要求学生从理论上掌握其内涵。应通过范例分析展示观点,在价值冲突中深化理解,在比较、鉴别中提高认识,在探究活动中拓宽视野,引领学生认同、坚信社会主义核心价值观。为强化思想政治学科的价值引领作用,教师应重点关注学生学习方式的指导,使学生立足于当今信息化环境下学习的新特点,直面社会思想文化的影响;着眼于学生思想活动的独立性、选择性、多变性、差异性和高中阶段成长的新特

点,引导学生步入开放的、辨析式的学习路径,理性面对不同观点。在评价这种辨析式学习成功与否时,教师应重点关注对过程与结论的关系的把握,做到过程与结论并重;正确把握导向性与开放性的关系,合理引导不同取向;恰当处理思想内涵与辨析形式的关系,遵循意义优先、兼顾形式的原则。

(三)优化案例,采用情境创设的综合性教学形式

思想政治课程标准中写道:"思想政治课程内容涉及哲学、经济学、政治学、法学等学科,具有综合性。教学与评价既要体现内容的广泛性,又要关注问题的复杂性;既要多维度观察对象,又要多途径进行探究。应力求凭借相关情境的创设,提供综合的视点,提升综合能力。"[①]基于此,教师在以案例为载体的综合性教学中,既要着眼于同一课程模块的内容,综合不同的学科核心素养要素,又要着眼于同一学科核心素养要素,综合不同课程模块的内容。此外,教师要采取有效措施进行案例优化,其关键在于优化教学情境的功能,使教学情境能有效地支持、服务于学科核心素养的培育;有助于呈现并运用相关学科的核心概念和方法;能充当组织教学内容、贯穿逻辑线索的必要环节。教学情境具有丰富的、现实的、可扩展的解释空间,教师在创设过程中可以围绕议题,指导、组织富有成效的活动,在重现生活中真实的情境时,应力求可操作、可把握。在该模式的教学评价中,教师应注意评价的综合性,重点考查学生整合知识、理论联系实际、分析和解决问题的能力。进行综合性评价的过程,也是反思和评估情境创设和案例选取是否得当、是否高效的过程,教师可据此进一步优化情境、案例,不断提高教学效率和效果。

(四)走出教室,迈入社会实践活动的大课堂

思想政治学科内容的教学与社会实践活动相结合,是本课程的显著特点。志愿服务、社会调查、专题访谈、参观访问,以及各种职业体验等社会实践活动,为教师教学提供了更广阔的空间、更丰富的资源、更真实的情境,是实施思想政治教学的社会大课堂。教师在开展社会实践活动时,要从学生的成长需要出发,注重通过乡土资源的开发与利用,丰富教学内容,加深学生对社会的认识与理解。社会实践活动的评价可以议题为纽带,以

---

① 《普通高中思想政治课程标准(2017年版2020年修订)》,人民教育出版社2020年版,第45页。

活动任务为依托,不仅评价有关学科内容的学习效果,而且要评价学生在社会实践活动中表现出来的情感、态度、能力;此外,教师应注意发挥不同评价主体的主动性,采取以学生的自我记录、自我小结为主,以同学、教师、家人、社区工作人员评价为补充的形式,增强评价结果的综合性。最后,评价的关注点是学科核心素养能否得到提升,教师要注意考察学习目标是否明确,活动设计是否合理,活动组织是否恰当,活动资源是否充分利用,学生的主体性、创造性是否得到充分发挥,学生的交往能力是否得到增强,学生是否有获得感、成就感,由此保证社会实践活动课程的教学实效性。

第三节　思想政治课程的教材编写与资源开发

思想政治教材是教学的基本材料,在教学中有着重要的作用。因此,教材编写要严格按照编写的基本原则进行,同时要体现《基础教育课程改革纲要(试行)》《普通高中课程方案(实验)》和《中小学教材编写审定管理暂行办法》的基本精神,反映思想政治课程标准的要求。此外,随着基础教育课程改革力度的不断加大,课程资源作为课改中的一个核心概念,加强课程资源的开发与利用势在必行。如何更好地编写教材、对课程资源进行开发和利用,这既是思想政治品德教育改革面临的一个崭新课题,也是每一个思想政治教师需要关注的重点问题。

一、初中思想政治课程教材编写与资源开发建议

初中思想政治课程具有多方面的学科特点,这些特点要很好地得到体现,需要进行有效的教材编写和资源开发。这两部分环节并不是随意进行的,需要按照一定的方式方法与原则进行。基于此,本文对教材编写和资源开发提出了相关建议。

(一)教材编写建议[①]

初中思想政治教材具有以学生生活为基础,实现课程内容的综合;关注学生成长,突出教育主题;呈现方式多样,吸引力强等特点。在编写过程中,应特别注意教材内容的选择与教材特点相结合,突出思想品德课程的

---

① 《义务教育思想品德课程标准(2011)》,北京师范大学出版社 2012 年版,第 21—23 页。

特性。

1.准确理解和把握课程标准,坚持正确的导向

思想政治教材要具有思想教育因素,能对学生起到思想教育作用。对学生进行思想教育的内容是很多的,包括爱国主义教育、社会主义教育、革命传统教育、民主法治教育、道德品质教育等,思想政治教材要把这些内容恰当地融合和渗透于自身内容之中。因此,教材编写要以社会主义核心价值体系为指导,更新教育观念,创造性地体现和强化创新精神和实践能力的培养,加强思想政治教育的针对性、实效性和主动性,准确把握课程标准对课程性质的规定,体现课程理念,紧扣课程目标,充分发挥思想品德课程在学校德育中的基础性和导向性作用。

2.遵循思想品德形成和发展规律,体现思想道德学习的独特性

教材是学生学习的主要材料,对于学生来说,教材要便于学,符合学的要求。这就要求教材的体系安排要符合学生认识发展的过程和规律,坚持从具体到抽象,循序渐进,用生动具体的材料来导出和说明观点,使学生喜闻乐见,防止干巴巴的理论说教。基于此,教材内容在编排与呈现时,要依据学生思想品德形成和发展的一般规律,从学生自身的生活经验出发,以学生能够接受、乐于参与和能够促进思考、拓展体验、激发实践等有利于思想品德发展的方式组织和表述教学内容,将课程的价值引导意图转化为学生学习与发展的内在需求,创造一个生机盎然的学习空间。

3.选取现实生活中的素材,突出教材与生活的联系

长期以来,我们一直按照学科的知识体系构建课程内容,在编写教材时,力求内容的完整性、系统性、科学性,注重的是所编内容是否符合学科知识体系,逻辑是否严密,等等,而较少考虑学习内容对学生来说是否是基础性的、必须的、恰当的,对学生认知能力的发展、基础知识的把握有着怎样的意义等。而基础教育是为学生终身学习打基础的教育,因此,教材编写应以学生道德认知、道德情感及道德实践水平为基础,选取学生关心的具有教育意义的现实问题、实际事例作为主要素材进行提炼,使教材成为联系现实生活与实践的桥梁,为思想品德教学更好地走进学生的内心世界提供良好的平台,为学生终身学习奠定坚实的基础。

4.倡导以主题方式呈现课程内容,激发学生思考、探索的兴趣

教材编写要选取学生关心的具有教育意义的现实生活和社会问题,以及先进人物的感人事迹作为主要素材,尽可能提供多种活动设计,引导学生主动收集资料、寻找答案,促进教学互动、合作探究。例如,教材编写可以从具有普遍意义的典型事件或问题中选取主题,以解决问题为中心,统筹设计教材结构,将心理健康、道德、法律、国情等学习内容有机整合,避免对课程内容进行分块式的机械处理。将基本原理、基本概念和基本知识融入生活实例,以生动活泼的方式呈现,设计开放性的探索环节,以激发学生参与和思考的热情,培养学生自主学习的能力。

5. 应充分考虑和体现不同地区的特点

我国地域辽阔,各地区经济发展、自然条件、文化传统有很大差异,教材的编写要努力体现不同地区经济发展和社会发展的特殊需求,要考虑不同地区教育发展水平和学生身心发展水平,充分利用不同地区具有特色的课程资源,开发出既符合课程标准,又能体现地区实际的教材。在教材内容选择、难度及印制质量等方面要符合当地的水平。综上,教材编写要在保证达到课程标准基本要求的前提下,在内容和呈现形式上因地制宜,以适应不同地区及城乡学生的特点和需求。

(二)课程资源开发与利用建议

课程资源既包括学校内的教育资源,也包括学校外的各类社会机构和各种教育渠道所蕴含的多种教育资源,教师应建立融合、开放、发展的课程资源观,整合并优化课程资源,充分发挥各种课程资源的人文教育功能,使之为课程实施和教学服务。

1. 以教学目标为依据开发课程资源

初中思想政治课程资源的开发和利用要围绕课程和教学目标进行,要服务于教学目标的实现。思想政治课程目标是多种多样的,针对不同的目标,应开发与之相应的课程资源。由于课程资源本身的多质性,同样的课程资源,又可以服务于不同的教学目标。所以,思想政治课程资源的开发,必须在明确教学目标的前提下,认真分析与教学目标相关的各类课程资源,认真掌握其各自的性质和特点。根据教学目标的需要,开发、选择一切可以利用的课程资源,为实现教育目标服务。

2. 注意不同类型课程资源的综合利用

初中思想政治课程是对学生进行公民思想政治和思想品德素质教育的综合性的课程,德育性是其本质属性。要坚持思想品德教育的思想性,提高思想品德教育的针对性和时效性,反映思想品德教育内容的综合性,必须努力整合思想品德课程资源,特别是学校内的各种资源,构建德育大课堂,形成学校德育合力,有效提高思想品德教育的效能;尽量组合不同类型的资源,将文本资源、音像资源、实物资源等结合起来,使学生深入理解课程内容,实现课程的总目标。

3.鼓励和指导学生参与课程资源的开发

学生是学习的主体,教师在教学中要充分发挥学生的积极性、主动性和创造性,让学生做自己学习和行动的主人。同样,在课程资源的开发和利用中,教师要充分相信学生,正确引导,积极鼓励,极力帮助学生收集整理、挖掘开发好课程资源。学生参与开发和利用的课程资源,会更适合学生的特点和需求,会增强他们参与学习活动的兴趣,从而提高教学效果。学生积极主动地参与课程资源的开发和利用过程本身就是一个实践的过程,是一个受教育的过程。因此,要鼓励和指导学生参与课程资源的开发,同时重视对学生自身资源的开发,使学生的参与过程和生活体验成为课程资源的重要组成部分。

4.重视本土资源的开发和利用

在课程资源开发的利用过程中,教师要充分认识本土资源的开发和利用对陶冶学生情操、激发学生学习兴趣的价值,重视本土资源的开发和利用。既要激活已有的课程资源,如地处农村的学校的生产劳动、民俗资源,城市学校的社会、文化资源,少数民族地区的民族特色、风俗文化资源等,也要注意拓展课程资源,如有条件的地方可以建立校外活动基地或建立种植、养殖园等劳动基地。结合当地和学校实际情况,重视对本土资源尤其是农村乡土资源的开发和利用,发挥本土资源的优势和独特价值。

5.基于教学内容开发课程资源

新课程为我们开发教学资源提供了广阔的空间,除了依托教科书,发掘学生、教师等资源外,我们还可以广泛开发其他课程资源。面对众多的课程资源,我们虽然要尽量充分利用,但不可能全部利用。在课程资源开发过程中,应该围绕教学内容,选择有利于学生知识学习和思想品德发展的内容,选择有利于培养学生思想品德课学习兴趣的内容。总之,课程资源的开发和利用要服务于教学内容,充分发挥课程资源的效能,避免盲目性和形式主义。

【教资考试链接】课堂思考
【材料分析题】

下面是某教师的《公共利益的维护是每个人的责任》的教学片段,请阅读并回答问题。

教学内容	教学环节	教师活动	学生活动
履行分内的职责	一、导入新课	安排学生开展新闻播报活动,调动兴趣	学生主持:"今日播报"(播报包括国内外、学校及班级事务,特别提到校志愿者协会在社区帮助老人的活动)
	二、感知社会角色及其义务	呈现问题,重点强调责任感和敬业精神对公共利益的影响	记者报道(采访养老院老人,并形成报道;老人和记者都由学生扮演);思考回答
公共生活中的社会责任	三、遵守公德,注重规范	播放视频,引导学生认识到遵守社会公德的重要性	观看视频(社区工作人员谈对志愿者帮助老人的感谢,同时也提醒志愿者应注意的行为规范);思考回答
	四、关怀他人,心系社会	引导学生思考善心义举的价值	校园报道:学校志愿者的事迹
	五、自觉维护,主动承担	创设冲突情境,激励学生的责任意识和奉献精神	阅读相关资料并合作探究:家长对学生的志愿活动有不同的态度时,我们怎么办?
	六、拓展提升	总结强化展示学习成果	设计志愿者的公益广告语

问题:(1)请指出本教学片段中所运用的课程资源种类。(4分)

(2)结合上述教学片段,谈谈对开发初中思想品德学科课程资源的启示。(16分)

【参考答案】

(1)本教学片段所运用的课程资源种类有文字与音像资源、人力资源、实践活动资源、信息化资源。

(2)对开发初中思想品德学科课程资源的启示:

①课程资源不会自动进入教学领域,需要能动地去寻找、认识、选择和运用。课程资源的开发和利用,不仅是特定部门和人员的专业行为,更是教师主导的活动。

②自主开发。教师在课程资源的开发中要发挥主体作用,认真学习和领会课程的目标和内容;分析课程资源开发与课程目标实现的关系,评估课程资源的特点及其价值;根据实际情况选择和利用课程资源。

③特色开发。学校要从具体的地域特点、学校特点、教师特点、学生特点出发,发挥各自的优势,使课程资源的开发呈现出多样性、丰富性和独特性,有效实现特色开发。

④共同开发。教学活动是师生共同参与的过程,课程资源的开发与利用,要充分发挥全体师生的作用,鼓励他们积极参与,共同收集、处理、展示课程资源,有效利用课程资源。

【教资考试链接】课堂思考题

材料:某教师在讲到《灿烂的中华文化》这一课时,为了让同学们更深地体会到传统文化存在的意义和价值,举办了一场传统诗歌朗诵会,并鼓励同学们积极参与。

问题:请你针对上述材料中老师的做法,谈谈我们应如何创造思想品德课的实践资源。

【参考答案】

①在课堂教学中,要放手让学生到生活中去发现问题、解决问题。

②要积极地创造条件,安排学生从事课外实践活动,组织学生到博物馆、科技馆、青少年活动中心等进行调查研究、体会感受、实际操作、归纳总结。

③要以实践活动形态为主,围绕一些实际的社会生活和生产而展开,在活动中教,在活动中学。

二、高中思想政治课程教材编写与资源开发建议

《普通高中思想政治课程标准(2017年版)》强化了思想政治课程实施的制度建设,进一步明确了课程实施环节的责任主体和要求。据此,本文依据课程标准对教材编写和课程资源开发提出了相应的建议。

(一)教材编写建议①

根据新的高中思想政治课程改革的精神,高中思想政治新教材集中全国优势力量进行了课程内容的整合与优化。在具体的编写中,坚持以生活主题为中心,以启动、展开思维活动的过程和方法为主导,通过案例考察、问题辨析、行为表现等环节的活动设计,呈现和提炼内容目标的意义。据此,本文结合高中思想政治课程标准,对高中思想政治教材的编写提出以

---

① 《普通高中思想政治课程标准(2017年版2020年修订)》,人民教育出版社2020年版,第52—53页。

下相关建议。

1.突出立德树人要求,着力培育思想政治学科核心素养

如何理解教材?怎样认识思想政治新教材?新教材编写应遵循什么样的思路和风格、具有哪些特点?作为未来的思想政治教师,这些都是我们需要认真思考的问题。高中思想政治课程标准指出,教材的编写要立足于立德树人的根本任务,以社会主义核心价值观为根本价值标准,以思想政治学科核心素养为育人的主导目标;处理好思想性与知识性的关系,知识点的选择和配置服务于思想政治学科核心素养的培养目标,凸显课程政治方向的引领;应通过鲜活的案例阐述新时代中国特色社会主义经济、政治、文化、社会和生态文明等内容,在克服说教式、过于成人化倾向的同时表达明确的立场,在彰显中华优秀传统文化的同时,强化有关中国特色社会主义道路自信、理论自信、制度自信、文化自信的内容安排。

2.依据课程标准,体现课程理念

课程标准和教材有着密切的关系。课程标准是教材编写的依据,教材是课程标准主要的载体和具体体现。因此,在教材编写中,必须深入研究课程标准,紧扣课程标准规定的课程目标和课程内容,保持与课程标准的协调性和一致性,决不能抛开课程标准另搞一套。这启示我们:教材的编写要以课程标准为依据,充分体现课程标准阐述的基本理念,表达课程改革的追求,反映高中阶段学生的特点,体现思想政治课程的本质。要遵循课程标准的设计,在课时安排与呈现方式、内容选择与课程结构、核心素养及其表现水平、教学流程与学习评价等方面,全面落实课程标准的要求。要考虑城乡差异和地区差异,参照课程标准的有关提示和建议,创造性地编写高水平、有特色的教材。

3.利用多种课程资源,拓宽学生视野

思想政治课具有多方面的学科特点,这些特点要很好地得到体现,需要课程资源的开发和利用。因此,在教材编写过程中,要善于融通古今中外各种资源,特别是要把握好马克思主义、中华优秀传统文化和国外哲学社会科学三种资源,要按照立足中国、借鉴国外、挖掘历史、把握当代、关怀人类、面向未来的思路,使教材既有深厚历史底蕴,又有鲜明时代特点;既彰显中国立场,又开阔国际视野。素材的选择与运用,既要贴近学生生活,又要反映当代社会进步的新发展和科技发展的新成果;既要有利于教师进行创造性教学,又要有益于学生潜能的发掘,满足不同类型学生发展的需求。

4. 体现活动型学科课程实施的新要求

思想政治课程既是一门学科课程，又是一门特殊的、带有明显综合性的德育课程。为了更好地联系社会生活实际，思想政治增加了"社会活动"环节，引导学生走向社会，贴近生活，开展社会调查、义工活动、职业体验等，综合培养学生运用多个模块的知识分析和解决实际问题的能力，提升政治认同、理性精神、法治精神和公共参与等核心素养。因此，教材要体现其作为教学依据的意义，同时要积极发掘其引领教学活动的功能，着力反映活动型学科课程实施的特点。如，学科内容与活动设计的融合、课堂教学与社会实践活动的对接等，都应该在教材中有合理安排。要通过设置开放的教学情境，提供多种课内外探究活动设计，注重发展学生自主学习能力；要引导学生主动学习、澄清概念、深化认识，发挥思想政治课程特有的育人功能。

5. 坚持政治性与科学性相统一的原则组织编写队伍

作为思想政治教材，绝不能只是照搬真理性知识，而需要经过选择、加工。在选择加工过程中，对一些真理性知识的解释、阐明要实事求是，准确无误，防止片面性和错误。此外，教材要有明确的方向性，要旗帜鲜明地宣传马克思主义，坚决贯彻党的基本路线和方针政策，给学生以正确的立场、观点和方法，帮助学生树立科学的世界观和人生观。因此，教材的编写要重视编写队伍的优化，要遴选政治立场坚定和德才兼备的编写者，广泛吸纳学科专家、教育教学专家和具有丰富教学经验的教师、教研员参与，以保证教材编写的科学性和适用性，使教材既坚持科学性又突出思想性。

（二）课程资源开发与利用建议[①]

根据《普通高中思想政治课程标准（2017 年版）》规定，课程资源是课程设计、编制、实施和评价等整个课程发展过程中可利用的一切人力、物力以及自然资源的总和。资源是多种多样的，这为学校和教师因地制宜地开发和利用课程资源提供了广阔的空间。根据高中思想政治课程标准，结合高中思想政治教学实践，我们对课程资源的开发与利用提出相关的建议。

1. 加强党对课程实施的全面领导

建立党委统一领导、党政齐抓共管、有关部门各负其责、全社会协同配

[①] 《普通高中思想政治课程标准（2017 年版 2020 年修订）》，人民教育出版社 2020 年版，第53—54 页。

合的工作格局,推动形成全党全社会努力办好思想政治课的良好氛围。学校党委书记、校长要带头走进课堂,带头推动思想政治课建设,带头联系思想政治课教师。

2. 以课程标准为指导开发课程资源

课程标准是教材编写、教师教学、学生学习和考试命题的依据。地方各级教育行政部门、教研机构以及学校要以课程标准的实施为龙头,课程资源的开发与利用同样要以课程标准为指导,遵循课程标准的相关建议,使课程资源的开发与利用符合课程标准要求,有利于思想政治课程实施,帮助学生确立正确的政治方向、提高思想政治学科核心素养、增强社会理解和参与能力。

3. 充分挖掘教材中的课程资源

教材不是唯一的课程资源,但无疑仍然是最重要的课程资源之一。教材中所涉及的内容和提示的活动案例,都力图体现新课程的目标和内容,是我们可利用的最基本的课程资源。此外,在课程资源开发过程中,我们可以对教材进行必要的拓展延伸,例如,充分挖掘选择性必修和选修课程中蕴含的课程资源;打破学科之间的界限,强化各学科资源的整合与利用;把握各种资源之间的共通点、互惠性,开展主题教学活动,提高思想政治课程资源利用率。

4. 结合实际,充分挖掘实践活动资源

思想政治课是一门实践性很强的课程,必须建立"社会即课堂"的大课堂教学观。火热的社会生活为思想政治课程提供了极为丰富的课程资源。思想政治课教师应引导学生把学习的范围扩大到课堂以外,通过安排学生从事课外实践活动,让学生"零距离"接触社会,参与相关社会、政治、经济、文化生活,在活动中获得更加生动的知识,提高分析和解决问题的能力。地方各级教育行政部门、教研机构以及学校要确保社会实践活动的开展,要鼓励和支持教师采取灵活多样的活动方式,充分挖掘当地环境条件、社会生活中蕴含的课程资源,并给予更多的资金保障和活动条件的支持。

5. 采取多种方式,加强课程资源建设

学校要发挥教师课程资源建设的主体作用,鼓励和支持教师根据当地实际,充分挖掘并有效利用一切可以利用的课程资源,为学生学习和教师教学的有效实施创造有利条件。教育行政部门、教研机构要统筹规划、指导和管理课程资源的开发和建设,充分考虑地区与学校的差异,对资源开发能力不足的地区和学校给予全面而有力的支持,运用信息化技术实现课程资源的共享。

思考题：

1. 影响课程实施的因素有哪些？

2. 初中思想品德教学评价如何进行？

3. 初中思想品德课程资源开发与利用策略是什么？

4. 高中思想政治教学和评价应注意哪些问题？

课外拓展研究：

1. 在高考大环境不变的情况下，我们应如何推进中学思想政治教学评价改革？

2. 结合实际，谈谈如何更好地开发利用中学思想政治课程资源。

第六章　思想政治课程的学习方式

教学的最终目的是教会学生学习。因此,学生学习方式的指导,也是中学政治课程与教学论的重要内容。研究学习方式的指导,实际上就要回答什么是学习方式,指导学习方式的措施有哪些,指导学习方式的方法有哪些等。

第一节　学习方式概述

一、学习方式的含义

学习有广义学习与狭义学习之分。

广义的学习是指人和动物在生活过程中凭借经验而产生的行为或行为潜能的相对持久的变化。需要特别指出的是,这里的行为潜能产生与发展的过程与行为结果均统一于学习的内涵;这里的"行为"不仅仅指可观察的外显行为,也包括无法观察到的诸如动物心理、人的意识等内潜行为;这里提到的"经验"是指个体在后天活动中获得的而非遗传、成熟、机体受损等导致的行为变化;学习的行为变化是较为持久的,由适应、疲劳、药物等引发的行为变化较为短暂,不能称为学习;行为变化既包括积极的方向也包括消极的方向,二者都是学习。

狭义的学习是指人类的学习。人类的学习是指受教育者在教育者的指导下,有目的、有计划、有组织地获得知识、形成技能、培养才智的过程。

学习方式是指学习者学习的态度、形式和方法等的基本倾向。学习方式并不是某一具体的学习策略和学习方法,而是高于策略和方法层面,影响并指导学生对具体策略和方法做出决策的有关学习行为的基本特征。概括地说,学习方式就是指个体在进行学习活动时所表现出的具有偏好性的行为方式与行为特征,是个体学习活动的差异反映。学习方式与个体的性格及学习习惯有关。

二、学习方式的特征

现代的学习方式主要有自主学习、合作学习与探究学习三种,这些学习方式具有以下特性。

(一)主动性

主动性是指个体按照自己规定或设置的目标去行动,而不依赖外力推动的行为品质;由个人的需要、动机、理想、抱负和价值观等推动。主动性是现代学习方式的首要特征。成为首要特征的原因在于,学习是个人自己的学习,受到外在因素强加的学习的有效性和意义是无法与学习者本身的内在因素驱动的学习相比拟的,这也就是我们所说的"我要学"和"要我学"天然上的意义差别。主动性学习的内在驱动要素主要有兴趣性和责任感。前者表现为学习者发自内心的对于学习内容的认可与喜爱,产生强烈的学习意愿,并且愿意倾注时间和心血,在这种要素的驱动下,学习效率往往是事半功倍的。反之,缺乏兴趣的学习往往体现为被动学习,学生出于外在因素的强制要求不得不去学习自己不认可或不喜爱的内容,没有强烈的主观愿望也就难以达到预期的学习效果,事倍功半也是必然的。而后者所提到的责任感则对应了学习者的另外一种学习内驱力,学习为了什么,为了谁,这就是责任使然导向。学习者只有接受并内化这份责任感,将之与自身的成长与发展紧密联系起来,才能去理解学习的真谛及其对自己生命的意义,也只有从这个层面去理解,才能去解读终身学习观的内涵。综上所述,主动性学习需要从内在驱动因素去理解,作为现代学习方式的基本特征之一,它是符合这个信息爆炸需要主观选择的新时代的,是符合这个个性和思想不断得到解放的新时代的,是符合这个对学习能力提出更高要求的新时代的。

(二)独立性

独立性是指人的意志不易受他人影响,有较强的独立提出和实施行为目的的能力,在学习中这种独立性表现为"我能学",是与依赖性相对应的概念,是现代学习方式的核心特征。除了特殊生理原因外,几乎每个人都具有相当强的内潜的独立学习能力。之所以是内潜,是因为独立学习能力也是需要引导和开发的一种潜力,在得到适当的引导之后,学习者就能够依据自身现有条件充分调动自身积极性进行学习。值得注意的是,这种引导需要从小抓起,如果学习行为被代劳,那么会助长学习者依赖性的形成,后续矫正会带来相当大的难度。独立性的表现也是具有个异性的,即每个人的独立性表现是不尽相同的,在引导的时候要注意个体的身心发展规律和个体特点对症下药。独立性的培养还需要注意问题导向,即教育者要能够抛出学习者最近发展区间难度的问题,引导学习者能够运用自己所学,独立探索问题,解决问题,总结问题,反思问题。家庭教育是基础,学校教育是主阵地,两者在培养学习者的独立性学习能力上要有所区别,前者重静心,后者重能力,一个是心态的养成,一个是知识技能的重点培养,要有所侧重。须知独立性的培养是一个长期发展的过程,能够抓住一切机会给予学习者独立完成学习任务是这个训练环节的重要保证,而有的放矢以问题为导向的培养思路则是独立性养成的关键环节。

(三)独特性

多元智力理论指出,每个人的智慧类型不一样,他们的思考方式、学习需要、学习优势、学习风格也不一样,因此每个人的具体学习方式是不同的。实际上,所谓卓有成效的学习方式都是带有个人色彩的,没有夸张到无所不可套用,千万人可以效仿的统一方式,因为个体差异原因,个人的身心发展程度都是不一样的,对某个学习者是有效的方式,对他人却未必如此。这意味着我们提倡转变学习方式,抛弃所谓通过模仿成功学习法一劳永逸的幻想,要考虑和尊重每一个学习者的独特个性和身心特点,为每个学习者提供独特带有个性色彩的发展创造空间,适合的才是最好的,这也才能做到事半功倍。基于这样的特点,独特性成为现代学习方式的重要特征。

独特性的个异性意味着差异性,学习者的学习方式客观上存在着个体差异:即使在对同一内容进行学习,但因为个人实际具备的认知基础和能力不同,情感倾向以及学习特点、擅长倾向不同,决定了不同的学生对同样的内容和任务的学习速度和掌握它所需要的时间及所需要的帮助不同。传统的班级授课制教学存在忽视学生学习的个体差异情况,往往会要求所有学习者在同样的时间内,运用同样的学习条件,以同样的学习速度掌握同样的学习内容,并要求达到相同的学习水平和质量。这种"一刀切""一锅煮"的做法,致使很多学习者的学习不是从自己现有的基础出发,导致有些学习者"吃不饱",有些学习者"吃不了",有些学习者根本不知从何"入口"。现代学习方式应尊重学习者的差异,并把它视为一种亟待开发和利用的教育教学资源,努力实现学习者的个性化和教育者指导的针对性。通过因材施教的方法,将具有特性特长的学习者加以区分,能够人尽其才,为国家培养更多有专业特长的人才。

(四)体验性

体验是指身体活动与直接经验而产生的感情和意识。体验的这一特性融入生活生命之后,它带来的学习结果将不再局限于认知和理想,而是拓展了情感、心理和人格领域,这样的学习不仅带来了知识技能层面的进步,在心理、人格方面也给人带来成长与发展。体验性是现代学习方式的突出特征。在实际学习活动中,一是表现为直接参与性。学习不仅要用脑子思考,而且要利用五官感知去直接体验学习对象,从而得到更为全面的反馈,以便学习的深入拓展。理解知识技能如此,感受生命与生活更是如此。基于此,新一轮的教学改革要特别强调学习者的直接参与,包括且不限于课外活动、探究、调查等方式。二是要重视经验性。从家庭教育讲,就是要把家庭教育方式同学习者的生活紧密联系,生活经验转化为学习成果。从学校教育讲,就是在课程制定过程中要尊重学生的体验和意见,打造适合的校本课程,以学生的学习经验为基础调整难度和课程目标,在教学上要注重联系学生已有的学习经验、生活经验,从而使教学更亲近学生,易于使学生接受,重视学生的课堂体验,打造舒适、高效、亲和的课堂。从社会教育来说,就是要通过社会实践,强化学习者的学习经验,促使间接经验转化为直接经验,从而提高学习效率。

(五)问题性

问题是科学研究的出发点,是开启任何一门科学的钥匙。没有问题就没有向前发展的动力,没有问题也就没有学习的进步源泉,以问题为导向才能带来学习活力,让学习在提出问题、解决问题、总结问题、反思问题中循序渐进,日臻完美。也只有在不断提出问题、解决问题的过程中,创造力才能得到不断的激发。

学习者要意识到问题的作用。现代教学论研究指出,从本质上讲,感知不是学习产生的根本原因(尽管学生学习是需要感知的),产生学习的根本原因是问题。发现问题意味着有求知的动力,没有问题则流于肤浅,就无法引起学习者的兴趣,无法深度思考,学习也就只能流于表面,毫无深度可言。所以现代学习特别强调问题在学习过程中的重要性。它一方面强调通过问题来进行学习,把问题看作学习的动力、起点和贯穿学习过程的主线;另一方面,通过学习来生成问题,把学习看成是发现问题、提出问题、分析问题和解决问题的过程。

这里需要特别强调的是问题意识的形成和培养。问题意识是指问题成为学习者感知和思维的对象,从而在学习者心理造成一种悬而未决的求知状态。问题意识会激发学习者强烈的学习愿望,从而注意力高度集中,积极主动地投入学习;问题意识还可以激发学习者勇于探索、创造和追求真理的科学精神。没有强烈的问题意识,就不可能激发学习者认识的冲动性和思维的活跃性,更不可能激发学习者的求异思维和创造思维。所以在家庭、学校、社会教育中,我们需要注重引导学习者的好奇心,让他们去发现问题探索问题。总之,问题意识是学习者进行学习,特别是发现学习、探究学习的重要心理因素。

(六)合作性

合作性是指学生为了完成共同的任务,有明确的责任分工的互助性学习方式。其目的是鼓励学生为了实现集体利益与个人利益相统一,在完成共同任务的过程中实现自己理想的学习方式。目前常使用的合作方式包括:一是问题式合作学习。实质是教师和学生互相提问、互相解答,形式可表现为生问生答、生问师答、师问生答、抢答式知识竞赛等,当然在问题的设置上要有考究,需要从学习者的认知经验和水平出发。二是表演式合作学习。通过合作表演的形式,激发学生的学习兴趣,培养学习者自主探究的学习品质。这种合作方式或考验学习前的准备工作,或考验临时应变能力,对学习者的能力有较高要求。三是讨论式合作学习。让学习者对某一内容进行讨论,在讨论过程中生成答案或问题,这一过程着重训练思辨以及表达能力,是合作学习的重要形式之一。要使合作性学习有效展开,在组织学习者进行合作时,需要注意以下问题。

(1)明确学习目标:教育者需要给学习者明确通过合作需要掌握什么知识技能。

(2)认可既定目标:合作学习的目标需要得到大家的认同,当成必须完成的任务。

(3)选择恰当内容:根据学习者情况选择有价值、接近最近发展区的学习内容。

(4)指导学前准备:给予学习者一定的思路引导,需要用到和准备的东西提前告知。

（5）控制小组差异：小组成员需有差异互补性，以便能接触更多观点，增大知识面。

（6）同等成功机会：让每位学习者相信自己能从中享有和别人一样的成功机会。

（7）加工内部知识：每位学习者合理分工，加工自己负责的部分内容并进行共享。

（8）表扬学习成果：对合作小组的成果予以肯定和表扬，对出色者进行实质性奖励。

（9）总结学习成果：最后一步要学会总结和反思，形成一整套的评估体系。

三、学习方式指导的意义

（一）学习方式指导的必要性

1.新时代的需要

这是一个信息爆炸的新时代，这是一个推陈出新、更迭速度奇快的新时代，这还是一个多元化思潮激情碰撞的新时代。基于此，我们的学习也需要做出选择，而非以往的包罗万象式，选择对自己有用、最适合自己的学习内容无疑成了首要问题。对学习者的学习指导，不仅能够在目标上予以指引，让他们迅速结合自身的情况对学习目标有一个清晰的判断，从而避免接受不必要的学习任务，而且还能指导他们选择最为适合自己的学习方式去应对日新月异的信息。

2.新学情的需要

新的社会变化引起了学情的新变化，当代青少年认知能力培养的重要性远远超出过去。一是他们的知识储备、能力经验、接受指导和自我学习能力都更为优越，但无法避免的是正值青春发育期，鉴于这个年龄阶段的特征，他们还无法全面客观地认识自我，所以在对自己各方面的认知还存在不足，这就需要教育者做出一个客观中肯的评价和指导。二是经济条件的改善，家庭对孩子个异性的培养也更为突出，这就使得每个学生自身的特长和学习情况有了更大的差异性，"一刀切"的做法已经不适合新的学情,需要教育者结合学生的个人情况做出最适合他们的指导,以便各有所长的学生们能够人尽其才。三是学生的主体性作用在如今的教学当中尤为重要,主体性的特征主要有主动性、自主性、创造性等。加强对学生的指导,才能让他们对学习方法、学习过程的掌控力有更出色的掌控,从而激发学习兴趣,让他们充分发挥主体性作用,将学生的主体性地位保障落实。四是相比过去,厌学情绪在当代青少年学生中更为普遍存在,相当多的学生无法在课堂学习中体验乐趣,加之没有很好的课前预习,易分心,对教师有依赖性,使得不少学生没有教师的指导学习难以开展或继续下去。所以要解决这些问题,必须要加强教师对学生学习的指导。

3.新教情的需要

随着大学教育的普及化,新时代的教师普遍有着较高的学历、丰富的求学经验,在学习上的心得体会也更为丰富,并且有着与时俱进的显著特点,对多媒体、互联网等时代产品的运用更为自如,所以他们对学生进行学习指导能够更迅速地让学生掌握新兴技术,跟上时代潮流。另外,由于教材改动带来的要求,学生在同样时间内需要掌握的知识技能更多了,教师的课堂任务负担也随之加重,仅仅依靠教师已经无法高效解决学生的课堂学习问题,所以为了让学生能够在短时间内学习更多内容,就必须加强他们的自主学习能力,这就需要教师能够给予指导,通过师生合作的方式完成教学和学习任务。

(二)学习方式指导的意义

1.有利于学生能力的多维发展

教育者对学习者的指导是基于其某些方面存在欠缺或可发展提高的基础之上,这些方面主要有:一是思维能力。教育者的学习指导可以帮助学生不断扩大和丰富知识与实践领域的经验,这样学习者才能从事物的不同方面和不同联系上去考虑问题,从而避免片面性、表面性和狭隘性。教育者可以通过这种指导帮助学生培养主动性思维,给予一些思路帮助学习者顺利继续开展学习。通过学习指导还能帮助学习者进行知识的迁移,让他们学会举一反三、触类旁通,将所学知识有机结合起来综合运用。另外,这种学习指导能帮助学习者养成透过现象看本质的能力,在他们所做的思考基础上进行拓深,进而看全看透问题。二是实践能力。教育者的学习指导可以有效地帮助学生提高实践效率,帮助总结经验,从而不断完善实践流程。另外,适当的学习指导可以帮助学习者在实践中生成问题,从而拓展实践深度,有利于学习者进一步研究问题,强化自身技能。

2.有利于教师自身发展

对学习者的指导同样对教育者自身大有裨益:一是有利于教育者了解学情。矛盾的普遍性寓于特殊性之中,虽然学习者的学习情况各不相同,但教育者可以通过大量的学习案例总结出相似性和共性,深入挖掘这些案例中的多面联系,从而得出相应的经验用以完善过去的指导实践中存在的不足,达到事半功倍的效果。二是有利于教育者自身指导经验和技能的提升。教无定法,面对不同的学习者,他们自身的认知经验和水平存在个异性,因此所适用的指导方法也存在差异,所以需要教育者根据个体情况制定相应的指导方式,也只有在这样不断丰富实践经验的过程中,教育者才能持续拓展自身应对问题的经验和能力,这也是一个新手教育者蜕变为资深教育者的必须经历。三是融洽师生关系,便于教育者工作的开展。如今的师生关系存在脆弱性、敏感性,这样的学习指导通过面对面的形式,无形之中拉近了师生关系,教育者的和蔼态度,生动讲解,亲切指导,都能在潜移默化中改变学习者对自己的态度,让二者关系朝着和睦友善的方向推动,一旦这种亲密关系得以建立,那么对于教育者的后续工作开展将会提供更多便利。

第二节　学习方式指导的主要措施

一、端正学习动机与态度

(一)建立终身学习观

想要端正学习动机,需要先改变传统的学习观念。我们身处信息化社会,过去的一次定终身、半部论语治天下的学习观念已经显得格格不入,学习观念需要向学会学习、终身学习的方向转变。传统的学习观将人的一生划分为两部分,准备期和工作期,二者是有界限的,以"学习"为界限,仿佛人在工作后就不需要像过去在学校一样求学问是、聆听教诲。而终身学习的"学习"是没有界限可言的,通过一个不断支持的过程,激励人去获取自己终身所需的知识、技能、价值观等,并在任何情况下都可以积极、乐观地应用。

现今,学校教育依然是学习的主阵地,但是家庭教育、社会教育也是实现学习的重要支撑;要想促进人的终身学习,充分发挥三者的特征,并达成三者的通力合作显然是一条最佳路径。

建立终身学习观,我们需要注意把握终身学习观三个特征:一是全民性,即终身学习者并非个别人,而是具有普遍性。这将是每个普通人需要履行的责任,成为生活中必不可少的重要组成部分。二是个别性。每个人都需要具备终身学习观,但因为个体差异性,每个人的身份、职责、生活环境、性格、认知能力等因素又不尽相同,这也就意味着终身学习能够满足千差万别的个体需要。三是自主性。这也是终身学习更为本质的特征,学习者是终身学习的主体,能动性与创造性都是基于自主性而来,终身学习的这一特性意味着学习者的学习动机不是由外在强加而来,或许有外在因素,但也只是影响内在动机而非决定。

(二)端正学习态度

学习态度是指学习者对待学习比较稳定的具有选择性的反应倾向,是在学习活动中习得的一种内部状态。它是由认知因素、情感因素和意志因素三者组成的一种互相关联的统一体。因而,我们可以从自己对学习目标的意识程度,在学习过程中的情感体验,对学习活动的坚持程度等方面,综合判定或评价我们的学习态度。

一般来说,学习态度与学习动机、学习兴趣是紧密相关的,后两者越为强烈,则学习态度往往也会更加端正。只不过相比于学习动机,学习兴趣不稳定因素更多,由此带来的学习态度的变化会更不稳定。

学习态度的主动积极会带来愉悦的学习体验,在学习目标上也会更为明确,学习往往事半功倍。而消极的学习态度则会使学习停滞不前甚至倒退,在一个人的人格塑造方面也会产生不良影响,比如消极的人生观、意志不坚定等。因此,学习态度的积极与消极不仅直接影响学习成效,还关系到学习者的个性与人格发展。形成积极主动的学习态度也由此显得更为重要,并对人生有着深远意义。

学习态度并非生来就有,是通过后天的家庭、学校和社会生活慢慢形成的。在这个过程中,学习动机会直接影响一个人的学习态度,积极或者消极的学习态度都会对学习产生巨大影响。要想促进良好的学习态度的产生,需要做到以下几点。

1.有良好的认知

帮助学习者形成正确的学习认知,目标明确,清楚地认识到自己学习思想政治教育课程的意义和价值,还要对自身的情况有详细的了解,以此为基础便能够形成良好的学习态度,从而建立起对学习的兴趣,达到预期的学习目标。

2.引导兴趣倾向

帮助学习者根据自身情况寻找到最感兴趣和适合的学习内容、学习方式,引导他们产生情感、兴趣的倾斜,在进行思想政治课程学习时加强情感感染力。感兴趣的东西总能让人产生十足的学习动力,而慢慢热爱上自己所学内容并获得满足后,学生学习态度便会愈加端正积极。

3.稳固适合的学习方式

学习态度是学习者内心情感倾向,但不管这种倾向积极或消极,都需要通过外在的行为方式表达。当然,形成正确高效的学习方式,对学习态度有着积极影响,当学生通过合适的学习方式取得一定的学习成果,那种收获和满足感就会驱使积极学习态度的产生和稳固。所以,在思想政治教育课程的教学中,我们需要引导学生找到适合自己的学习方式。

4.鼓励课外发挥主动性

除了在课堂的学习,思想政治教育的学习在课外也有丰富的实践形式,这需要教师能够通过学生喜欢的有趣的形式激发他们的学习主动性,在感受到课外学习的乐趣后,学生对于思想政治教育学习的态度也会逐渐好转并加强。

二、激发学习兴趣与爱好

兴趣是在需要基础上表现出的力求认识某种事物或爱好某种活动的倾向,而学习兴趣是引起学生学习动机,推动学生学习的一种重要的心理因素。当学习者对学习产生浓厚稳定的兴趣时,便会主动积极去探索求知,推进实践。

思想政治课程的内容相对来说比较枯燥,如果学习者无法对其中内容产生兴趣,那么学习起来会非常吃力从而厌学,形成恶性循环,所以如何将思想政治教育课程内容趣味化,将学习者的学习兴趣充分调动,就需要做到以下几点。

(一)教学内容趣味化

思想政治课程传递的知识或许不会有大的变动,但是与之匹配的内容和形式却是可以变化的。面对新的学情,学习者的知识储备丰富,认知水平提高,相应地需要改变我们传统的课程内容和形式,用多媒体形式将内容更鲜活地展示出来,并结合最新、最吸引学生的形式载体让学习者能做到乐中学、学中乐。需要注意的是趣味化并非恶俗,在筛选材料和游戏形式时也要区分,良莠不齐的内容和形式容易造成学习者的思维混乱甚至被引向不良方向,所以在这一块需要教育者进行把关,教师之间可以互相讨论筛选,避免出现消极内容和形式。

(二)丰富课外实践活动

长期以来,我们的思想政治教育课程以知识为本位,课堂为承载主体,几乎少有相关的课外实践活动,这就使得大多数学生产生了这是一门知识价值观灌输的课程的想法。实际上思想政治教育的知识价值观灌输的成效是建立在实践基础上的,缺乏必要的实践学生就难以在现实生活中感受到思想政治教育内容的真实性,学生在缺乏引导的情况下,更是难以将生活中的种种细节与我们的课程内容相联系。在这种情形下自然难以建立认同感,所以这就需要我们开辟课外实践活动,以丰富的形式和内容满足学生的实践需求,理论联系实践,将课程内容通过各式各样的实践内化为学生真实所学。

(三)及时反馈与克服学习中的困难

很多学生对某一门学科的学习兴趣衰减起源于挫败感,在学习到某一阶段无法再顺利进行下去,或者出现了消极结果都会严重打击学生的学习兴趣,会产生"我不是学这块的料"的想法,而很多时候这种挫败感却未必是因为不适合学习,而是学习方法的问题而已,所以这就需要在出现这种情况的时候教师能够及时地给予学生正确的反馈,究竟问题出在哪里,接下来该如何去挽回这样的局面。只有教师及时反馈,帮助学生制定适合的后续计划,才能够重新帮助学生建立信心,才有后续成功的可能性。也只有这样,学习兴趣才能够长久维持。

(四)指导改革学习方法

思想政治课程的学习需要恰当的学习方法。其大致可以归属到文科学习方法之中,最需要注意的就是理论结合实践,在教师的指引下,达到从"要我学"到"我要学""我能学"的境界。不但如此,要注重培养学生发现问题的能力,好的学习方法不仅可以使学习事半功倍,并且能够在学习中不断生成新的问题,从而取得更大突破。当然,我们在学习思想政治课程内容的时候还需要注意的是在学习的过程中要联系生活,联系实际。所以教师在指导学生改革学习方式的时候,也要注意跟生活实际相结合,避免出现高出学生目前能力范畴的失误。

【教资考试链接】真题
2019(上)思想政治学科知识与教学能力试题(高级中学)
【简答题】
32.思想政治教师在引导学生开展"时事评析"活动时,应如何发挥指导作用?(12分)
【参考答案】
①教师要目的明确。"时事评析"一定要针对某个知识点或某一课题。(3分)
②课堂活动形式可以多样化,但不能偏离课堂教学主题。可以通过"新闻播报"和"小组讨论"等多种形式来进行组织。(3分)
③课堂活动要有逻辑性。要由浅入深,循序渐进,注意评析的难易程度逐渐深入,培养学生透过现象看本质的能力。(3分)
④教师应具有教学机智。课堂教学中学生针对时事的评析汇总可能存在不同的观点,也可能会出现突发状况,这就要求教师要具备一定的教学机智。(3分)

三、调整学习心理与行为

在思政课程的学习中,教师需要对学生的学习心理进行引导,良好的合作和竞争心理能够帮助学生更好地适应课程学习的需要,引导他们进一步探索思想政治课程的奥妙之处,并在学习的过程中处理好与其他同学的人际关系,融洽整体的学习氛围。

(一)引导学生认识竞争特点

1.公平性

在国家层面,公平作为核心价值观之一的贯彻应该予以落实,依法治国、公平正义的原则也要落实到教育方面,无论是立法还是政策都应该保障所有学生能拥有一个公平竞争的平台。在社会层面,应该引导公平正义的社会风气,形成良好的社会氛围,给未完全进入社会的学生提供公平竞争的机会。在学校方面,无论是教学理念还是规章制度,都应该体现出学校的公正性,在奖惩落实方面也要一视同仁,秉持着透明性和权威性,教师在鼓励竞争的同时,更重要的是保证规则本身的公平公正,使得学生的发展朝着健康积极有活力的方向进行。

2.超越性

兼顾了竞争的公平,还需要鼓励学生在竞争中超越自己,通过合理的途径挖掘自身潜能,这中间需要教师全方位地指导,激发学生的斗志,勉励他们与竞争对手比拼,与自身潜力比拼,从而不断超越自我,取得长足进步。

3.拼搏性

通过合理的途径,教师要鼓励学生的拼搏精神,充分发挥学生的主动性,以持之以恒的精神不断进取,保持一颗奋进的心,这是竞争中必须具备的素质。

当然,除了竞争,合作也是学习中必不可少的环节,有明确责任和分工的互助性学习,能够帮助学生相互启发、相互引导,从而使知识能力的学习更上一层楼。当然,教师在指导学生进行合作学习时,前置工作是做好心理的疏导,帮助他们明确合作学习的目标,让学生明白合作并非意味着退让,而是为了更加深入地学习,与他人合作也是能够促进提升自身各方面能力的一个过程。

以上是针对学生的学习心理进行的分析和梳理。除此之外,我们还要对学生的外在学习行为帮助调节。

(二)帮助学生创造学习情境

教师的引导通常是在课堂中完成的,所以创设适合学生思想政治课程学习的教学情境,事关学生的学习效率和成果转化。一个舒适且真实、富于创造性和关联性的情境能够帮助学生迅速适应教学内容,并且在这样的情境中学生能够深受启发,从而对问题进行解剖和深入挖掘,达到举一反三的成效。教师在情境中通过对学生的提问从而引领学习的走向,这就需要教师在问题的设置、追问上做足准备,由浅入深设置问题,又能够深入浅出地解答问题,在学生的最近发展区内将问题的价值最大化。在此过程中,教师要注意学生的学习成果和受挫体验,避免学生连续受挫带来的消极沮丧,也不要轻易让学生得到最终成功,丧失追逐真理的体验,创设情境把握好适度原则是对教师的最大考验。

(三)引导学生的主动积极性

思想政治课程的学习与其他科目一样,最大的动力来源是好奇心和探索欲。传统的教学方式不适应新的学情,原因之一就在于无法顺应时代潮流调动学生的学习兴趣,满足他们的好奇心和探索欲望。灌输式的教育并不能够做到理论联系实践,达不到"做中学"的真正境界。所以现在教师要做的就是帮助学生做到"做中学",将主动权还给学生,让学生成为课堂的真正主人,教师只需要从中引导他们猜想、预测进而自己动手解决问题,指导他们用科学方法探究问题,记录过程和得出结论,最后再帮助梳理讨论。教师就是做那根线,将学生的主动学习串联起来,充当好学生学习活动的指导者角色。

【教资考试链接】课堂思考题
【材料分析题】

材料:在上《孝敬父母》一课之前,教师预先布置了"我为爸爸(或妈妈)洗一次脚"的活动,并写出自己的感受。(第二天,同学们纷纷上台交流。)

生1:"我闻到了妈妈的脚臭,但是我不觉得臭,因为她都是为了我。"

生2:"我才知道,妈妈以前为我洗脚、洗澡的时候是多么辛苦呀!"

生3:"洗完脚我还帮妈妈喷香水,喷完后好香好香,感觉非常好!"

生4:"妈妈的脚已经脱皮,变得十分粗糙。这双脚陪着妈妈走过无数的路。"

生5:"我给爸爸洗脚的时候,爸爸一边喝着茶,一边说要慢慢地洗,享受享受。"(教师不作声,学生继续交流。)

生6:"我要给妈妈洗的时候,妈妈说已经洗过了。我说这是老师布置的作业,一定要洗的。后来我给妈妈洗的时候,发现妈妈是骗我的,不让我给她洗。"

生7:"爸爸很好奇,先问我,为什么要给他洗脚?我说这是作业。洗好了爸爸还给了我5元钱。"(全班学生哄堂大笑,教师不作声,学生继续交流。)

问题:请你从"教师是课堂学习活动的指导者"角度对上述教学片段做简要点评。

【参考答案】

在学习方式变革中,教师正确的角色是学习活动的指导者和促进者。

而案例中的教师迷失了自己的角色,使自己成了旁观者。教师预先布置了"我为爸爸(或妈妈)洗一次脚"的活动,要求写出自己的感受。其间教师没做明确的指导,在同学们纷纷上台交流时,教师既没参与学生的学习活动,也没有做适时的评价,似乎学生的学习活动与自己无关。案例中的教师没有充当权威者的角色,能"放手"让学生自由畅谈,似乎有一种新课程理念,而实际上教师对学生有偏差的回答和体会没有做纠正与评价,没有充当好学习活动的指导者角色,这种旁观者的角色恰恰说明了教师对课程改革的不适应。

教师在教学活动中对自己角色的正确定位,是促进学习方式变革的重要因素。

四、养成学习品质与习惯

思想政治课的学习在于积累,博观而约取,厚积而薄发。价值观的培育需要一以贯之,也需要在思辨中成熟完善,所以勤奋学习的品质必不可少。正如韩愈所说:"业精于勤,荒于嬉。"学生能够保持勤奋的学习品质,这对于需要长期积累的思想政治课学习将提供支撑作用。所以如何做到勤奋学习,还需要教师从以下几个方面对学生进行引导和培养。

(一)学会积累

要想在思想政治课学习中能不断进取,就要学会用各种方式收集了解基础知识。先秦的学者认为,欲成大学问,必先厚积自身,所以基础知识的广博积累是通往大学问道路的必要环节。荀子将这种积累称为"积"或"积靡",所谓"短绠不可以汲深井之泉,知不几者不可与及圣人之言"(《荀子·荣辱》)。荀子也认为圣人并非不可企及,只需要普通人不断地积累知识、才能、道德就可以达到。他还认为任何一个在各自领域不断积累、精益求精的人都能绽放光彩,成为自己领域颇有造诣的资深人士。

需要注意的是,量变引起质变,"冰冻三尺,非一日之寒"。在思想政治课的学习过程中,真正做到勤于积累,才能有所蜕变。

(二)做到博学

博学就需要在多学、多见、多问、多闻、多识这五个方面下手。能够在这五个方面勤下功夫便能够获得丰富的感性知识,发展辩证的思维能力,学的越多,问题越多,思维越开阔,眼界也就越高,见地便自然提高,落实到解决问题上方法手段也就越高明。所以说想要拓展这五个方面,便要注重勤奋的方法,"时习"和"温故"。

"学而时习之"意味着对已经获得的知识技能进行及时反复的练习,用以巩固所学。"温故而知新"即对艰涩难懂、难以记忆的学习内容实行回顾琢磨。比较二者会发现,不管是"时习"还是"温故"都要勤奋,但勤奋也需要方法的指引,"时习"和"温故"都需要遵循一定的规律才能事半功倍;急于求成,贪多嚼不烂,学得快也忘得快,这都是不遵循规律的表现。复习并非是消极而是积极主动去巩固所学,是为了去追求"温故知新"这种更高级的境界。所以说勤奋有方法,方法"当其可"。教师需要在引导学生学会复习的同时,帮助他们在温习旧知识的基础上,能够悟出新道理,获得新知识,这应当才是我们追求的勤奋博学的最高境界。

第三节　学习方式指导的主要方法

一、课堂学习的指导方法

(一)听课法

课堂学习是学校学习的主阵地,是学生接受知识、技能、价值观的重要依托,所以指导学生如何最大化利用课堂去学习是极其重要的。在课堂学习中,我们一般要指导学生做到以下几点。

1.课前准备

我们在面对有印象、有经验的事物时更容易去接受和发掘,所以适当的课前准备有助于帮助学生尽快熟悉课堂中要学习的内容,提高课堂学习效率。

2.对课堂学习要有目标并掌握重难点

有目标就有学习动力,对自己的课堂学习提出目标要求能够激励学生朝着这个目标努力并深入发掘。而一堂课中的学习内容是有重难点之分的,学生的学习注意力和精力是有限的,所以帮助他们区别出重难点有助于他们更快掌握课堂核心内容。

3.勤于思考

学生是课堂学习的主体,教师在课堂中要起主导作用,二者各有分工,但一堂好课必须要二者的紧密配合,哪一方唱独角戏都是不行的,所以学生要能在课堂中多思考教师的问题,而前提就是教师的提问要恰到好处,能够给学生以启发和思考的空间。

4.整合问题和思考

帮助学生对教师的提问和自己对问题的思考进行一个整合,从而让学生对知识点有一个全面的认识,并深入思考拓展问题,这对于学生的学习能力提升尤为重要。

5.科学使用记忆方法

每个人都有适合自己的记忆方法,每个学生如何摸索出适合自己的记忆方法需要不断的实践,教师在当中给予适时的指导,分享自己的经验可以使学生尽早掌握适合自己的方法,从而巩固课堂学习效果。

(二)记忆法

思想政治课的知识部分对学生来说记忆起来较为困难,由于缺少切身体验,所以靠死记硬背很难完全掌握这些知识点,再加上目前思想政治课只是众多课程中的一个,能够分配的学习时间有限,所以如何在有限的时间内帮助学生记住这些知识点是很重要的,指导方法如下。

1.图表联系记忆法

把所学习的知识点用图表的形式进行加工,可以做成自己喜欢的样式,但是需要指导学生做到精炼,将重点突出,生动形象才更容易记忆。

2.比较记忆法

思想政治课中有些概念是相近有关联的,这就可以用比较的方式将它们的联系和区别重点突出来记忆,这样更容易留下深刻印象。

3.提纲记忆法

每天的学习内容纷繁复杂,这就需要教师帮助学生整理提纲,通过关键词句统领所有知识点,这样学生在记忆和运用的时候只需要记住关键词句就能联想到整块知识点,省时、效率又高。

4.归类记忆法

将相同相近的知识点归类,彼此串联起来记忆更为方便。

5.联想记忆法

通过人为联想,将知识点与一些形象生动的事物联系起来记忆,这样往往看到事物就能联想到对应的知识点,提高记忆效果。

6.谐音记忆法

通过人为联想,将知识点的字音与一些自己熟悉感兴趣的词组句式联系起来,或者通过编写的形式自己编成感兴趣的材料来进行记忆。

(三)研究性学习法

思想政治课的学习不仅仅只是如传统灌输式那般,现代教学中需要充分发挥学生的主体性作用,调动学生的积极性和学习能力是突破口,所以教师可以采取问题式的教学,抛出一个议题,让学生自己动手收集材料进行分析、讨论、解答。需要注意的是,这种研究性学习法需要带有目的性,教师应该着重通过这种指导方式培养学生的创新意识和创新能力,不再拘泥于课本所学,而是将眼光放长远,看到诸多的联系,从而发挥主观能动性进行创新解答。还要在这种指导中激发学生的问题意识,要有怀疑精神,问题的提出只是一个起点,最重要的是落实到解决并且基于此提出新的问题并培养解决问题的能力,让学生熟悉这一套流程需要掌握的技巧和能力。最后,在指导研究性学习法的过程中,教师要注意学生的实际掌握程度,让学生通过亲自参与问题设计、寻找文献资料、动手实践、问卷调查等操作,体会研究学习的心路历程,从而成为一个成熟的学习者。

(四)合作性学习法

课堂中的合作性学习法是指在教师布置任务后,由学生以小组通力协作完成学习任务,从而提高学习能力,并且在合作实践中培养良好的道德素养。思想政治课同样需要合作性学习,通过创设一定情境让学生互动合作,调动学习积极性,从而降低学习难度,并且提高学习效率。具体指导步骤有以下几点。

1.明确目标

合作性学习首先要有共同目标,有了明确的共同目标才能最大限度地调动各个成员的积极性,同时还要求每个成员能够在合作中有自己的个人目标,每一次的合作学习都有着不同的分工和侧重,这也就意味着每个人的收获会有所不同,所以提前明确个人目标也能最大化合作学习的收获,使学生对个人定位有更深刻的理解。

2.成员选择

合作性学习能最大化发挥各个成员的特长,这也就要求我们根据小组合作的目标选择对应能力特长的成员,避免过多的能力重叠带来冲突。学生在选择合作对象时往往会只注重亲疏关系,这就需要教师做一个顶层设计,综合考虑能力差异、水平高低、亲疏关系等因素,对学生进行一个合理分组。

3. 活动安排

教师布置了任务之后就是进行小组分工协作。这一过程需要小组成员协作交流、互相帮助、相互督促、交替检查等,教师要做的就是在小组合作的同时监督进展,鼓励打气,并对当中的一些问题予以纠正。

4. 组间交流

往往同一个任务在不同组会讨论得出不同的结果,这时候就需要教师引导小组之间交流并讨论成果,对比各自小组的情况进行一个全面客观的分析。当中可以采取的形式包括代表回答、竞赛问答、PPT 展示等。

5. 组内分析

在进行组间交流之后,再总结所得进行组内讨论、查漏补缺,同时对有卓越贡献的小组成员进行表扬奖励。

二、课外学习的指导方法

(一)计划法

计划法是在学习活动开始之前,他人或者学习者自身对某一段时间内学习活动的设计和安排。思想政治课的学习同样需要计划,在课堂学习之前,能够系统有计划地提前学习可以让课堂学习变得游刃有余,这需要在计划中做好四方面的规划:学习目标,学习内容,时间分配,方法措施。

1. 制定学习计划必要性

学习者情况具有个异性,相应的学习计划也就需要根据个人情况进行量身打造。一份好的学习计划可以帮助学生取长补短,具体表现为:一是可以帮助学习者明确学习目标,有了明确的学习目标,学习者的积极性就能被充分调动,就有了学习动力,学习效率就可以大幅提高;二是学习计划是需要综合考量的,做到全面协调,帮助学习者在自己擅长的领域更进一步,在短板处也能起到兼顾作用;三是长久的学习计划可以促使学习者养成独立自主、自我管理的能力和习惯,对学习者完成一项长远事业来说,这种习惯和能力尤为重要;四是学习计划的执行有利于对新知识的把握,这项课外指导方法能够帮助学习者在进行课堂学习时迅速进入状态,把握重难点进行突破,增强课堂学习效果。

2.制定学习计划的过程

第一,要对具体情况进行分析,学习者的学习能力、认知水平、已有经验、优势劣势、学习环境等方面都存在不同,帮助学习者明确这些条件是制定学习计划的前提。

第二,要确定好学习任务和学习内容,充分考虑其难度、数量等问题,在时间上做出规划,做到劳逸结合。

第三,要制定完成学习任务的条件、策略和具体措施。完成每一项具体的任务都需要提前设计达成目标的最佳策略。

第四,要对制定的学习计划进行实践检验和评估后再做完善,这就需要教师、家长根据学习者的实践成果进行检验,帮助学习者对学习计划进行改善。

3.制定学习计划的方式

学习计划的载体有多种形式,比如制作成表格,在表格上明确每一天的任务;又比如,可以便利贴的形式贴在醒目位置提醒自己;还可以是脑海中的规划,无须具体的载体。

4.制定学习计划的要求

第一,注意目标的可操作、可达成性。在学习内容的难度、任务数量、学习时长方面要注意把控。

第二,计划要做到既全面协调,又重点突出,劳逸结合提高效率。

第三,短期计划与长远计划相结合,既脚踏实地,也要仰望星空,这样才能长久保持学习动力。

第四,保证计划的坚决执行。养成一种习惯,并且根据实际检验后能够根据现实情况及时做出调整,而非一成不变。

(二)温故知新法

温故知新法是指通过复习已学知识从而产生新的理解、新的收获。这就意味着不能是简单地重复理解而是要有新的拓展。在思想政治课的学习中,学生在课堂上往往学习了有关的知识理论之后浅尝辄止,流于记忆这一层次,连理解都未必能够达到,这就需要在课后的巩固中教师根据学生掌握情况进行针对性指导,利用诸如习题、实践等帮助他们对已学知识做更深入的理解,从而进一步达到能够灵活运用的境界。这就需要能够做到以下几点。

1.在原有的基础上提高难度

如果仅仅是做知识学习的重复,这样确实有利于知识点的记忆;但如果想提高学生对原有知识的理解程度,那就需要根据最近发展区理论,对学生的实际掌握情况进行分析,对其水平进行评估,从而能够在这基础上相应提高难度。教师可以在学生复习的时候抛出一些相关问题,这些问题在书本上无法直接找出答案,需要对所学知识消化理解之后学会运用方可解答。

2.适当增加新的内容

思想政治课的学习往往是理论联系实际,而时政往往是这些知识点的载体。随着时事的更替,事例总会发生变化,形成新的热点话题,这当中总有一些与学习的知识点紧密相关,在对已学知识的复习中添加这些新的内容,将它们关联起来往往能够促进学生的理解。

(三)自学法

随着义务教育的普及,大多数人已经具备了基本的文化素养,终身学习观的出现和推广也意味着学习已经不再是仅仅局限于学校课堂,而是随时随地都可以发生,拥有自学能力就成了课外学习的一项重要前提。教师可以从以下几个方面指导学生养成自学习惯和能力。

1.引导方向

思想政治课的课外学习难在学生难以准确把握重难点,找不到方向,事关自学成果,教师需要在学生自学之前予以指导,帮助学生明确方向和重难点,同时要根据学生的实际情况和兴趣等帮助找到自学切入点,以便学生及早进入状态。

2.答疑解惑

在学生自学的过程中难免会遇到一些棘手问题,这就需要教师能够在学生求助的时候及时介入指导,同时收集同学们的问题,分析并推广经验也避免重复指导。

3.检查巩固

自学成果需要不定时督促检查,教师要根据学生情况选择适当的考查方式去了解学生的自学水平及自学成果,以便下一阶段学习的指导。

在本章的最后,需要总结一下:教无定法,学也无定法,都要视具体情况具体分析,因材施教、因材施学。不过需要指出的是,相同的学习方式在不同的学生那里有着不同的效果,差异的原因有很多,除了学生自身的智力、非智力等因素外,关键就是教师的指导因素。许多教师在教学工作中取得的突出成就,大都受益于他们对学生学习方式的指导以及学习方式的创造性运用。

思考题:

1.什么是自主学习、合作学习、探究学习?

2.现代学习方式的特征是什么?

3.为什么思想政治课程的学习需要指导?

课外拓展研究:

1.如何进行思想政治课内学习指导?

2.如何进行思想政治课外学习指导?

中　篇
思想政治教学论

　　教学是教师和学生以一定的课程内容为对象所进行的教与学的活动，是课程实施的主要方式。思想政治教学是学生在教师指导下获得知识、形成能力、修养思想与品德的过程。思想政治教学是思想政治教育的主渠道。思想政治教学论，包括思想政治教学概述、教学设计、说课、上课、教学策略等内容。

第七章　思想政治教学概述

第一节　教学的含义

一、教学的词源分析

教学是学校教育的核心,离开了教学,教育活动就不存在。在中国的文字历史中,"教"与"学"这两个字最早分别出现在古代甲骨文中,而把这两个字联在一起使用则最早出现在《尚书·兑命》中。《学记》中有这样的记载:"学然后知不足,教然后知困,知不足然后能自反,知困然后能自强也。故曰:教学相长。""建国君民,教学为先。"此时的教学与教育同义。随着社会的发展,有了专门化的教学活动了,于是与我们今天的教学含义也更加接近了。许慎在《说文解字》中写道:"教,上所施,下所效也。""施"就是操作、演示,即"教";"效"就是模仿、仿效,即"学"。在英语中,"教学"一般用 Teaching 表示 ,意思指与教师的行为有联系。美国学者史密斯(B. O. Smith)认为,英语国家的教学定义可以归为五种:传统意义上的教学;教学即成功;教学是一种有意识的活动;教学是一种规范性的活动;教学是在形成中的科学的概念。[①]

在目前的教学研究中,对教学定义的把握主要有三种倾向:其一,认为教学即教授。其二,认为教学即教学生学。其三,认为教学即教师的教与学生的学。其实,从教学的本质来看,教学是一种有目的的活动,这种活动是教与学的有机统一,是以课程内容为中介的共同的活动,是教学的科学性与艺术性的有机统一。据此,我们认为教学就是教师和学生以一定的课

---

① 钟启泉主编:《课程与教学概论》,华东师范大学出版社 2004 年版,第 6 页。

程内容为对象所进行的教与学的活动。这种活动既包含了教师的教、如何教的问题,也包含了学生的学、如何学的问题,以及教师如何指导学生学的问题。

二、教学过程本质分析

(一)教学过程本质

教学过程是学生在教师指导下德智体全面发展的过程,是教与学的过程,是教师与学生双边活动的过程,是教学和教育相统一的过程,是学生获得知识、形成能力、修养品德和教育过程的统一。教学过程的本质,可以从宏观、中观、微观三个层次来看。[①]

从宏观层次看,教学是课程的实现与开发过程。课程是一定学校教育中通过教师与学生来运作和实施的以学习内容为主要成分的育人方案及其活动进程。课程既是一种计划,又是一种活动。真正意义上的课程,只能存在于教师与学生的活动中。教学过程是课程实施途径和主要渠道,是课程的动力源泉,是课程的开发过程,是检验课程效果的基本标准。教师和学生是课程的设计者和开发者,一方面,教师通过教学实现对国家课程的再开发,对国家课程方案的进一步补充和完善;另一方面,教师通过教学也实现对校本课程的开发。教师与学生的课程开发是课程理论形态转变为实践的关键。

从中观层次看,教学是教师与学生之间的活动与交往过程。《基础教育课程改革纲要(试行)》指出:教师在教学过程中应与学生积极互动,共同发展,要处理好传授知识与培养能力的关系。师生的交往互动,是教学过程的本质属性。没有师生的交往互动,就不存在真正意义上的教学。

从微观层次看,教学是以教师的实践活动为条件的学生的认识过程。我们知道,以认识世界为主要目的的活动叫认识活动,以改造世界为主要目的的活动叫实践活动。在教学活动中,教师教的活动本质上是一种实践活动,它是教学活动的重要条件和基本因素。而学生的学习活动本质上是一种认识活动过程,学生认识的客体主要是人类的间接经验或某些直接经验。所以,教学是以教师的实践活动为条件的学生的认识过程,是学生的

---

① 张建文:《思想政治课程与教学论》,人民出版社 2008 年版,第 202 页。

认知、情感、意志等因素共同作用和发展的过程。

(二)教学要素

要素是构成事物的必要因素。教学要素就是指构成教学活动的成分和决定教学发展的内在条件。关于教学要素各家认识不一：有三要素之说：教师、学生、内容；四要素之说：教师、学生、内容、环境；五要素之说：教师、学生、内容、环境、方法等。我们认为教学要素应包括五个方面的基本要素。

1.教师

教师是在教育过程中有目的地对受教育者施加教育影响的个人或群体，是教育过程中"教"的主体。教师是社会文化和价值取向的传播者，是科学知识和社会文明的传播者，是教学活动的设计者、组织者和实施者，是学生学习发展的指导者。教师在教学过程中处于主导地位，决定教学的内容和方法，组织引导教学的过程。

2.学生

学生是教学的对象，是教学效果的直接体现者，离开了受教育者就无所谓教学。学生的身心发展特点制约着教师的教，学生的独立性、选择性、需要性、创造性以及他们个人的兴趣、爱好、主观能动性等，这些主体性特征都制约着教师的教学活动。在教学活动中，学生不仅是教学活动的客体，而且在某种意义上讲也是教学活动的主体——自我教育的主体，具有主观能动性，不仅完成自身从知到行的转化，而且反作用于教育者和教育环境。

3.教学内容

教育内容是联系教师和学生的中介，是师生共同认识的客体，是教师在教学过程中根据具体的教学目标和教学情境对教材内容进行方法化处理、形成具体有效的教学设计。教学内容在学校中的具体表现形式是教科书。

4.教学手段

教学手段是指在教学过程中，教育者用来影响受教育者的教学活动的各种方式与方法。教育内容是教学活动的客观依据，教育方法则是教学过程最终取得良好效果的保证和条件，要把特定的教育内容有效地传授给受教育者，必须要有适当的教育方法。

5.教学环境

教学环境是指对教学过程产生影响的一切外在条件的总和。它既包括自然环境,又包括社会环境。客观环境的自发影响和教育者对受教育者的自觉影响同时并存于教学过程之中。在教学过程中,教育环境不仅同时作用于教育者和受教育者,而且还决定着教育内容和教育方法的选择方向。

教学的这五个要素紧密联系、相互依赖、相互制约、相互促进,其中任何一个要素或各要素间的相互关系处理不当,都会削弱或破坏教学过程的完整性,降低教学的效果。

三、思想政治教学的含义

思想政治教学与思想政治教育有着密切的联系。思想政治教育既有历史演变的过程,也有在同一时期不同提法的情况。回顾思想政治教育的发展历程,我们就不难发现,不论在哪个时期使用的是何种提法,思想政治教育都有一个共同的目的,那就是使人们认同、接受一定阶级、政党或社会群体的意识形态,包括思想观念、政治观点、道德规范,并转化为自己的思想和行为,其核心是人们思想的转变。

思想政治教学是思想政治教育的主渠道。目前,思想政治教学有广义与狭义之分。广义的思想政治教学是指我国大、中、小学里开设的所有政治课的教学,如小学的道德与法治、历史与社会等,初中的道德与法治,高中的思想政治,大学的马克思主义理论等具体的课程形态等。狭义的思想政治教学,仅指中学阶段的政治课教学。在这里,我们是从狭义的角度来研究思想政治教学,即指初中的道德与法治和高中的思想政治教学。

第二节　思想政治教学的特点

思想政治课教学是中学教学活动的重要组成部分,是实现思想政治课程教学目标、提升学生的思想政治素质和道德水准、培养学生情感态度价值观的活动总称。思想政治课教学具有以下几个主要特点。

一、思想性与人文性的统一

思想性是指思想政治教学注重培养学生的思想品德素养,将思想意识的教育培养摆在突出位置。这是思想政治课的根本性质，也是其教学的灵魂，它决定着教学的方向，规定着教学的基本特征。人文性是指思想政治教学注重人文关怀，关心学生的思想成长，以学生为本。思想政治教学注重以中华民族优秀的传统文化和民族精神培养学生，关注学生成长需要与学生体验，尊重学生学习与发展规律，不断丰富学生的思想情感，引导学生确立积极进取的人生态度，培养坚强意志和团结合作的精神，促进学生人格健康发展。人文精神就是以人为本，而以人为本就是以人的全面发展为最高追求。

二、实践性与综合性的统一

实践性是思想品德教学的内在规定性。离开了学生的内心感悟和亲身体验，思想政治教育就只能是纸上谈兵、画饼充饥。实践能大大增强思想品德教育的实效性和针对性，巩固和加强思想品德教育的成果。综合性主要体现在目标的综合性、内容的综合性和教学方法的综合性。

三、预设性与生成性的统一

预设性是指思想政治课教学要求教师在上课前做好准备，对学生的基本情况、教授内容、教学手段和教学目标等内容做出预期和筹划。生成性是指授课教师在教学过程中要根据具体的情况灵活调整教学方式，从而更好地完成教学任务。

四、过程性与结果性的统一

重过程是将教学过程的逐步发展置于突出地位，引导学生参与思想政治教学，不断思考、学会、发现，进而实现自身认识的进步与提升，是思想政治教学的实现途径。重结果是指思想政治课教学的目的，在于关注学生在政治素养、思想认识、意识水平等方面的形成和发展，这是思想政治课教学的最根本要求。

【教资考试链接】真题

2018(下)思想政治学科知识与教学能力试题(高级中学)

【简答题】

32.简述思想政治学科教学过程的特点。(12分)

【参考答案】

①预设性与生成性相统一。

预设性是指思想政治课教学要求教师在上课前做好准备,对学生的基本情况、教授内容、教学手段和教学目标等内容做出预期和筹划。生成性是指授课教师在教学过程中要根据具体的情况灵活调整教学方式,从而更好地完成教学任务。(4分)

②思想性与人文性相统一。

思想性是指思想政治课程注重培养学生的思想政治素养,将思想意识的教育摆在突出位置,坚持"知识性服从思想性"的基本原则。人文性是指思想政治课程注重人文关怀,关心学生的思想成长,以学生为本。(4分)

③重过程与重结果相统一。

重过程是将教学过程的逐步发展置于突出地位,引导学生参与思想政治教学,不断思考、学会、发现,进而实现自身认识的进步与提升,是思想政治教学的实现途径。重结果是指思想政治课教学的目的,在于关注学生在政治素养、思想认识、意识水平等方面的形成和发展,这是思想政治课教学的最根本要求。(4分)

第三节　思想政治教学的地位与任务

一、思想政治教学的地位

(一)学校思想政治教学是国家意识形态教育的重要阵地

国家意识是超越理性的一种政治信仰。历史上无论任何社会、任何时代的统治阶级都从未放松过对公民的国家意识形态教育。所不同的只是教育的内容和方式上的差别。但在对公民进行国家意识形态教育的过程中,有一点在各国又是相同的,即以学校教育为主要途径,从统治阶级的利益和需要出发去改造人和塑造人。我国是人民民主专政的国家,居于统治地位的意识形态是代表无产阶级根本利益的马列主义、毛泽东思想和中国特色社会主义理论。这些理论对于青少年来说不可能自觉认识,学校思想政治课与其他学科或课程在教育职能上大有区别,它肩负着意识形态教育的使命,它在向青少年灌输国民意识,排斥异端思想,把握舆论导向,提供精神动力。

(二)学校思想政治教学是学校德育的核心和主渠道

思想政治课是中学的一门主要学科,是一门必修课程,是对学生进行马列主义、毛泽东思想、中国特色社会主义理论和社会主义政治、思想、道德教育的主渠道,是学校德育的核心。思想政治课程是一门完整的学科课程,有自己的教学计划、课程标准、专门的教材、特殊的教学方法,对学生的思想道德素质的形成和发展起着奠基作用,对其他德育形式作用的发挥起着引领和导向作用。

(三)学校思想政治教学是社会主义精神文明建设的基本形式

我国社会主义精神文明建设的指导思想与学校思想政治课的本质是一致的,思想政治教学体现了我国精神文明建设的指导思想与核心任务。同时,思想政治教学也体现了我国精神文明建设的重点对象。社会主义精神文明建设的对象是全体公民,但重点是青少年。因为他们是国家的希望、人类的未来,他们的人生观和世界观还没有定型,对他们的思想政治教育最容易取得实效。还因为在现实生活中,他们在思想上和行为上都有许多新的特点,特别需要我们加以教育和引导。

二、思想政治教学的任务

思想政治教学的任务是指思想政治课所应承担的责任。思想政治教学主要是由学生和社会两个方面的客观因素决定的,因而思想政治教学的任务就有学生发展的任务和社会发展的任务两个方面,其中促进学生的全面发展就成为思想政治教学的直接任务。以高中思想政治课程为例,思想政治教学的任务可以概括为:用以马列主义为核心的综合性的人文社会科学知识武装学生;帮助学生逐步形成良好的思想政治品质;培养学生分析认识社会问题和自身思想问题的能力。

(一)用以马列主义为核心的综合性人文社会科学知识武装学生

以马列主义为核心的综合性人文社会科学知识,按其性质可以划分为两部分:一是公民常识;二是马克思主义常识。在中学思想政治教学中,这两部分是有机地结合在一起的。但是在不同的阶段,这两个方面的任务又有所侧重。一般来说,初中以公民品德教育为主,高中以马克思主义常识教育为主。系统地掌握和运用这一知识体系是学生认识世界和改造世界的强大武器。

(二)帮助学生逐步形成良好的思想政治品质

思想政治课是一门以社会主义德育为主要目标的综合性人文社会科学常识课。从教学目标来看,思想政治课基本上是德育课;从知识内容来看,思想政治课是以马列主义为核心的综合性人文社会科学常识课。思想政治教学在帮助学生形成良好的思想政治品质方面的,主要内容包括思想教育、政治教育、道德教育、法纪教育、心理教育等。思想教育就是要培养学生的世界观、人生观、政治观,提高学生的思想觉悟,全面提高学生的政治素质,调动学生参加社会主义建设的自觉性和积极性。政治教育就要帮助学生把握正确的政治方向。道德教育就是要使社会主义道德规范和道德内容内化为学生的道德品质和行为。法纪教育就是通过思想政治教学逐步培养学生的法律意识,让学生掌握法律思维,依法规范自己的法律行为。心理健康教育就是要促进学生的心理健康发展,形成良好的个性心理品质。

(三)培养学生分析认识社会问题和自身思想问题的能力

创新精神和实践能力的培养,既是思想政治教学的重要目的,也是思想政治教学的重要手段。思想政治教学能力培养的特点是社会性和连续性。思想政治教学具有知识传承、思想教育和能力培养"三位一体"的任务。当然,在不同的时期又有所侧重。思想政治教学对学生的能力培养是多方面的,包括道德思维的能力、观察能力、辨别能力以及认识问题和解决问题的能力等。

第四节　思想政治教学的规律与原则

一、思想政治教学的规律

(一)教学规律的含义

什么是规律？规律是事物之间内在的本质的必然联系，它决定着事物发展的必然趋向。什么是教学规律呢？教学规律就是指在教学实施过程中，教与学之间常有的、内在的和本质的必然联系，教学规律决定了教学活动发展的方向，是教学活动中必须遵循的基本准则。思想政治教学的规律，就是指在进行思想政治课教学的过程中，必须遵循的教与学之间常有的、内在的和本质的必然联系。

(二)思想政治课教学的具体规律

思想政治课教学的具体规律，一般包括知行相统一的规律、灌输与疏导相统一的规律、教育与自我教育相统一的规律、间接经验与直接经验相统一的规律、渐进性与曲折性相统一的规律等。

1.知与行相统一的规律

思想政治教学的知行统一规律，是指通过思想政治教学既提高学生的认知水平，又指导学生的实际行动。思想政治课教学的目的，在于使学生正确认识和接受思想政治教学的目的与要求，并能付诸实际行动，做到认知与行为的一致，而不是只停留在认知上，即知而不行；也不是认知与行为矛盾，即言行不一。坚持知行相统一的规律，就要求思想政治课教师不但要重视学生的学，教师把理论教好，还要重视学生的行，要指导学生按照理论的要求去做，积极参加社会实践活动，把知识变为行为，成为一个言行一致的人。

2.灌输与疏导相统一的规律

思想政治教学的本质是社会主导意识形态的灌输。思想政治教学与社会主导意识形态有着紧密的联系，是向受教育者传导和灌输主导意识形态的重要途径。马克思主义经典作家对意识形态的灌输有过精辟的论述，形成了马克思主义的灌输理论。列宁在领导俄国社会主义革命的过程中，系统地阐述了社会主义意识只能从外部灌输到工人群众中去的理论。列宁指出：工人阶级不可能有社会民主主义意识，这种意识只能从外面灌输进去。中国共产党在长期的革命实践中，坚持对人民群众进行马克思主义理论的灌输，积累了许多宝贵的经验，丰富和发展了马克思主义灌输理论。思想政治教学就要坚持这一规律，对学生进行正面的宣传教育，推动中国特色社会主义理论体系进课堂、进头脑，积极培育和发展社会主义核心价值观。在坚持灌输规律的同时，还要坚持与疏导的统一。疏导，就是疏通引导的意思。对于学生难以理解的问题给予解惑答疑，引导学生按照正确的思路认识问题，以排除学生学习的障碍。① 灌输与疏导统一起来，能够更好地取得思想政治教学的实效性。

3. 教育与自我教育相统一的规律

教育与自我教育相统一的规律，是指在思想政治教学过程中，既注重发挥思想政治课教师的主导作用，又注重发挥学生的能动作用，将教育与自我教育统一起来。思想政治课教学是思想政治课教师按照思想政治课教学的目标，通过有计划有组织的教学影响学生，把一定的政治观点、思想体系和道德规范转化为学生的自觉行动的活动。自我教育是指学生把自己作为教育对象，自觉地、主动地进行自我锻炼、自我修养、自我完善的活动。著名教育家陶行知说过，"教是为了不教"，通过教育使受教育者具有主体意识和自我教育的能力后，他们就可以通过自我教育来实现自我发展，从而达到教育目的。思想政治课教师在进行教学的时候，不仅要"授之以鱼"，更要"授之以渔"，提高学生自我教育的能力。教育与自我教育相结合的规律，既强调了实施思想政治教学的重要性，也突出了自我教育的必要性，只有教育与自我教育紧密结合，思想政治课教学才能取得实效。

4. 间接经验与直接经验相统一的规律

思想政治课教师必须正确处理好直接经验和间接经验的关系，把二者有机结合起来。虽然思想政治课的教学体现学校教育的特点，即以学习间接经验为主，但是人类认识世界的一般规律告诉我们：在间接经验和直接经验的必然联系中，认识的起点是直接经验。思想政治课堂上讲的马克思主义基本知识以及相关的社会科学知识，都是系统的理论知识，这些原则、概念和规范对学生来说都是抽象的理论知识，不易被理解和吸收，所以教

---

① 　刘强主编：《思想政治学科教学新论》，高等教育出版社 2003 年版，第 102 页。

师在课堂上要适时地把间接经验和直接经验有机地联系起来,从感性认识上升到理论认识,学生就容易消化掌握马克思主义基本理论等系统的知识。教师要善于利用学生生活中的案例等直接经验来解释书本上的间接经验,即把直接经验和间接经验有机结合起来。遵循间接经验和直接经验相结合的规律,教师既不能只注重间接经验,教材至上,也不能只注重直接经验,只联系生活实际,导致学生会学不到必要的理论知识。

5.教师主导作用与学生主体作用相统一的规律

教学过程既要有教师的主导作用,又要有学生的主体作用。教师是教的主导,学生是学的主体。教师要对教学过程起主导作用,要尊重学生的主体作用,充分发挥学生的学习主动性,把发挥教师主导作用和调动学生自觉积极性正确地结合起来。

6.传授知识与思想品德教育相统一的规律

在教学过程中,传授知识与思想品德教育是分不开的、相辅相成的,传授知识与思想品德教育应统一在教学过程中。知识是思想品德形成的基础,学生思想品德的提高又为他们积极地学习知识奠定了基础。贯彻传授知识与思想品德教育相统一的规律时,应注意的问题:一是脱离传授知识进行思想品德教育。这会使思想品德教育成为无源之水、无本之木,不仅不利于学生品德的提高,而且还影响系统知识的教学。二是只强调单纯传授知识,忽视思想品德教育。不能认为学生学习了知识以后,思想品德自然会随之提高。在教学过程中,要注意把二者有机地结合起来。

7.渐进性与曲折性相统一的规律

思想政治教学的渐进性规律,是指在思想政治教学中教师应该从学生可以感知的具体生动的材料、数据、实例等出发,从学生关注的经济生活、政治生活、文化生活等现象入手,一步一步、有条不紊、由浅入深地开展教学。因为从哲学的角度看,一次完整的认识需要经历从感性认识到理性认识的过程,对事物的认识也要经历从浅入深的多次认识。同样地,学生理解和认识相关理论内容的过程,也是认识水平逐步提升、理论认识逐渐深入的过程。

人们认识事物从来就不是一蹴而就的,也不会一成不变。很多时候,人们的思想认识会出现反复。思想政治课教学的曲折性规律,是指在思想政治课教学中应该允许学生在认识上出现不同的理解、在行为上出现不同程度的反复,通过思想政治课的教学逐步引导学生提高自己的认识、修正自己的行为,最终达到学生思想认识与行为和思想政治课程教学目标的统一。

二、思想政治教学的原则

(一)教学原则的含义

什么是教学原则？教学原则是教学经验科学的总结和升华，它来源于教学的实践经验，"是经过检验了的教学经验，是从教学经验中抽象、筛选、概括出来的，是有效的理论"①。教学原则在教学活动中正确和灵活地运用，对提高教学质量和教学效率发挥着一种重要的保障性、指导性和调节性的作用。

什么是思想政治教学原则？思想政治教学原则是指在思想政治教学过程中必须遵循的准则，它形成于思想政治教学的实践，体现思想政治教学的规律性与价值性，贯穿于思想政治教学的全过程，渗透于思想政治教学的各个环节，是思想政治教学有序进行的基本规范。

思想政治教学原则与思想政治教学规律有着怎样的关系？

我们知道，教学规律是贯穿于教学活动中的客观存在的、必然的、稳定的联系。但是反映教学规律的教学原则不一定是客观的。教学原则对教学规律的反映取决于人们对教学规律主观认识的深刻程度。在教学规律面前，由于人们对同一教学规律认识不同，因而提出的教学原则也不相同。如在凯洛夫的教学原则体系中，有教学的直观性原则、理论与实际相结合的原则、系统性和连贯性原则、知识的巩固性原则、可接受性原则、个别指导的原则等。在布鲁纳的教学原则体系中，有动机原则、结构原则、程序原则、强化原则等。在赞可夫的教学原则体系中，有以高难度进行教学的原则、高速度进行教学的原则、理论知识起主导作用的原则、使学生理解学习过程的原则、使学生都得到一般发展的原则等。

(二)思想政治教学的具体原则

1.方向性原则

方向性原则是指思想政治课教学要始终与我国的社会主义发展要求相一致，坚持正确的政治方向不动摇。在当前坚持方向性原则，就是旗帜

---

① 刘强主编：《思想政治学科教学新论》，高等教育出版社2003年版，第95页。

鲜明地坚持马列主义、毛泽东思想和中国特色社会主义理论不动摇,就是坚持共产党的根本宗旨、基本纲领、基本路线不动摇。坚持方向性原则,就是为了要保证思想政治教学的本质特征,保证思想政治教学的意识形态性,引导学生树立科学的世界观和价值观,实现思想政治教育教学的价值要求。

如何坚持方向性原则?坚持思想政治课程的方向性,就是要用马列主义、毛泽东思想、中国特色社会主义理论武装学生,要使教学为公民道德建设和党在社会主义时期的基本路线服务;坚持思想政治课程的方向性,就是要做到讲马列信马列,在实际工作中自觉遵守这一原则,将其精神落实到具体的思想政治教学活动中;坚持思想政治课程的方向性,就是从学生的实际出发,遵循学生的身心发展规律,对学生进行基本思想政治观点、基本道德、基本文明行为的教育,培养良好的个性心理品质和品德能力;坚持思想政治课程的方向性,就是要从我国的现实出发,宣传、发展马克思主义,使马克思主义中国化。

2.民主性原则

所谓民主性原则,实质上就是建立一种和谐的师生关系,让学生"敢想、敢说、敢问、敢创",绝不能以任何形式束缚学生的思想,要调动学生丰富的想象力,让全体学生都能参与进来,并产生浓厚的兴趣,通过开发学生的智力因素和非智力因素,最大限度地开发创新潜能,培养学生积极主动、自主独立、勇于探索、敢于创新的个性品质。

形成良好和谐的师生关系,是实施思想政治课程教学的前提。师生之间的关系不仅是服从关系,更应是一种合作关系。在教师与学生之间应建立起以民主、平等、和谐为基本特征的新型师生关系,积极创建民主、和谐的学习氛围和精神氛围。师生之间应该是相互交流、相互启发、相互补充,教师和学生要分享彼此的思考、经验和知识,交流彼此的情感、体验与观念,实现教学相长和共同发展。当然,学生的思想问题也只能用民主的方法去解决。

如何坚持民主性原则?我们认为,其一,要全面认识师生关系的内容和本质,准确把握师生关系的核心。师生关系的本质是平等的合作关系,其基本内容表现为三个方面:业务关系、伦理关系、情感关系。业务关系,就是工作关系,教师和学生都要明确各自的职责和任务。伦理关系,就是道德关系,师生都要按照道德伦理关系要求自己。情感关系,就是建立在情感之上的师生关系。总之,良好师生关系的创建,要从以上几个方面努力。其中,基础是业务关系,核心是情感关系。因此,良好师生关系的创建要以业务关系为基础,以情感关系为核心。这是正确处理师生关系的关键。其二,教师要树立正确的教师观和学生观,充分履行教师在教学中的责任和义务。教师要以健康的情感去感染、教育、鞭策和激励学生,与学生平等、友好相处,化解生生之间、师生之间的矛盾与摩擦,创建安全稳定、健康和谐的成长环境,改变重智轻德、单一追求智育的现状,树立育人为本的思想。

3. 启发性原则

在世界教学史上,启发式教学思想是由孔子最早提出的。孔子认为,任何学习活动都要建立在学生自觉需要的基础上,应当充分调动学生的主动性和积极性。坚持启发性原则是因为个体科学知识的获得和科学世界观的形成既要靠灌输,但更主要是靠个体发挥主观能动性、主动积极地学习的结果。

教师在教学活动中要最大限度地调动学生学习的积极性和自觉性,激发他们的创造性思维,从而使学生在融会贯通地掌握知识的同时,充分发展自己的创造性能力与创造性人格。其一,教师要帮助学生明确学习目的。学习目的越明确、越具体,越有利于启发和调动学生的学习积极性。其二,教学内容的选择和讲授要有适当的广度和深度。其三,教学方法的运用要灵活多样,并体现情感性。

4. 以人为本的原则

思想政治教学是以人为中心、以人为目的的活动。思想政治教学以人为本的原则,就是在思想政治教学过程中重视关注、启发学生的内在教育需求,调动和激发学生的积极性、主动性和创造性,引导学生自觉树立正确的世界观、人生观和价值观,不断提高思想政治素质。

坚持以人为本的教学原则,就要求思想政治课教师要关注学生、关爱学生、关心学生,促进学生的全面发展。坚持以人为本的原则,是由社会主义国家人民群众主人翁地位决定的,是学校教育推进素质教育和人的全面发展的内在要求,是提高思想政治教学的实效性的根本所在。

5. 正面教育的原则

思想政治教学的正面教育原则,就是用正确的思想政治观点对学生实施教育,向学生灌输马克思主义、毛泽东思想和中国特色社会主义理论,通过摆事实讲道理来说服学生,使学生受到教育、提高认识。

如何坚持正面教育的原则?坚持正面教育的原则,首先就要求思想政治课教师在教学过程中树立唯物辩证看问题的观点,正面讲道理,使学生积极接受马克思主义理论知识,消除自己错误的思想和认识,促进思想和行为上的进步。要多宣传我国社会生活中的积极因素,少宣传消极因素。要运用社会生活中典型榜样,从正面鼓励学生进步。典型榜样是一些具有代表性的模范人物,以他们的先进事迹和模范行为去感染学生、影响学生、鼓舞学生。榜样的力量是无限的,它具有形象、生动、具体的教育特点,采用这种方法进行正面教育,不但说服力强,而且让人信服。其次,教师要面向学生,对全体学生负责,不要偏爱一部分人,歧视另一部分人。对于有缺点、错误的学生,要深入了解情况,具体分析原因,满腔热情地做好他们的思想转化工作。其三,教师要善于发现、培养和调动后进学生身上的积极因素,肯定他们的微小进步,尊重他们的自尊心,鼓励他们的上进心,帮助他们满怀信心地成长。对于极个别屡教不改、错误性质严重、需要给予纪律处分的学生,也要进行耐心细致的说服教育工作,以理服人,不能采用简单粗暴和压服的办法,更不得体罚和变相体罚学生。

6.科学性与思想性相结合的原则

思想政治教学的科学性,是指思想政治教学对其本质和规律的揭示,及其对学生发展的促进是客观的真实的。其科学性包括指导思想的科学性、理论基础的科学性、教学内容的科学性、教学方法的科学性、评价标准的科学性等。思想政治教学的思想性,是指思想政治教学不仅仅是传播理论、知识与信息,更是承担着引领价值取向和铸塑灵魂的任务,要帮助学生修炼思想品德,改造主观世界。

思想政治教学的科学性和思想性相结合的原则,就是指在思想政治教学过程中,既要保证思想政治教学内容的真实性、客观性、先进性,用科学知识和科学精神教育学生,又要高举马列主义、毛泽东思想和中国特色社会主义理论的伟大旗帜,培养学生正确的世界观、人生观和价值观。例如在教学内容上,内容要真实、准确、系统,以理服人。"真实、准确、系统"就是科学性;"以理服人"就是思想性。在教学方法上,要符合学生的认识规律,以情感人。"符合学生的认识规律",就是科学性,"以情感人"就是思想性。在教学目标上,要体现知识、能力、情意相结合。知识、能力、情意的要求就是思想性与科学性的要求,等等。

7.理论联系实际的原则

理论联系实际原则,也叫理论与实际相结合原则,思想政治教学理论联系实际原则是指思想政治教学要始终理论联系实际,一切从实际出发,使思想政治教学符合我国社会发展的客观规律和学生的思想品德形成发展的规律。思想政治教学坚持理论联系实际的原则,实际上就是坚持实事求是的思想路线。思想政治教学的根本目的是培养学生科学的世界观、人生观和价值观,提高学生认识世界和改造世界的能力。而要达到这一目的,就必须把马克思主义基本原理与学生的思想实际结合起来,把思想政治教学落在实处,使思想政治教学真正达到有针对性与有效性。

这就要求思想政治理论课教师,一方面,要自觉加强马克思主义理论的学习,运用马克思主义理论分析和解决思想政治教学中存在的各种思想问题与实际问题;另一方面,要积极参加社会实践,通过积极参加有益的社会实践活动,提高自己认识问题、分析问题和解决问题的能力,并把思想政治教学的实践经验、实际材料通过研究提升到理论高度,切实达到思想政治教学的目的。同时在教学工作中,要使教学计划、教学方案、教学目标和方法等必须符合教学的客观实际,即符合社会和学生的需要,符合学生的认知规律和社会所能提供的办学条件。具体而言,其一,课程目标要理论化。通过教学活动,学生能够较好地理解和掌握本学科的基本概念、观点和原理,能够运用所学的观点和原理来分析和处理相关社会问题和学生自身的思想问题。其二,课程内容要生活化。具体来说,就是要使教材内容生活化、课堂学习内容生活化、教学方法生活化。要用教材的内容来解释生活,用现实生活的实例来丰富和说明教材内容,避免从教材到教材、从知识到知识的空洞说教。要联系人们所普遍关心的社会问题、学生中普遍存在的心理问题和思想问题,帮助学生运用有关理论来分析认识这些社会热点问题,帮助学生提高认识。其三,教学方法要具体化。即要根据不同的课程目标和要求采取不同的教学程序,要根据不同的教学内容和教学对象采取不同的教学方法。[①]

8.从学生实际出发的原则

思想政治课程是一门以学生生活为基础、以引导和促进学生思想政治发展为根本目的的综合性课程。坚持思想政治课教学从学生实际出发是课程性质、课程理念、内容目标共同的必然要求。坚持思想政治课教学从学生的实际出发,就要求思想政治课教学坚持贴近学生、贴近生活、贴近实际。

贴近学生,要求我们尊重学生的生活经验和知识经验,要在学生已有的生活经验和知识经验的基础上实施教学;尊重学生的思想,关切他们在

---

①　张建文:《思想政治课程与教学论》,人民出版社 2008 年版,第 229 页。

想什么、需要什么、关心什么，帮助他们解决问题，真正满足学生生活、成长、发展的需求。贴近生活，要求我们的教学要真正走到学生的生活中去，包括学生的家庭生活、学校生活和社会公共生活，无论是教学素材的选择、教学情境的创设、探讨话题的提出、解决问题的逻辑关系，还是结论的呈现，都应该是与现实生活密不可分的。没有生活的思想政治教学是无源之水，没有生活的思想政治教学课将会失去应有的生命活力。贴近实际，要求我们的教学理论联系实际，不回避社会生活实际现象和问题，并在联系实际的过程中引导学生学会正确观察社会生活现象、分析社会生活现象、解决实际问题。只有切实贯彻从实际出发的原则，才能增强思想政治课教学的针对性、主动性和实效性。

9.身教与言教相结合的原则

思想政治课教学要真正达到教学的目的，一靠真理的力量；二靠人格的力量。所谓真理的力量，就是思想政治课教学的内容必须合乎实际，反映事物的本质和社会进步的趋势，是科学的，是经得起检验的真理；所谓人格的力量，就是思想政治教师必须言行一致，以身作则、率先垂范，自己提倡的道德标准和价值观念，要求别人做的，自己首先做到；禁止别人做的，自己坚决不做。

身教与言教相结合的原则，就是思想政治教师把教学与自身的言行结合起来，注重用自己的模范行为去影响和感染学生，以促使学生思想政治水平不断提高。思想政治课教师是否认同和践行思想政治教学的内容，对学生是否接受并内化它们有着重要的影响。如果思想政治课教师说一套做一套，教育的效果就会大打折扣，甚至起到相反的作用。因此，思想政治课教师要不断加强理论学习和人格修养，努力提高自身的理论水平和思想道德水平，在生活中为学生树立一个榜样和楷模。

10.有效性教学原则

"有效"指学生有进步与发展，是衡量教学效益的重要指标。教学有无效益，是指学生有没有学到什么或学生学得好不好。"教学"是指教师引起、维持或促进学生学习的所有行为。"有效教学"所倡导的理念是：(1)关注学生的进步或发展，教师确定"一切为了学生发展"的思想。(2)关注教学效益，教师要有时间与效益观念。(3)需要教师具备一种反思的意识。教师反思自己的日常教学行为，持续地追问"什么样的教学有效""我的教学有效吗""有没有人比我更有效的教学"。(4)问题解决的行为方式。

"有效教学"的策略有以下几种。(1)教学准备策略：教师制定教案时所要做的工作。主要有教学目标的确定叙写，教材的处理准备，主要教学行为选择，教学组织形式的编制，教学方案的形成。（2）教学实施策略：主要教学行为，辅助教学行为，课堂管理行为，设计自己个性化教学，创造独特的教学风格。（3）教学评价策略。评价贯穿整个教学活动的始终，分为学生成就的评价和教师教学专业活动的评价。评价不等于考试和测验。

【教资考试链接】真题
2018（下）思想品德学科知识与教学能力试题（初级中学）
【简答题】
32.多元文化与多样价值观念是当代初中学生面临的生活现实。请简要谈谈道德与法治课教师应如何帮助学生提升道德判断和选择的能力。（12分）
【参考答案】
①必须坚持贯彻思想性第一的课程性质。初中学生属于思想品德和价值观念形成的关键时期，道德与法治老师必须以社会主义核心价值体系为导向，根据学生身心发展特点，分阶段分层次对初中学生进行爱祖国、爱人民、爱劳动、爱科学、爱社会主义的教育，为青少年健康成长奠定基础。
②必须坚持正确价值观念的引导与学生独立思考、积极实践相统一的课程基本原则。道德判断与选择的形成与发展，离不开学生的独立思考和积极实践。因此，道德与法治老师需将正确的价值引导蕴含在鲜活的生活主题之中，注重课内课外相结合，鼓励学生在实践中进行积极探究和体验，通过道德践行促进思想品德的健康发展。
③必须坚持正面教育与积极疏导的教学原则。一方面，老师要用恰当的方式方法，从正面向学生传授马克思主义基本理论知识，进行积极的思想政治教育；另一方面，老师还要及时疏通学生在思想上的模糊认识和错误思想，并通过摆事实、讲道理、循循善诱，引导学生的思想认识向正确的方向发展，使学生心服口服、心甘情愿地接受教育。
④必须坚持从学生实际出发的教学原则。学生在生活中面临的多元文化与多元价值观念有所不同，自己的判断和选择也会有主体差异性。因此，老师应从学生实际出发，根据学生的不同情况和不同个性，有针对性地进行教育，多方面调动学生的积极因素，帮助学生树立新时代的主流价值观念，做出正确的价值判断和选择。

思考题：

1.思想政治教学有哪些特点？

2.思想政治教学有哪些任务？

3.思想政治教学有哪些规律？

4.思想政治教学有哪些原则？

课外拓展研究：

1.撰写一篇"灌输与疏导相统一规律"的小论文。

2.撰写一篇"理论联系实际原则"的小论文。

第八章　思想政治教学的设计

第一节　思想政治教学设计概述

教学设计并非新鲜事物。众所周知,人类对教与学活动的筹划与安排在经验层面上古已有之。但是,今天我们说的教学设计与经验层面的教学设计已完全不同,它是思想政治教师根据现代教育理念、不同的教学对象和教材及预期的教学目标,运用系统的教与学的方法对思想政治教学做出全方位的预期的策划。

一、教学设计的概念

所谓教学设计,就是指思想政治教师根据现代教育理念,通过对教材和教学对象的分析,根据预期的教学目标,运用系统的教与学的方法对思想政治教学做出全方位的预期的策划。即思想政治教师为达成一定的教学目标,对思想政治教学活动进行系统的规划、安排与决策。或者说,教学设计是运用系统方法确定教学目标和分析教学问题,建立解决教学问题的策略方案、试行解决方案、评价试行结果和对方案进行修改的过程。教学设计的过程,实际是要回答"为什么教""教什么""怎样教"和"教得怎么样"等问题。

教学设计包括对课程标准、教材和学生的分析,教学目标的制定,教学内容和教学情境的设计,学习任务和学习活动的设计,学习活动的组织和评价设计等环节,强调在目标和内容设计的基础上进行的学习活动和组织策略设计,关注目标引导下的生成性内容的处理策略。

二、教学设计的意义

教学设计是教学活动得以顺利进行的基本保证。通过教学设计,思想政治教师可以对教学活动的基本过程有个整体的把握,可以根据教学情境的需要和教育对象的特点确定合理的教学目标,选择适当的教学方法,采用有效的教学手段,创设良好的教学环境,实施可行的评价方案,从而保证教学活动的顺利进行。通过教学设计,教师还可以有效地掌握学生学习的初始状态和学习后的状态,从而及时调整教学策略、方法,采取必要的教学措施,从而为下一阶段的教学奠定良好基础。

三、教学设计的基本特征

教学设计是否科学、合理和有效,关键是看教学过程是否符合教学活动的客观规律,能否有效地引起、维持和促进学生学习,学生是否取得了预期的进步或发展。所以,教学设计的基本特征可以体现在如下几个方面。

(一)发展性

所谓发展,就是学生经过课堂学习取得了进步和获得积极的情感体验,在每节课都有实实在在的收获。这种收获表现为从不懂到懂、从少知到多知、从不会到会、从不能到能、从不想学到想学、从想学到学好的变化上,特别是学习方法的掌握和学习能力的提升上。发展性还表现为教学设计充分考虑个体的差异,不强求全班同学的同步行进,允许学生根据各自的学习需求、学习方法和学习能力,选择各自的发展目标和目标达成的先后。

(二)开放性

教学设计是一个开放的系统,表现为:教学内容以教材为范例,从单一的书本知识向学生的生活和社会生活等方面拓展;教学方法从以教师为中心向以学生为中心转变,提倡以"自主、探究、合作"为特征的研究性学习;教学过程注重师生的交流互动与心灵对话,让学生多一些感悟与体验的机会,多一份参与的激情和动力;问题解决从答案唯一向条件、问题、解法和结果的适度开放转变,培养学生的主体意识,发展学习能力。

(三)生成性

有人说教学设计不重视生成,其实恰恰相反。预设是生成的前提,没有充分的预设,就不可能有预期的生成。对于这个问题我们可以从教学设计与传统的课堂对比中看出:传统课堂把生成看成是一种意外收获,教学设计则把生成当成一种价值追求;传统课堂把生成看成一种教学机智,教学设计则把生成当成彰显课堂生命活力的常态要求。因此,教学设计是一个动态、发展的概念,是根据教学过程中涌现的各种信息,及时修正原有的教学设计,灵活机智地选择教学策略,帮助学生有效达成预期的学习目标的过程。

(四)反思性

教学设计是一个连续的、不断改进和提高的过程,构思于课前,展开于课堂,调整于过程,完善于课后。反思是修正、完善教学设计的前提,是提高后续教学设计有效性的必要环节。教学设计只有适合的,才是有效的。

第二节　思想政治教学设计的内容

一、教学设计的依据

教学设计需要以新课程改革的理念为指导,以学生发展为本,发挥教师和学生的主观能动性,以实际教学需要为依据,实现人才的培养目标。

(一)以人才培养目标为核心

教学设计是创新课程教学的前提和基础。在教学设计中,要紧紧围绕人才培养的目标进行,即教学设计的思想、步骤、内容、形式、方式方法必须围绕人才培养的目标展开,以人才培养目标为核心;离开了培养目标教学设计也就失去了意义。

(二)以满足学生发展为需要

教是为了学,学是教的依据和出发点,教师的教必须通过学生积极主动的学才能起到有效作用。因此,教学设计要体现学生的主动性与创新性,把学生身心发展的特点和规律作为教学设计的一个重要依据加以认真对待。教师作为教学活动的设计者,在决定教什么和如何教时,应当全面考虑学生学习的需求、认识规律和学习兴趣,着眼于辅助、激发、促进学生的学习,满足学生发展的需要。

(三)以满足实际教学为需要

教学设计还要满足教学活动的实际需要,为实现这种需要提供最优的行动方案。因此,教学设计最基本的依据就是教学活动的实际需要。在进行教学设计时,教师应首先明确教学任务和教学目标,并对它们进行认真的分析、分解,使之成为可操作的具体要求。在此基础上,综合考虑各种教学因素,选择设计必要的教学策略,使教学设计方案在立足教学现实需要的基础上发挥出应有的作用。

二、教学设计的内容

一部成功的影视作品,重要的是导演对剧本的把握,对表演的策划,对场景、灯光、效果等因素的构思。同样一堂精彩的课堂教学,需要教师在课前教学设计上必须有新课程的理念,深刻理解教材,全面了解学生,合理运用教学方法,科学使用现代教学手段,通过全方位的教学设计,课堂结构的安排应更加严密、合理,教学内容更加丰富多彩。

教学设计一般包括:教学设计理念→课标与教材分析→学情分析→教学目标分析→重点难点热点分析→教与学的方法、手段分析→课前准备→教学流程→教学过程设计→教学检测与评价→板书设计→教学设计反思。

(一)教学设计理念

以什么样的理念从事教学设计,不仅反映设计者的教育理论素养,也决定着能否设计出适应学生发展需要的教学方案。因此,设计者在实施教学设计时应首先树立正确的教学理念,并且贯彻设计始终。

理念是人们经过长期的理性思考及实践所形成的思想观念、精神向往、理想追求和哲学信仰的抽象概括。

教学理念是教育主体对教学和学习活动内在规律认识的集中体现,是对教与学活动的看法和持有的基本态度和观念。与新课程改革相适应的教学理念有：以学生发展为本的理念，突出自主学习、合作学习、探究式学习的理念，课堂教学民主化的理念，提高课堂教学效率的理念，等等。

教学设计理念是教学主体在从事教学设计活动中所坚持的信念，是教学理念在教学设计中的反映。教学设计理念对教学设计具有指导性作用，教学设计的第一步就是要明确教学设计的理念。

对于教学设计的理念仁者见仁、智者见智。不同的教学主体，或同一教学主体面对不同的学习主体，或面对不同的教学内容，会有不同的教学设计理念。一般来说，教学设计理念都要围绕新课改的核心理念——一切为了每一个学生的发展。

举例一：以学生为主体，以活动为内容，以参与为中介，以发展为目标，关注主体间的理解、沟通、参与和互动。

举例二：把握时代的特征，注重学生的成长，构建生活化的教学，强调开放性和实践性，促进发展性评价。即"以学生为本，以教师为导，以生活为基础，以理论为支撑，立足实践，引领成长，体验学习过程，收获知识成果"。

举例三：学生是学习的中心，是学习的主体，是知识意义的构建者，强调学生在课堂中的参与性以及探究性，让学生懂得知识、获得知识，并把知识运用到实践中去，最终达到知、行、信的统一。

对教学设计理念的阐述，不是简单地喊几句口号，而是把教学理念与教学设计结合起来。

在实际教学设计中，也有人以"教学设计思想"代替"教学设计理念"。在某种程度上来说，设计思想和设计理念是一致的。

例如："树立正确的消费观"的设计思想。

新课程改革强调生活化教学，生活是教学的源头。因此，经济生活的教学必须面向学生，必须取材于学生的生活世界，联系学生已有的经验，引导学生在习得书本知识的同时，形成对待生活世界中各种问题的正确的价值观和良好的情感、态度，并形成健康负责任的生活态度。本框教学以学生为主体、以活动为内容、以参与为中介、以发展为目标，关注主体间的理解、沟通、参与和互动，践行"角色——探究"，通过创设相关情境，利用角色效应，让学生自己去尝试、去发现、去探究，从而缩短教材与学生之间的心理距离。"角色——探究"贴近学生的思想、情感和实际生活，有利于情境中蕴含的情感、情境契合学生理解和接受的最佳点，从而使思想政治课教学富有感染力和实效性。

【知识链接】对有关教学理念的理解

对"以学生为本"的理解

第一,教师要"目中有人"。教师在进行教学设计时,不能认为学生是为学习这些知识而存在的,而要使知识的传授服务于促进学生有个性的、可持续的、全面的发展。第二,教师要有"全人"的观念。学生的发展是全面的发展,而不是某一方面的片面发展,是知识与技能、过程与方法、情感态度与价值观三方面的整合。第三,注重个性发展。每一个学生都是一个特殊的个体,在他们身上既体现着发展的共同特征,又表现出巨大的个体差异。教师不仅要承认差异,而且要辩证地看待差异,把学生的差异作为一种资源来开发,使每一个学生都学有所得、得有所长。

对"以学生为主体"的理解

第一,把学生看作真正的学习主体,认真研究学生学习的实际起点,根据实际起点确定教学起点,为学生的学创造有利条件。第二,全体学生参与教学。教师在进行课堂教学设计时,要从不同层次学生的学习基础出发组织学生参与教学活动,使他们在原有基础上通过参与教学都有所发展。第三,要引导学生全身心参与。不仅是智力因素参与,非智力因素也要参与;不仅思维参与,其他感官也要参与。让他们主动地参与,动眼观察、动耳听、动笔记、动脑思考、动手操作、动口讨论。

陶行知先生在几十年前就提出:"解放孩子的头脑,让他们能想;解放孩子的眼睛,让他们能看;解放孩子的双手,让他们能做;解放孩子的时间,让他们能学自己想学的东西。"以学生为主体,不仅要让他们成为课堂的主人,而且要让他们走出教室、走出课堂,以他们逐步扩展的经济生活为基础,以他们关心的经济现象为切入口,通过个别访谈、实地调查等方式、方法,在知识传授的同时,培养学生透过现象看本质的能力,帮助学生以科学态度认识价格的变动,增强参与经济生活的自主性,引导学生在自主发现问题、探究问题、解决问题的过程中获得亲身的体验和感悟,在体验和感悟的基础上认同与内化经济学原理并用以指导自己的行为实践,使学生情感得到升华,形成正确的世界观、人生观和价值观。

对"生活化教学"的理解

新课改理念之一就是回归生活。教育家赞可夫说:"学生积极的情感、欢快的情绪,能使他们精神振奋,思维活跃,容易形成新的联系。而消极的情绪则会抑制学生的智力活动。"人的情感总是容易在贴近自己生活实际的情境和场合下产生的。因此,教师要善于在课堂上,创设直观、形象的生活化的教学情境,形成激昂的情绪,激发学生的学习兴趣,拓展学生创造性思维的时空,使学生进行创造性学习。将教材知识与学生关心的生活、周围的生活变化等紧密联系起来,通过课堂讲授,最终把教材知识融入学生的生活中去,使学生在体验中感悟生活、理解生活,使学生运用所学的知识指导实际生活。

(二)课标与教材分析

课标即《课程标准》,它是全国范围内统一使用的基本的指导性的教学规范。课标分析,即分析课标中关于教学目标、教学内容、教学原则以及学习评价等要求与规定。

教材分析主要从两个方面着手:一是确定学习内容的范围与深度,明确"教什么";二是揭示学习内容中各项知识与技能的相互关系,即本节课的地位与作用,为教学顺序奠定基础。

深入分析教材,对于教学设计而言非常重要,因为只有对教材理解透彻,才能制定出较好的教学方案。

怎样分析教材?

其一,教师要了解教材的体系结构,弄清重点章、节的问题和难点所在。

其二,教师要结合阅读参考资料,掌握本学科的最新发展情况和教学内容改革的前沿动态。

其三,教师要有计划地在每一个学期选读一两本有关专著,经常阅读相关的专业报刊,掌握理论前沿动态

其四,教师要能够以科研成果和教学经验对教材做出合理补充和调整。

例如:"新时代的劳动者"的课标与教材分析。

课标分析。课标要求内容是:评析劳动者依法维护自身权益的案例;列举几种就业途径和创业方式;树立诚实劳动、合法经营、积极创业的观念,确立正确的就业观。

教材分析。本框题讲述了两大方面的问题:一是劳动和就业;二是依法维护劳动者权益。学习上一框题《公司的经营》后,学生有必要对财富的创造人——劳动者加以了解,只有了解了劳动者的就业情况和合法权益,才能更全面地掌握公司的经营。因此本框题内容是对前面知识的延伸和拓展。另外,第二单元最后的综合探究活动内容为《做好就业与自主创业的准备》,只有掌握了本框题的知识才能更好地参与单元的综合探究活动,所以本框题又是后面活动课的理论铺垫。

"经济生活"的教学是在社会主义市场经济的大背景下,讲述消费—生产—交换—分配四个环节,而就业是生产环节的落脚点。特别是劳动者如何就业、创业,如何依法维护自身权益,这些对于帮助学生树立正确的就业观念具有重要的意义。同时,就业是我们必须要面对的一个现实问题,所以通过学习学生可以掌握一定的就业技能、就业常识,提高将来参与经济生活的能力。因此本框题无论是在理论上还是在实践中都具有非常重要的作用。

就本部分而言,简要地说,教材分析包括两个方面:一是教材的内容分析;二是教材的地位与作用分析。

例如,"增税与纳税"教学设计中的教材分析,也可以这样简要地去分析:

(1)教材地位和作用:本框题位于思想政治《经济生活》第三单元第八课第二框,是本单元的落脚点,也是学生情感教学的最佳点,是知识教育和情感教育的结合点。学生通过本框的学习,可以树立依法纳税的意识。

(2)教材内容分析:本框围绕着"税收及其种类""依法纳税是公民的基本义务"两目展开,逻辑结构严密。

(三)学情分析

学情分析是教学得以正确开展的基础,也是教学设计中对教学重点难点、教学方法取舍的依据。学情分析包括以下几方面:

其一,知识起点分析。知识起点即学生已有的知识基础和生活经验。学生学习新知识前必须分析他们已有的知识经验,分析已有的知识经验对学习新知识的影响等。

其二,能力起点分析。分析学生掌握教学内容必须具备的学习技巧,以及是否具备学习新知识所必须掌握的技能和态度。

其三,心理特点分析。分析学生年龄特点,以及身体和智力上的个体差异所形成的学习方式等。

假设我今天在××中学上课,这里的学生基本情况如下。

(1)知识起点:知道了税收是财政收入的最主要来源,我们的生活与税收相关。

(2)心理特点:热情、活跃,有一定的课堂参与度和表现欲。

(3)学习难度:有一定的抽象思维能力,但不全面、不系统,更多的是感性思考。

学情分析可以更好地将要进行的教学内容与学生需要相统一,从而有效地提高教学的针对性和学生学习的积极性。一般而言,学情分析的具体途径可以采取口头、书面形式广泛征求学生意见,或通过学生代表、班干部调研,或利用电子邮箱,或开设微博留言等形式,达到了解学生的目的。

当然,学情分析不是一两句话就可以说清楚的事,具体实践中可以详细一点描述。

例如:"树立正确的消费观"的学生知识起点的分析。

通过第一、二课以及本课第一框题的学习,学生已经掌握了消费的影响因素、类型和结构。学生是生活中消费者角色的体验者,随着年龄的增长,学生参与经济生活的意识不断增强,但他们对于消费行为是受哪些消费心理影响,以及如何做一个理智的消费者还欠缺相关的理论知识和实践,明辨是非的能力有待提高。

【教资考试链接】真题

2017(上)思想品德学科知识与教学能力试题(初级中学)

【简答题】

32.思想品德课教师对学情的了解和把握是有效教学的重要基础。请问学情应包含哪些内容?(12分)

【参考答案】

思想品德课教学中,教师对学生情况的分析主要包括以下几个主要方面:

(1)掌握学生作为学习主体的特点与现状。要了解学生的情感、态度、价值观的基本状况,了解学生的知识和能力水平。这是课程教学的基础条件,也是确定教学手段的重要依据。(4分)

(2)引导学生对学习结果学会反思,学会践行。教师必须明确引导学生反思自己对认知内容的掌握程度、认知和能力水平的提高程度;反思自己获取知识的方法。探究解决问题方法的认识和掌握程度;反思自己对社会客观存在的种种现象,即对事物的感受、情感、态度、价值观的提升程度。(4分)

(3)引导学生掌握学习的过程与方法。教师在备课时,应该立足于学生学习的过程与方法,了解学生的学习方法、习惯和偏好。(4分)

(四)教学目标分析

新课程理念下教学目标确立了知识、能力、情感态度与价值观"三位一体"有机整合的课程教学目标,这也是发展性教学的核心内涵。它强调教学目标是教学活动中师生的共同追求,强调学生是学习的主体,它与传统课堂教学只关注知识的接受和技能训练是截然不同的。

思想政治课教学目标设计的特点如下。

其一,整体性。即知识与技能、过程与方法、情感态度与价值观是一个相互联系、相互渗透的整体,是一个完整的人在学习活动中实现素质建构的三个侧面。由于思想政治课教学目标的实际需要,教学设计更应该突出对情感态度与价值观目标的设计。

其二,预设性和生成性的统一。教学目标是根据国家课程标准来设定的。因此,它带有"规范性"。但由于教学内容的丰富性、学生凭借自身经验与体验对它解读而产生的多义性、教学活动中教师与学生对话碰撞产生的"意义"的新异性以及现代课程资源的广袤性,一些新的目标就会引发和生成出来。这就是教学目标的生成性。因此,一位好的教师应该能够很好地将教学目标预设性和生成性统一起来,取得最佳的教学效益。

在这里需要注意的是,初中"道德与法治"教学目标分析,与高中"思想政治"教学目标分析有不同之处。初中《道德与法治》教学目标的分析,包括情感态度价值观目标、能力目标、知识目标。高中"思想政治"教学的目的是培养学生具有思想政治学科核心素养,因此其目标的分析就包括政治认同、科学精神、法治意识和公共参与。

例如:初中"和朋友在一起"的教学目标分析。

【情感态度价值观目标】感受到并接纳自己和他人对友谊的渴望,能感受到友谊的力量和美好,以及树立正确的交友原则。

【能力目标】能够觉察、反思自己的人际状况,觉察自己对友谊的期待,培养自我觉察、反思的能力;能够运用正确交友原则,建立有益的友情关系。

【知识目标】了解自己的交友状况。掌握朋友的重要性,理解朋友影响的双面性。

例如:高中"新时代的劳动者"的教学目标分析。

【政治认同】认识党和国家全心全意为人民谋幸福的初心,拥护中国共产党的领导,坚持和发展中国特色社会主义。

【科学精神】运用辩证唯物主义和历史唯物主义的观点分析就业问题,树立正确的就业观和职业观,懂得劳动者的含义和地位,提高辩证思维能力。

【法治意识】了解劳动者维权的基本途径和方式,增强学生的法治意识,在生活中尊法学法守法用法,依法行使权利与履行义务。

【公共参与】了解依法维护劳动者权益的途径,从而引导学生具备善于对话协商、沟通合作、表达诉求和解决问题的能力,勇于担当社会责任。

需要注意的是,在课程标准中给出了学习目标的说明,阐述了各目标水平的要求,列举了对应使用的行为动词,在进行教学目标的设计时,要认真注意和使用。

另外,不要误解教学目标的分析,一提到教学目标就认为教学目标是1课时的事情。其实,教学目标可以分为1课时的教学目标、1课的教学目标、1单元的教学目标和1学期、1学年,甚至本学科课程的总体教学目标等。如果你对1课进行教学设计,就需要分析1课的教学目标;进行1单元的教学设计,就要分析1单元的教学目标。

(五)重点难点热点分析

重点是教材中最重要的、最基本的理论知识,或是最关键和最有现实意义的部分。每堂课教学都应有重点,分析教材首先要找出重点,然后要照顾重点与非重点的关系。难点是指学生难以理解和难以掌握的地方。分析难点是突破难点的前提,分析难点的关键放在"难"的原因分析上,以便于选择有针对性的教学策略。热点是指与教材内容相联系的、学生普遍关心的社会问题。热点问题是属于学生的思想问题,分析热点既要分析社会问题的成因和发展,又要分析热点问题对学生认识的影响。

例如:高中"新时代的劳动者"的教学重点、难点分析。

教学重点:树立正确的就业择业观。

依据:这是今天面对严峻就业形势,每一个劳动者都不得不思考的一个现实问题和热点问题。只有掌握了什么是正确的就业择业观以及怎样树立正确的就业择业观,才能指导学生在选择职业时考虑到各种因素,使学生懂得面对巨大的就业压力该如何应对,从而找到适合自己的工作岗位。这对于高中生来说是一个很有意义的课题,因而是本课的一个重点。

教学难点:劳动者维护自身权益的途径。

依据:由于高一学生社会阅历尚浅,还没接触过社会,更没直接参与过社会劳动,所以有关违反《劳动法》以及其他相关规定的行为,学生很少接触到,没有直接的亲身体验,至于如何解决这些问题,对高一学生来说则更为陌生和抽象。因此将它定为本节课的难点。

(六)方法手段分析

1.教学方法

常用的教学方法有:以语言传递信息为主的教学方法,如讲授法、问题法、读书指导法和讨论法;以直接感知为主的教学方法,如演示法和参观法;以实际训练为主的教学方法,如练习法、实验法和实习法;以激发情感为主的教学方法,如情境教学法、联系实际教学法和故事教学法;以引导探索为主的教学方法;等等。

思想政治教育教学方法是在思想政治教学情景中,政治教师和学生为了教和学而进行的以思想政治学科为内容的教学活动方式。常用的思想政治教育教学方法有讲授法、谈话法、演示法、练习法、参观法、问题法、阅读法、讨论法、探究法、复习法等,具体如下:

(1)讲授法。对于重点和难点内容,需要教师讲解点拨。

(2)谈话法。在师生的谈话交流中,引导学生掌握相关知识。

(3)案例分析法。用案例辅助讲解,或进行小组讨论与探究。

(4)情境教学法。引导学生关注身边的生活现象,学会学习与生活的结合。

(5)探究教学法。引导学生在教师创设的情景中开展讨论、探究等活动以获取知识,培养学生的自学能力等。

(6)小组讨论法。提出问题,组织学生进行小组讨论和全班交流,促使学生在学习中分析问题、解决问题,培养学生的团结协作的精神。

……

教学方法选择的依据包括以下几种:

(1)教学目标:不同的教学目标与学习任务需要不同的教学方法去实现和完成。对思想政治课的教学设计而言,尤其要突出情感态度与价值观目标的实现。

(2)教材内容的特点:教学的具体内容不同时,要采取不同的方法与之相适应。选择教学的方法必须考虑教材内容的特点,教材内容适合用哪种教学方法就选用哪种教学方法,这里特别要注意政治教材文本理论与社会生活的密切联系。

(3)学生的实际情况:教学方法的选择应符合学生现有的认知发展水平和生理心理的发展水平,以及学生所在班级、学校的特点等,从学生的实际出发,选择那些能促进学生独立性学习的方法。

(4)教师本身的素质:教学方法的设计取决于教师以前的教学经验、理论修养水平以及教师个人的品质和性格特征等。教师的某些特长、弱点和运用某种方法的实际可能性,都应成为选择教学方法的重要依据。

(5)各种教学方法的功能:每种教学方法都有局限性。某种教学方法对某个学科或某个课题是有效的,但对另一个学科、另一个课题或另一种形式的教学却可能是完全无用的。

设计教学方法需要注意的是高效率、设疑启思、情理交融、知行统一。

2.学习方法

传统的教学实践中,人们只偏重"教"的方式方法,而忽视了"学"的方式方法。在新课程理念下,更需要关注对"学"的方式方法的指导。学习方法指导的目的是教会学生学习。古人云:"授人以鱼,只供一饭之需,授人以渔,终身受用无穷。"因此,教师要结合具体的教学内容,将基本方法和有关技巧的灵活运用等渗透给学生,同时指导学生将课内掌握的学习方法运用到课外学习中去,最终促成学生"会学"。

例如:指导学生的学习方式。

(1)自主学习。学生自己确定学习目标、制定学习计划和安排,并对自己实际学习活动进行监察、评价、反馈、调节和控制。

(2)合作学习法。学生之间互动、合作、共同解决案例中提出的问题。

(3)探究学习。学生在教师创设的教学情境中主动探究、讨论,然后交流对知识的理解,贯彻学生主体性原则。

在学生学习方法的指导上,既要重视学生学习兴趣的培养和动机的激发,重视教学过程的情感化,还要考虑学生学习方式的养成,重视学生的学习能力和创造能力的培养。

3.教学媒体

媒体是指信息的载体和传递信息的工具。当媒体直接加入教学活动,在教学过程中传输有关的教学信息时,人们把它们称为教学媒体。现代媒体丰富了教学内容,增加了教学的密度和容量,能创造出使知识、学问来源多样化的文化教育环境,为学生个性、素质的发展提供了无限广阔的天地。

教学媒体包括:标本、模型等实物演示的教学媒体,电影、电视等动作演示的教学媒体,幻灯、投影、视频等现代多媒体教学媒体,录音、挂图等传统教学媒体,等等。

教学媒体的选择要服从教学目标需要,适合表现教学内容;要发挥媒体特长,有利于教学;要适合教学对象特征,符合教学心理规律;要适合现有教学条件,方便教师操作演示。

例如："征税与纳税"的教学媒体设计(见表 8-1)。

表 8-1　"征税与纳税"的教学媒体设计

	媒体类型	媒体内容要点	教学作用
教学媒体	动画	《假如生活中没有税收》	激发学生兴趣,活跃整个课堂,导入新课内容
	文字材料	只因一元未交税,而被行政拘留	通过材料,学生真切地感受到税收的强制性
	文字材料	列宁名言	在话语中深刻体验到税收的无偿性
	图片＋文字材料	国家实行优惠税	在案例中,启发学生对税收固定性的正确理解
	公式	增值税计算	利用现实事件中的企业,来真正理解增值税的作用
	表格	四种违反税法的行为的判别	以表格的方式形象、直观地理解四种行为的不同点
	漫画	发票	让学生明白发票在现实生活中的作用,培养学生的税收意识

(七)课前准备

课前准备不是广义的准备,而是狭义的准备。在这里,主要是指为了本课的学习,教师对学生的要求,让学生做的准备。其次,教师自己对教具学具(媒体)及有关材料等方面的准备。如选择使用的挂图、幻灯片、录音带、录像带、新闻图片、计算机、网络等教学媒体。

例如:"影响价格的因素"的课前准备。

(1)学生学习准备:做好课前预习,收集自己身边购物场所几种商品的具体价格,了解当前商品市场价格变动的趋势和相关原因。

(2)教师教学准备:认真收集贴近学生生活的有关商品价格变动的背景材料,根据学生实际设计相应场景,设置不同角色,备好课,认真制作好多媒体课件,给学生以最直观的感性体验,提升学生学习兴趣。

再如:"财政的巨大作用"的课前准备。

(1)学生准备:通过网络、电视、报刊等媒介,收集国家集中力量办大事的例子。结合自身感受并访问周围的人、当地政府,在 2020 年"新冠肺炎"期间战胜病毒的措施。调查身边感染病毒群体,了解政府是如何帮扶他们的。

(2)教师准备:搜集集中力量办大事的典型案例,并制作课件。搜集政府扶贫的典型案例,并制作课件。

(八)教学流程

所谓"教学流程",就是如何展开教学的步骤,即是指教师在设计课堂教学时所规划的、所要实施的、或明或暗地被划分成若干个环节的教学步骤,以便在课堂上有序地向前推进。

教学流程可以用语言描述的方式进行,例如"基于问题的教学"设计方法,其教学设计流程为:创设问题情境→引导学生自主学习→组织合作交流→进行适度拓展→引申发展问题。

教学流程也可以采用流程图的方式表示。

如"人民代表大会:国家的权力机关"的教学设计流程图(见图 8-1)。

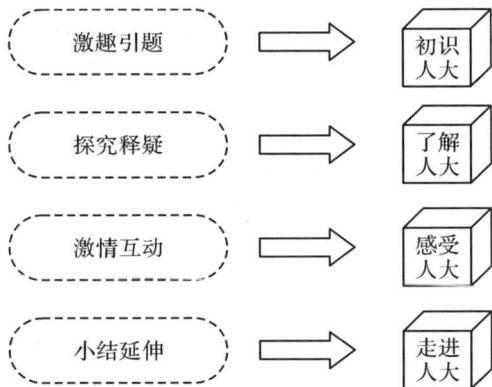

图 8-1　"人民代表大会:国家的权力机关"的教学设计流程图

用流程图的优点是:可以直观地显示整个课堂活动中各个要素之间的关系、比重;教师可以依据学习者不同的反应情况做出相应的教学处理,灵活性大、目的性强;教学过程流程图是浓缩了的教学过程,层次清楚、简明扼要、一目了然。不过在竞赛的过程中,如果采用流程图的方式,会占用很多的时间。目前较为常见的流程图有逻辑归纳型、逻辑演绎型、探究发现型、练习题型等。

在本部分的教学设计中,也有人使用教学思路分析,或者既有教学思路分析也有教学流程。也有人把教学思路分析放在教学过程设计的前面,把教学流程放在教学过程设计的后面。总之,无论如何分析,都要因人而宜,具体分析,最后达到形式与内容的有机结合。

(九)教学过程设计

1.教学过程设计概述

教学过程的设计是教学设计的核心。教学不仅仅是一个传授知识、学习知识的过程,还是一个教师和学生共同建构知识和人生的过程。这一过程的基础是师生间的交流、对话和合作。

教学过程的设计,一般包括这样几个环节:导入新课、学习新课(重难点的解决)、课堂练习、课堂检测、课堂总结、课外延伸作业等。不同的课程类型会有不同的教学过程设计。

2.教学过程设计的模式介绍

教学过程设计举例一:(1)创设情境,导入新课;(2)合作探究,学习新课;(3)课堂小结,巩固知识;(4)情景回归,感情升华。

教学过程设计举例二:(1)激趣置疑,导入新课;(2)合作探究,突破重点;(3)问题探究,解决难点;(4)课堂小结,强化知识;(5)课后作业,拓展延伸。

教学过程设计举例三:(1)复习知识,导入新课;(2)合作探究,学习新课;(3)课堂小结,巩固知识;(4)情景回归,情感升华。

教学过程设计举例四:(1)激趣引题,初识××;(2)探究释疑,了解××;(3)激情互动,感受××;(4)小结延伸,走进××。

教学过程设计举例五:(1)情景导入,观察生活;(2)情景分析,理解生活;(3)情景回归,参与生活。

教学过程设计举例六:(1)引入新课,激发兴趣;(2)提出问题,引向自学;(3)及时反馈,因材施教;(4)巧设情境,鼓励思维;(5)精心讲解,破解疑难;(6)课堂小结,巩固知识;(7)课后作业,拓展延伸。

3.教学过程设计要注意的几个问题

(1)巧设情境,突出互动性。

现代教学把教学的本质定位于交往,这就需要教师在教学过程的设计中精心创设情境,为师生间互动和生生间互动搭建一个平台和空间。例如,某位教师在讲授"商品价格与价值的关系"这一抽象的知识点时,并没有搞理论推论,而是巧设情境:教师手拿一支粉笔欲与学生换钢笔—学生当然不愿意—教师追问为什么不愿意。就在这样看似信手拈来,但却精心巧设的情境中,抽象的经济学理论变得通俗易懂,教学效果也相当好。在这样真实而简单的教学情境中,师生的思维却真正实现了互动,让学生在互动中获得了"体验"。

【链接】情境设置

设置教学情境的目的,在于创设教学情境的暗示与感染,引发学生的真切体验,激发学生情感上的共鸣与默契。思想政治理论课有意识地设置教学情境,有利于激发学生的积极情感,让学生参与课堂教学活动。

其一,情境素材要源于生活。设计思想政治课教学情境时应考虑三个因素:一是素材内容要取材于学生耳闻目睹的生活资源,学生能近距离观察、感受。二是角度要新颖,让学生感受思维空间的丰富多彩。三是便于操作,使学生容易进入教师设定的情境,能不同程度地激发、调动自己的生活体验。

其二,情境设置应贴近学生学习需要。思想政治教学情境设置,不仅要贴近学生生活,还要贴近学生的学习需要,有效提升学生对思想政治理论的理解水平。首先,教师要创设能够激发学生动机的教学情境,这里的关键是教师能够结合素材设置出与学生情感需求有效结合的思想政治问题情境,所提问题要符合学生的思想政治认知规律、思想政治行为习惯和思想政治心理状态。其次,要创设能够渲染情感的教学情境。再次,要创设学生自主加工的教学情境。教师要通过创设情境将学生已有的生活经验唤醒,通过再现、亲历、自主加工的方式,学生真正从心底反思行为,产生养成合乎社会规范要求的思想政治品质的渴望。

其三,案例是设置情境的"剧情脚本"。情感教学的情境创设有许多方式,在实践中,案例是教师们创设教学情境的最常用载体。首先,教师在选择案例时可先将学生应掌握的理论观点排列出来,做到案例所提供的信息和资料尽可能多地蕴涵教材中的重要价值观念,使学生在感受情境事件的过程中引起判断与思考。其次,案例要注重引导学生关注现实,关注人在生存与发展进程中的重大问题,让学生意识到所学知识能够应用于实践,从而激发学生自主学习的欲望。最后,案例的选择必须有典型性、针对性,即通过案例分析,能够达到阐释原理、引发讨论、体验情感的目的。

(2)统筹安排,注意整体性。

课堂教学是由多种因素和成分组成的,在设计、安排课堂教学时,必须照顾到课堂教学的各个因素和成分,使之有机结合,使整体功能大于各部分功能之和。教学过程的每个环节都不要轻易丢掉,特别是导入教学、展开教学和结束教学,力争"开头"要引人入胜,"中间"要波澜起伏,"结尾"要余音不绝。

（3）精选素材，突出实用性。

教学过程中使用的素材一定要真。真是思想政治理论课的灵魂，材料失真容易脱离实际，形成空洞说教，使学生产生厌恶或逆反心理。同时，教学过程中使用的素材一定要新，要有时代性。当代学生思想活跃，喜欢就重大时事发表自己的看法。在思想政治课教学中，教师应尽量有针对性地用国内外形势变化的最新材料来补充教学内容，缩小教学内容与现实生活的"时间差"，满足学生的求知欲，激发学生的探索创新精神。当然，其增强教学吸引力的前提是实用。学生往往容易对那些与自己关系密切、有实用价值的教学内容产生兴趣与认同。教师在教学过程中，要充分考虑和尊重学生的实用心理，捕捉住绝大多数学生心理上、思想上的"兴奋点"，及时抓住学生思想政治道德上的困惑与矛盾，指导学生运用所学理论解决他们心中的疑问，让他们感受到思想政治理论学了受益，自觉实现由"要我学"到"我要学"的转变。

（4）课堂小结，注意灵活性。

课堂小结要组织学生共同参与，要围绕学习目标用"关系图"把构建的知识体系、学习的重点难点等勾画出来，引起学生的注意，使课堂小结具有归纳引导、简洁明了、形象直观的特点，发挥画龙点睛、强化目标的作用。

（十）教学检测与评价

对知识目标的评价（理论观点和原理，应用性知识及操作规范），要注重去评价学生对知识意义的实际理解和把握；对能力目标的评价（对学习能力的评价和对实践能力的评价），要注重对理论观点、原理的运用能力进行考评，注重对动脑、思维、动手、操作的能力进行评估；对情感态度与价值观目标的评价，既要坚持正确的价值标准，又要尊重学生的个性表现，关注学生情感和态度变化的趋向。

教学检测与评价可以和巩固知识、课堂的延伸与拓展结合起来。有的教学设计把本部分直接放在教学过程设计中，也有的把本部分单独列出来。无论怎样，形式并不重要，关键是设计的内容与逻辑关系，注意不要重复设计。

例如：案例材料《谁将他们沦为"房奴"？》

最近，一个新名词——"房奴"频频出现在网上。"房奴"就是说很多按揭买房的人在享受有房的心理安慰的同时，生活质量却大为下降：不敢轻易换工作、不敢娱乐、害怕银行涨息、担心生病和失业，更没时间好好享受生活。"房奴",就是房子的奴隶,工作赚的钱不是为养老婆、孩子,而是为了养房子。

随着房价的快速上升,越来越多的买房者背上了沉重的心理和经济负担。许多跌入"房奴"陷阱的有房族,他们的无奈与窘迫已引起了社会的共鸣。在深圳和广州等地最近就出现了一些"不买房"行动,以示对目前高楼价的抗议以及对"房奴"生活状态的抵制。然而,"房奴"这一社会现象有着深刻的社会原因,是谁将他们变成了"房奴"? 我们不禁要对这个问题刨根问底。

请你课后探究:运用《经济生活》知识,分析产生这一社会现象背后的深层次原因:是楼价,是社会,还是我们自己?

(十一)板书设计

板书是课堂教学的有机组成部分和重要手段,在设计媒体时千万别忽视了对板书的设计。好的板书具有直观形象的特点:有的提纲挈领,使学生头脑中条理清晰、重点分明;有的图文并茂,使学生受到美的熏陶;有的画龙点睛,使学生深刻体会作品的意义和作者精湛的艺术。所以教师教学设计要在深钻教材的基础上,针对教材和学生的特点,精心设计板书。

板书归纳为以下几种:(1)结构式板书——按照内容进行的顺序来排列,内容层次清晰,主次分明,叙述有序。(2)提纲式板书——层次分明,结构严谨,一目了然。(3)归纳式板书——内容细腻、丰富,可以帮助学生理清学习的脉络。(4)比较式板书——两种方法或现象的对照,让学生比较,仔细推敲,找出不同,加深理解。(5)表格式板书——当需要进行纵横对比时,此板书可帮助学生分析各自的特点。(6)图文式板书——简洁的板书将重点清楚展现,既直观又形象,有助于学生理解。

板书形式多样,因内容而宜,因人而宜,但板书必须内容简洁而富有启发性,思想优化凝练而富有灵活性,形式精而富有实效性,教师备课要在深钻教材的基础上,针对教材和学生的特点,精心设计最有表现力的板书。

在进行板书设计的时候,由于采用多媒体教学,所以板书设计可以简单一些,把主干知识列在黑板上,让学生对教材有一个整体的认识与把握。在学生进行全班交流的时候,根据学生的发言,以副板书的形式加以记录,有助于最后的分析、整理、归纳。

(十二)教学设计反思

针对上述教学环节,对教学目标的达成、课堂上生成性知识的处理、师生互动、教学相长等方面存在的不足进行理性的思考,给出自我评价或改进的建议。

三、教学设计的书写

教学设计的书写可以是文字形式的,可以是表格形式的,也可以将文字和表格二者结合。

一般文字形式的教学设计可以比较充分地表达思想和具体的内容,信息量大,但不宜直观地反映教学结构中各要素之间的关系。而表格形式能够比较简洁、综合体现教学环节诸因素的整合。因此,我们认为,或者以表格书写,或者将文本和表格书写形式合二为一,后一种方式是比较理想的呈现,采用文字形式书写前端分析,教学过程则一般以表格形式书写,从而组织成为一篇教学设计方案。

需要说明的是,教学设计内容和形式应该根据需要而定。如果为了同行间探讨、交流而进行设计,则应选择较为详细或较强的理论展现为主要内容和相应的形式。如果是教师本人作为上课前对课堂教学的理解和策划,则可以相对淡化理论色彩并简化分析要素,更多地关注过程方法策略以及教学流程和板书的设计。总之,课堂教学设计方案的多元化和创新是我们所追求的目标。

(一)文字格式的教学设计

【标题】"××版××年级××内容的教学设计"

标题要具体、明确,一般不用副标题。可以设计一个课时,也可以设计几个课时或系列教学。

【署名】×××

写明学校、班级、学号、姓名,或者写明单位、姓名、邮编、联系电话、电子信箱。

【正文】分十二部分

【教学设计的思想(理念)】

简要说明本课教学的指导思想、理论依据和设计特色。

【教材分析】

(1)分析《课程标准》《学科教学指导意见》对本课教学内容的要求。

(2)分析本课内容的组成成分和在教材学习中的地位和作用。

(3)分析本课内容与相关内容的区别和联系。

【学情分析】

(1)分析学生已有的认知水平和能力基础。

(2)分析学生学习本课可能遇到的困难和问题。

(3)分析学生的心理特征以及在学习过程中可能采取的各种学习策略。

【教学目标分析】

用具体、明确、可操作的行为语言,描述本课的知识、能力、情感态度价值观等方面的教学目标。

【重点难点分析】

本课的教学重点和教学难点,及其依据。

【教学方法与手段】

本课教学中所运用的教学方法、学习方法和教学手段(媒体)。

【课前准备】

【教学流程】

【教学过程设计】

(1)课前探究:设计出引导学生进行课前准备和探究的问题及方案要求。

(2)新课导入:设计出新课的教学引语及导入方案,要着力于起到"凝神、起兴、点题"的作用。

(3)课堂教学展开:突出学生的主体地位;从学生的问题出发营造教学情境,设计教学问题并引导学生探究、解决问题;设计出在任务型教学指导下的师生互动方式;准备两三种针对不同群体学生的教学安排;对教材内容做适当的处理,发掘出教材内容之间的内在逻辑联系及育人作用;课堂教学要减少统一讲解,增加学生的自主探究,增加学生的分组活动。

(4)课堂总结:设计出针对教材知识内容的系统的回忆巩固方案;设计出发散、扩展、升华学生思维的问题及复习巩固方案。

【知识拓展与延伸】

提出1—2个与本课设计相关的值得反思和讨论的问题。

【板书设计】

设计出每节新课的教学结构(包括板书)。

【教学设计体会（或教学反思）】

　　评价自己教学设计的实施结果，对每节课的教学设计进行及时的修改、补充、完善，并写出教学感想体会。

（二）表格式教学设计

课题名称			科目	
学生年级		课时	教师	
设计理念				
教材分析				
学情分析				
目标分析				
重点难点分析				
教学方法手段				
课前准备				
教学流程				

教学过程设计	教学环节	教师活动	学生活动	设计意图

知识拓展延伸	
板书设计	
教学设计体会	

(三)文字表格混排式教学设计

例如：×××××××的教学设计

【教学理念】

【教材分析】

1	教材内容、地位及作用
2	教学目标
3	教学重点、难点

【学情分析】

【教法阐述】

教　法	方 法 使 用

【学法指导】

学　法	方 法 使 用

【教学过程】

环节一：趣味活动，导入新课

✧　教师活动：

✧　学生活动：

| 1 | 教学重点、难点 |

环节二：视频激趣，推进新课

✧　过渡语：

✧　教师活动：

✧　学生活动：

⬡ 2　　　　　　　　教学重点、难点

环节三：小组讨论，探究新知

◇　过渡语：

◇　教师活动：

◇　学生活动：

环节四：课堂总结，设置悬念

◇　过渡语：

◇　学生总结：

◇　教师活动：

⬡ 3　　　　　　　　教学重点、难点

【课堂检测】

【拓展延伸】

【板书设计】

【教学设计反思】

第三节　思想政治教学设计的基本要求

教学行为是课堂教学得以实施的关键环节，一节课的效果直接取决于教师教的行为和由此引发的学生学的行为，而教师的教学行为主要受制于教学设计。在实际设计中，有的老师在教学设计时，只设计了教学的知识内容，安排了知识点的前后顺序、例题、随堂练习等，既没有设计教师教的活动，也没有设计学生学的活动。有的教师设计了在课堂上所进行的教的内容和活动，但忽视了学生学的活动的设计。有的教师设计了教师教的活动和学生学的活动，但忽略了其他的设计。也有教师把教学设计等同于教案，等等。因此在教学设计中必须强调如下问题。

一、体现"生本设计"的理念

"生本设计"是和"师本设计"相对的。所谓"师本设计"，是指以"教师的教"为中心，重点解决"教什么""怎么教"的问题的教学设计。这类教学设计,其教学资源均来自教材与教参,设计者很少考虑学生的学情和课堂生成的教学资源。所谓"生本设计",是指教师在新课程理念的引领下,从学生学习需要出发,以促进学生"怎样有效地学"为主要思考坐标,重点解决以学生"学什么""怎么学""学到什么程度""采用什么方式学"等问题为主要内容的教学设计,让学生在课堂上带着一定的情感、态度、价值观去主动地学习、主动地发展。

二、体现"多元参照"的思想

教师在设计教学时,理论上是要求"吃透两头(教材和学生)",实际上却总是习惯于把参考书作为教学唯一的参照资源,很少考虑生活中和课堂上生成的有价值的教学资源。关注的是"教参"规定的教学任务,并把能不能按时完成此任务视为教学目标是否达成的重要标志。我们知道,"教参"虽是教学设计的重要参考,但不能作为唯一的参照资源。教师应参考自身的知识能力状况,参考本班学生的认知基础,参考有关对教学有利的各种教学资源,获取多元资源。

三、体现"乡土化设计"的要求

"一般性设计"缺乏对学生的兴趣、生活经历、所处的社会氛围等独特的学情分析,所以不利于激活学生基本"细胞",不利于进行有针对性的教学。"乡土化设计"因其更具地方特色,筛选的资源大多来自学生的日常生活,因此能使学生倍感亲切,容易信服,使教学活动真正融入学生的生活世界。

一份有价值的教学设计不仅要在课前完成,还应贯穿在整个教学过程之中。也就是说,教学设计应有课中的随时调整和课后的即时反思,以适应动态生成型的课堂要求。具体来说,就是在教学过程中根据即时的课堂状态调整教学流程,包括重新调整课堂教学目标、选择新的教学方法、生成新的教学内容等;在课后记下教学过程中的亮点或败笔,记下教学过程中的智慧火花等,从而最终完成教学设计。另外,提倡教师在课后结合课前预设的教学设计和真实的课堂情境以及课后的反思,进行二次教学设计。显然,这种植根于真实的课堂并辅以理性分析的教学设计撰写,对提高教师自身的修养意义非凡。

四、体现多种方案的尝试

教学设计本质上是教师对课程内容的一种创造性理解,多种设计是教师从不同的角度对教材的理解,并设计成多种具体的教学方案。一课多案的设计,能提高教师的教学设计艺术,养成教师多角度思考的习惯,同时使教学更能适应学生的需要。中学政治课"一课多案"的设计,要求教师关注很多方面的问题,如:要深刻理解新的教学理念,在教学设计中多维地表现新课标对教学设计的新要求;要感悟多种教学试验与教学风格并进行实践与探索,特别要注重对知名教育教学专家教学风格的前沿研究,尽可能地吸收其新的美的长处,以丰富自己的教学设计思想和手法,提高自己的研究能力和设计水平;还要不断更新、调整教学设计的视点,努力创新自己的教学设计。

五、体现实际运用的变化

教师进行教学设计的过程,实质上就是实际教学活动的每个环节、每个步骤在教师头脑中的预演过程。它能使教师如临真实教学情境,对教学过程的每一细节周密考虑、仔细策划,从而为教学活动的顺利进行提供可靠保证。教师在设计教学方案时,可以有目的、有重点地突出某一种或某几种教学要素,以达到特定的教学目标。但教学设计与真实的课堂情境毕竟不是完全一致的,教师在教学设计阶段更容易掌握和控制各种教学要素,而在实际运用中会遇到其他意想不到的情况。对此,需要正确处理好书面课程教学设计与实际运用的关系,既要为实现预期教学目标而落实教学设计,又要在实际运用中根据变化的情况及时应对,不断完善课程教学设计,确保教学效果的实现。

六、体现与教案的区别

教学设计与教案是不尽相同的。

（一）对应层次不同

教学设计是把学习者作为它的研究对象，教学设计的范围可以大到一个学科、一门课程，也可以小到一堂课、一个问题的解决。目前的课堂教学设计是教学设计中运用最多的一个层次。从教案与教学设计之间关系来看，教案是课程教学设计的具体体现，是评价课程教学设计的延伸，或者说只是教学设计的一个重要内容。因此教学设计与教案的层次关系是不完全对等的。

（二）设计的出发点不同

教案是一种纯粹的"教"案，强调教师的主导地位，常常忽略了学生的主体地位。教学设计是"一切从学生出发"，以学生对知识的理解能力、掌握程度为依据，教师在设计中既要设计教，更要设计学，怎样使学生学得更好、达到更好的教学效果是教学设计的指导思想。

七、体现设计自身的评价

课程教学设计是一种预先设定，课堂教学是在前者的规划下实施的教学，两者密切相关，但不能等同，不能把评价课堂授课质量的指标用于评价课程设计方案。评价教学设计应从设计本身的视角出发来考察，突出预先实践性。比如，评价教学内容，课堂教学应重点考察内容是否充实，难度、深度、广度和信息量是否适宜等，而教学设计应重点考察教学内容分析是否透彻，内容要点是否清晰，重点难点问题是否明确，有没有相应的对策措施等；评价教学方法，课堂教学应重点考察教学方法运用是否灵活、恰当，是否形成互动，而课程教学设计应重点考察教学方法选择是否合理、恰当，是否体现学为主体，是否发挥学生主观能动性等。此外，课程教学设计还应考察教师对学生情况调查分析是否全面、细致等。

百年大计，教育为本；教育大计，教师为本。教师的工作是一项特殊的工作，教师的主要任务就是搞好教学。教学是一门科学，也是一门艺术，只要我们坚持以学生为主体、以教师为主导的原则，充分调动学生的学习积极性，课堂教学必定会呈现出一个生动活泼、和谐发展的局面，教育教学质量就会有一个空前的提高。

思考题：

1.教学设计的基本特征有哪些？

2.教学设计的依据有哪些？

3.教学设计的内容有哪些？

4.教学设计有哪些基本要求？

课外拓展研究：

1.任选一框思想政治课内容进行教学设计。

2.思想政治课体验式教学设计探索。

3.思想政治课探究式教学设计研究。

4.思想政治课自主学习式教学设计探析。

5.思想政治课议题中心式教学设计研究。

6.根据中学思想政治教材某一框内容，设计其教学目标和可采用的教学方法，并对教学方法采用阐明理由。

【教资考试链接】真题

2017(上)思想政治学科知识与教学能力试题(高级中学)

【教学设计题】

35.阅读下面的材料，根据要求完成教学设计。

取其精华　去其糟粕

对于传统文化，不管人们是赞成还是反对，谁也不能不面对它的影响。一个民族、一个国家，只有发挥传统文化的积极作用，克服传统文化的消极作用，这个民族、这个国家才能兴旺发达；每个人只有正确对待传统文化的影响，才能使自己全面发展，更好地创造新生活。如何继承传统文化，发挥传统文化的积极作用呢？正确的态度是："取其精华、去其糟粕"，批判继承，古为今用。面对传统文化，要辩证地认识它在现实生活中的作用，分辨其中的精华和糟粕。对于传统文化中符合社会发展要求的积极向上的内容，应该继续保持和发扬；对于传统文化中不符合社会发展要求的、落后的、腐朽的东西，必须"移风易俗"，自觉地加以改造或剔除。

要求：请根据思想政治辩论式教学的相关要求，结合教学内容，设计一个辩题，并围绕该辩题设计教学活动简案。(26分)

【参考答案】

辩题:传统文化是财富还是包袱?(3分)

教学活动简案:

①活动目标。(3分)

正确看待传统文化的作用,树立对待传统文化的正确态度。

②活动准备。(4分)

a.确定正方观点以及正方选手,正方观点:传统文化是财富。

b.确定反方观点以及反方选手,反方观点:传统文化是包袱。

c.正方和反方就各自的观点搜集材料,为辩论做好充分准备。

③活动过程。(12分)

a.正方一辩陈述立论。

b.反方一辩陈述立论。

c.正方二辩选择反方二辩或三辩进行一对一攻辩。

d.反方二辩选择正方二辩或三辩进行一对一攻辩。

e.正方三辩选择反方二辩或三辩进行一对一攻辩。

f.反方三辩选择正方二辩或三辩进行一对一攻辩。

g.正方一辩进行攻辩小结。

h.反方一辩进行攻辩小结。

i.自由辩论。

j.反方四辩总结陈词。

k.正方四辩总结陈词。

l.观众提问。

④活动总结。(4分)

老师对双方的辩论技巧、逻辑推理、语言表达能力等多个方面进行总结,让学生明白反对什么、提倡什么。通过对"传统文化是财富还是包袱"的辩论,学生能够辩证地认识传统文化在现实生活中的作用,分辨其中的精华和糟粕,树立对待传统文化的正确态度,即"取其精华、去其糟粕",批判继承,古为今用。

【教资考试链接】真题

2018(上)思想品德学科知识与教学能力试题(初级中学)

【教学设计题】

35.请阅读下面的教学内容和素材,按要求完成教学设计。

教学内容:

　　自中华人民共和国成立特别是改革开放以来,我们抓住历史机遇,集中精力进行经济建设。我国的社会主义现代化事业,取得了举世瞩目的巨大成就,中国人民富起来了、国家强起来了,社会主义的优越性得到了初步显示。(教学素材略)

　　要求:(1)请运用所给的教学素材设计一个针对上述教学内容的教学活动方案,应包括活动目的、活动步骤。(20分)

　　(2)针对上述教学内容,设计一道单项选择题,选择题备选项为4项。(6分)

　　【参考答案】

　　(1)教学活动方案:

　　①活动目的。

　　情感、态度与价值观目标:树立热爱社会主义祖国的意识,体会社会主义的优越性。

　　能力目标:通过小组合作探究,提高获取信息和分析信息的能力。

　　知识目标:了解改革开放以来人民生活的变化.理解改革开放的作用及意义。

　　②活动步骤。

　　环节一:导入新课。

　　教师通过多媒体播放视频《改革开放》并提出问题:视频中的中国发生了哪些变化? 为什么会有这样的巨变?

　　环节二:讲授新课。

　　小组合作,分享课前搜集的资料。

　　教师以学习兴趣小组为单位,请学生分享课前搜集的有关改革开放以来中国发生的巨大变化的资料,并将其从政治、经济、文化、社会四个层面进行分类。给学生15分钟的时间,当堂制作手抄报。在学生制作手抄报时,教师予以一定的指导。在小组合作完成之后,鼓励小组进行汇报。

　　环节三:巩固提高。

　　教师提出思考问题:我国现在是经济强国吗? 我们是否可以不再进行改革开放了?

　　同桌交流,得出结论:改革开放以来,中国经济取得了举世瞩目的成就,现已成为仅次于美国的世界第二大经济体。但我国的经济发展还不完善,距离成为真正的经济强国还有很长的路要走,还需要进一步转变经济发展方式。我们国家的发展,离不开改革开放。

　　环节四:小结作业。

作业:课下请同学们出一期以"改革开放四十年"为主题的黑板报。

(2)改革开放以来,我国抓住历史机遇,集中精力进行经济建设,取得了巨大的成就。下列能体现改革开放后,人们生活水平提高的是( )。

A.初中生小红以小记者的身份参与"两会"报道

B.小明读小学时用油灯来照明,工作后用电灯照明

C.我国的孔子学院遍布全世界

D.消费者被侵权,拨打 12315 热线

【教资考试链接】真题
2018(上)思想政治学科知识与教学能力试题(高级中学)
【材料分析题】
33.材料:下面是某高中思想政治教师关于"正确对待金钱"内容的教学设计。

一、在"正确对待金钱"这个课题探究中,对活动主要目标的定位是:"培养收集整理资料的能力,能够运用所学货币的有关知识分析和探讨问题,能够辨析不同的金钱观,能够进行合作探究,有效地交流探究成果,在分析、比较、感悟的基础上,认同正确的金钱观。"这里既有知识运用的要求,又有能力培养目标,同时注意了思维方法和研究方法的运用,特别关注学生的情感、态度与价值观目标的达成。

二、在"正确对待金钱"这个课题探究中,涉及的主要内容:金钱是什么(货币的本质)?是魔鬼,还是天使?钱能做什么?钱不能做什么?金钱应当如何获得?为什么要取之有道?钱应当怎么用?用到什么地方?为什么要用之有度,用之有益?你的零花钱是怎么花的?需要涉及或运用的知识主要是:货币的产生、货币的本质、货币的职能等有关知识。

三、在设计"正确对待金钱"综合探究之前,采取的是课堂问卷调查这种形式。

四、在设计"正确对待金钱"综合探究时,提出了"课前准备"的要求:

1.请学习委员协同政治课代表,对学生进行分组,由 7—8 人组成一个小组。每个综合探究小组(研究性学习小组)确定一名组长。

2.对每个小组成员进行具体分工,每个人都必须参与活动。比如:谁利用网络收集资料,谁查报纸资料,谁查刊物资料,谁走访收集社会生活中的实例等。

五、按照新课程理念对活动进行总结或反思。课程与教学评价重在"发展性"和"多元化"。

问题:综合分析上述材料,谈谈高中思想政治探究课教学设计的要求。(20分)

【参考答案】

综合探究是高中政治课教学中一个重要教学内容构成。探究式教学法,是指教师指导学生进行课堂探究活动,并使学生在探究中提出问题、分析问题、解决问题,从而把握知识、理解知识、形成能力、提高素质的一种教学方法。这种教学方法以突出问题性、突出探索性、突出主体性为特征。因此,老师在进行正确金钱观教学中,通过组织学生以小组形式进行综合探究,充分体现了高中政治课的教学要求。(4分)

①创设探究情境,情境选择结合学生实际,突出学生主体。该老师采取课堂问卷调查的形式充分对学生情况进行摸底。(4分)

②制定探究方案,方案设计要突出教学目标,具有合理性。该老师在课前对活动的目标定位和内容设计、活动组织都进行了有效的准备。(4分)

③实施探究操作,探究过程要求学生充分参与、小组合作。该老师通过学习小组的划分,进行了课前准备,并且使每个学生都能各司其事,参与其中。(4分)

④评价探究结果,评价要客观、公正,评价内容多样、方式开放、主体多元,旨在促进学生发展。该老师在总结反思时,充分强调了评价的"发展性"与"多元化"。(4分)

【教资考试链接】真题

2019(上)思想品德学科知识与教学能力试题(初级中学)

【教学设计题】

35.请阅读下列材料,按要求完成教学设计任务。

成长的渴望

在青春的词典里,独立、自由、理想、信念……这些词语具有特别的意义。年少气盛,青春的力量在身体里生发,令我们对未来更加憧憬和向往。我们渴望拥有健美的身躯、充实的大脑,渴望自由.渴望飞翔,"指点江山,激扬文字"。

青春的我们拥有无尽的遐想,这令我们兴奋,让我们跃跃欲试。面对青春,每个人会有不同的憧憬,形成不同的理想,规划青春路径,思考自己如何走过青春之路。青春的探索不会停止。

要求:"内容活动化,活动内容化"是增强道德与法治课教学效果的有效手段。请根据这一要求完成下列教学设计。

(1)围绕这一教材内容,设计一个课内的学生活动。(16分)

(2)结合上述教材内容,设计一个课外实践性作业。(10分)

【参考答案】

(1)围绕这一教材内容,可在课内组织一次以"畅想青春"为主题的演讲活动。

①教师在讲完"指点江山,激扬文字"后,用多媒体播放《恰同学少年》的视频片段,请学生结合少年毛泽东和蔡和森等人的青春事例,以"畅想青春"为主题进行3—5分钟的即兴演讲,给学生5分钟的准备时间,自主完成讲稿思路的撰写。

②学生准备期间,教师在教室内巡视指导,给出针对性建议,并维持课堂纪律。

③先选出为演讲者进行打分评价的学生评委及计时员,之后请学生轮流上台进行演讲。

④学生评委为演讲者宣布分数,并适当点评。

⑤教师对演讲者和学生评委的表现进行鼓励性评价,并总结:面对青春,每个人会有不同的憧憬,形成不同的理想,规划青春路径,思考自己如何走过青春之路,青春的探索不会停止。(其他形式的课堂活动,能突出青春主题,活动步骤合理有序,皆可酌情给分。)

(2)根据教材内容,可以安排一次小组合作式的课外调查实践作业,以达到巩固知识、学以致用、锻炼能力的目的。

①以小组为单位,共分为4组,分别完成不同的课外调查实践作业:第一组和第二组分别参观本市博物馆、爱国主义教育基地,调查某个英雄人物的青春事例;第三组和第四组分别阅读关于青春的中外名著、观看中外影片,了解不同时代、不同国度、不同人的青春故事。

②各小组需要思考并解答:他们的青春有什么不同之处?为什么不同?又有什么相同之处?给我们带来哪些启示?在此基础上,完成调查报告,下节课进行分享交流。

(其他实践性作业,只要与此课内容有关,并能达到巩固知识、锻炼学生能力目的的,皆可酌情给分。)

【教资考试链接】真题

2019(上)思想政治学科知识与教学能力试题(高级中学)

【教学设计题】

35.阅读材料,按要求完成任务。

下面是高中"政治生活""人民代表大会:国家权力机关"的教材内容。

肩负着人民的重托

人大代表依照宪法和法律规定履行各项职权,参加行使国家权力。人大代表在自己参加的生产、工作和社会活动中,协助宪法和法律的实施,与人民群众保持密切联系,听取和反映人民群众的意见和要求,努力为人民服务,对人民负责,并接受人民监督。

人大代表在国家权力机关参加行使国家权力,除审议各项议案、表决各项决定外,还享有提案权和质询权。提案权是指人大代表有权依照法律规定的程序,向人民代表大会提出议案。质询权是指人大代表有权依照法律规定的程序,对政府等机关的工作提出质问并要求答复。

要求:请根据教材内容,从人大代表的角度出发,就中小学或社区的实际问题,设计一个探究活动的主题及实施方案。(26分)

【参考答案】

议题:假如我是人大代表(2分)

2018年冬季来临,某小区的供暖问题尚未得到解决。小区的居民代表找到社区的人大代表反馈问题,希望能帮助解决小区的供暖问题。以此为议题设计活动,可组织学生搜集与人大代表有关资料,认识人大代表的职能。(3分)

在此基础上,组织学生讨论以下问题。(6分)

①人大代表是什么?

②居民为什么要找到社区人大代表解决问题?

③人大代表履行职责有什么重要意义?

围绕这个议题的探究,可"人大代表的产生:人大代表是国家权力机关的组成成员,由民主选举产生。人大代表的职能:依照宪法和法律规定履行各项职权,行使国家的权力,有审议权、表决权、提案权和质询权。人大代表履行职责的意义:与人民群众保持亲密的联系,听取和反映人民群众的意见和要求,努力为人民服务,对人民负责,并接受人民的监督"。例如,通过人大代表自述环节,学生自主探究,明白人大代表的身份、产生过程;通过情景模拟,进行合作探究,明白人大代表可以通过行使自己的职权即质询权,代表人民向民生及供暖部门质问,要求进行答复;解决问题后,学生可以发表感言,通过感受人大代表行使权力,明白人大代表职责的意义。

（6 分）

　　作为活动型学科课程的教学设计，还可以把这个议题当作进行人大代表系列活动设计的一个环节，如学校周边交通拥堵问题，学校霸凌事件严重等情况，都能够成为这一系列活动的组成部分。以系列活动的设计为载体，使人大代表担负的重任这一学科内容生活化、生动化、结构化，充分体现活动型学科课程的教学特点和优点。（3 分）

　　根据学生在活动中的表现制作评价表，既评价学习情况，又引导活动过程。（6 分）

第九章　思想政治教学的说课

第一节　思想政治教学说课概述

　　说课是课堂教学研究活动的一个基础性环节,也是贯穿于整个教学研究过程的一个常规性内容。说课是教学设计的延续,因此在研究教学设计之后,有必要继续研究思想政治课的说课问题。本章力求在理论和实践的层面上,对思想政治校本教研活动中怎样说课进行探索。

一、说课的概念

　　什么是说课? 顾名思义,说课就是教师对自己已讲授或将要讲授的课程内容与方式等问题所做的解释和说明。进一步说,就是教师备课之后讲课之前(或者在讲课之后)把教材、教法、学法、授课过程等方面的思路或教学设计及其依据面对面地对同行(同学科教师)、领导或其他教学研究人员做全面讲述的一项教研活动。

　　说课类型很多,有课前说课、课后说课、评比型说课、主题型说课、示范型说课等。课前说课就是教师在初步完成教学设计基础上的一种说课形式,是教师个体深层次备课后的一种预设性的说课活动。课后说课是教师按照既定的教学设计进行上课,并在课后向所有听课实习教师或指导教师阐述自己教学得失的一种说课形式。评比型说课是把说课作为教师教学业务评比的内容或一个项目的说课。主题型说课就是以教育教学工作中遇到的重点、难点问题或热点问题为主题来进行说课。示范性说课一般选择素质好的优秀教师为代表向听课教师示范性说课,然后让说课教师将上课的内容付诸课堂教学,最后组织教师或教研人员对该教师的说课及课堂教学做出客观公正的评析。

说课一般由三个步骤组成:一是说课教师通过语言表述,呈现其对具体课题的教学设计,并呈现教学设计的依据。二是参加说课活动的其他教师进行评议和讨论,提出修改和指导性意见。三是说课教师进一步改进和完善教学设计。①

二、说课的特点

(一)激励性

说课是为了教学工作的需要,通过说课可以完善教师的教学设计,同时激励教师的工作积极性——教学积极性和教学科研的积极性。另外,说课也为青年教师提供了展示自己才华的更大舞台。

(二)灵活性

说课和教案相比,说课直观形象,形式活泼;说课和观摩课相比,说课形式灵活,简便易行,不受时间、地点、人员、教学进度和教材的限制。因此,不管是大到省、市、区,还是小至学校教研组,甚至几个人都可以说课,不论何时何地都能进行。

(三)预见性

说课要求教师不仅讲出怎样教,还要说出学生怎样学。所以,说课要对所教学生的知识技能、智力水平、学习态度、思想状况和心理特征等方面的差异进行分析,估计各层次的学生对教师的教有什么不同的反应,估计学生对新知识的学习会有什么困难,说出根据不同情况采取相应的措施和解决的办法。说课者还要说出自己设计的关键性提问,估计学生如何解答、教师怎样处理。对教学过程中可能发生的问题也要有所预见,并想出相应的对策和几种不同的设想,以便在课堂教学中因势利导,随机应变。

(四)理论性

说课的理论因素很浓,能充分体现教师的教学思想。上课是时间性的表演,说课是理论性的分析,教师没有一定的理论水平是说不好课的。

---

① 宋鲁闽主编:《思想政治微格教学》,厦门大学出版社 2008 年版,第 277 页。

三、说课的意义

(一)有利于促进课堂效率的提高①

说课面对的是水平相对较高的教师、专家和教研员,这就促使教师在备课时必须认真对待。说课后要接受听课的教师、专家和教研员的集体评议,这种评议可以帮助说课教师发现备课中存在的问题,进一步明确教学的重点、难点,理清教学思路,并及时对课题的设计做进一步改进,从而有效提高课堂教学的效率。

(二)有利于促进教师教学水平的提高

说课过程本身具备教育科研的特征,因而要求政治教师要具有较为系统的教育教学理论知识,熟练掌握本学科的课程性质、课程理念、设计思路、课程目标和课程内容等。否则,无论是说课还是评课都不会深入,难以达到预期的效果。

(三)有利于促进教师教学交流与合作

说课者要用清晰、准确的语言,有条理地述说课堂教学设计思路,而听课者除了听课以外,还要给说课者做出恰当的评价。这种有效的信息交流,促进了教师之间的互相切磋、互相学习等良好风气的形成,为教师提供了教育教学交流的平台。

(四)有利于对教师教学的检查与评价

领导可以通过教师说课,检查其备课情况,指出存在的问题,促使其修改教学方案,进一步提高备课质量。通过说课还可以评价教师的教育教学理论功底,文化知识、专业知识掌握程度,评价教师的业务能力,进而综合评价教师的教学水平。同时,说课得答辩,通过答辩能更真实、更准确地测试出教师的文化业务水平。

---

① 宋鲁闽主编:《思想政治微格教学》,厦门大学出版社 2008 年版,第 279 页。

【链接】说课与备课、上课的关系①

(一)说课与备课的区别

(1)内涵不同:备课主要是个体独立思考,做好上课前的一切准备工作,而说课则是说课者与评说者共同参与的,是一种群体的交互教研活动;备课是教学准备的直接环节,是一种教学活动形式,其内容可直接投入到课堂教学中。

(2)要求不同:备课的特点在于实用,它强调的是教学活动安排的科学、合理和全面。能为上课提供可操作性强、条理清晰的教学流程是备课的关键内容。因此,备课一般只需写出教什么、怎么教就可以了;说课是面向其他教师和指导教师,说明备课及备课的依据。

(3)目的不同:备课是为了能正常、规范、高效地开展教学活动,其主要目的是促使教师搞好教学设计、优化教学过程、提高课堂教学质量、促进学生发展。而说课面向教师,其主要目的是帮助实习教师学会教学反思,认识备课规律,提高备课能力。说课的最终目的是提高实习教师的教学能力,实现教师专业化发展。

(二)说课与上课的区别

(1)要求不同:上课主要解决教什么、怎么教,以及学什么、怎么学的问题;而说课则不仅要解决上述问题,而且还要说出为什么这样教、为什么这样学。说课的重点是"为什么这样教",要把教学设想及其理论依据说清楚。说课前,一般都要事先写说课教案,这也是一种深层次的备课过程。

(2)对象不同:上课的对象是学生,说课的对象是其他实习教师或指导教师。说课比上课更具有灵活性,它不受人数、空间的限制,不受教学进度的影响,不会干扰正常的教学。说课以教师为对象,是教师之间的交流互动;上课则是执教者以学生为对象,是面向学生的一种交流活动。

(3)目的不同:说课的目的更直接地表现为提高教师的思想政治学科知识水平和教学能力;上课的直接目的是将教学目标通过课堂传递给学生,使学生在学习的过程中运用适当的方法去认识所学的内容,提高能力,提高自身素质。

(4)内容不同:说课时,教师既要运用思想政治教材和其他信息材料,还要运用相关的思想政治教育科学理论、心理学理论进行解释和说明;而上

---

① 　周勇、赵宪宇主编:《说课、听课与评课》,教育科学出版社 2004 年版,第 21 页。

课时,教师主要运用教材和其他教学工具、教学媒体开展教学活动。

(5)评价不同:在进行评价时,说课的评价是以教师整体素质作为标准的,而课堂教学的评价则更加侧重以学生的学习效果作为评价依据。

(6)构成要素不同:说课的构成要素主要有说课教师、听课教师、说课内容、说课手段等;上课的构成要素有讲课教师、教学媒体、教学内容、学生等。由此可见,说课和上课不尽相同。

第二节　思想政治教学说课的内容

无论是课前说课、课后说课、评比性说课、主题性说课,还是示范性说课,说课的基本内容至少包括说教材、说学情、说方法、说过程、说思想和说反思等。

一、说教材

(一)说教材内容的地位与作用

说课者在说教材时,应尽量阐明自己对教材的理解和感悟,以此展示自己对教材的宏观把握能力和对教材的驾驭能力。说教材应力求做到既说得准确又具有特色,既要说出共性,也要说出个性。说课者在说教材时应剖析教材。在认真研读课程标准并分析教材编写思路及特点的基础上,按照课程标准对本年级学生学习方面的要求,简要阐明所选内容在本课题、单元、教材、年级乃至学段中的地位、作用和意义,举例如下。

(1)说出本课内容在教材中的地位、作用和前后的联系如何?

(2)对教材内容和教材设计理念的分析。如,教学内容是什么? 包含哪些知识点?

(二)说教材的重点和难点

说课者在说教材时,应剖析教材的重点和难点。

1.如何突出重点、突破难点,理论依据是什么?

2.说明突出教学重点、突破教学难点的策略是什么?

一般来说,教学重点是教材知识结构中带有共性的知识和概括性、理论性强的知识。教学难点,是指那些比较抽象、离生活较远或过程比较复杂,使学生难以理解和掌握的知识。在教学实践中,常见的教学难点有三种:第一种是与教学重点相同的教学难点,即既是教学重点,又是教学难点;第二种是教学难点并不是重点,但与重点有着直接关系的教学难点;第三种是与重点无关或没有直接关系的教学难点。确定教学难点要依据教材知识体系和学生认识能力以及教学条件等,并要具体分析教学难点和教学重点之间的关系。即说课时教师应根据教材的编写思路和结构特点,充分考虑学生的认知水平和年龄特征,对所选内容或课题提出合理的课时安排,并阐述这样安排的依据。

教师在说课时,必须有重点地说明突出教学重点、突破教学难点的基本策略,如从习题的选择,思维训练、教学方法和教学媒体的选用,反馈信息的处理和强化等方面去说明突出重点的步骤、方法和形式。

(三)说教学目标

说教学目标,就是说出确立这节课教学目标以及制定目标的依据,即说课程标准与教学目标。说目标,应说清教学目标的分类设置以及对教学目标的深层考虑。初中"道德与法治"一般从情感态度与价值观目标、能力目标、知识目标三部分进行论述。

1.情感态度价值观目标

就是要通过学习培养学生的理想、思想道德、科学世界观和人生观,培养学生的审美观。

2.能力目标

就是通过学习,学生在基础知识和基本技能上达到一个什么标准,是了解、理解、掌握、运用还是操作,等等。

3.知识目标

高中"思想政治"的教学目标,一般从政治认同、科学精神、法治意识和公共参与四部分进行论述。

二、说学情

学情是指学生的年龄特征、认知规律、学习方法以及已有知识和技能基础等的总和。它是教师组织教学活动的依据,是学生学习新知识的基础。教学总是在一定的起点上进行的。不同的学生学习起点不一样,学习个性、风格也不尽相同。说学情,就是要全面客观地阐述学生已有的学业情况和已经掌握的学习方法等,预先判断学生对学习新知识的关注和接受程度,为优化教学设计提供参考。

(1)知识起点分析。知识起点即学生已有的知识基础和生活经验。学生学习新知识前教师必须分析他们已有的知识经验,分析已有的知识经验对学习新知识的影响等。

(2)能力起点分析。分析学生掌握教学内容必须具备的学习技巧,以及是否具备学习新知识所必须掌握的技能和态度。

(3)心理特点分析。分析学生年龄特点以及身体和智力上的个体差异所形成的学习方式等。

三、说方法

教学方法是师生为达到一定教学目标而采取的相互关联的动作体系。它具有多样性、综合性、发展性、可补偿性等特点。教师在说课时要说明选择某种教学方法或综合运用几种教学方法的根据、作用、适用度等,阐明其价值性。因为教学过程是教与学的统一过程,这个过程必须是教法和学法同步的过程。因此教师在说课时还要说明怎样教会学生学习的方法和规律。

(一)说教法

教师在熟悉教材的前提下,怎样运用教材引导学生搞好学习,这是教法问题。教学得法,往往事半功倍。说教法既要说明具体采用了哪些教学方法、教学手段及理由,以及所用的教具、学具等;还要说明教师在教学过程中如何选择和使用教具、学具或电教手段,使用的依据是什么等。

教学媒体准备是指教师为了提高教育教学活动的质量,根据授课内容或优化教学的需要,选择使用诸如挂图、幻灯、投影、音频、视频等多媒体的安排。多媒体手段的使用要恰如其分,一般在教学中计算机的使用通常有五方面功效:其一,使用课件解决学习的难点,使那些看不见摸不着的东西变得直观、易于理解;其二,展示大量背景材料(文字、图表、视频音像等),供学生分析归纳;其三,创设课堂环境氛围,进行情境教学;其四,现场查找网络资料,指导学生利用网络搜集、处理资料;其五,展示习题、板书,提高课堂教学容量。在说课时,不能简单地说"运用计算机辅助教学",而应说明本节课运用计算机的哪些功效解决哪些问题。

(二)说学法

学法包括学习方法的选择、学习方法的指导、良好的学习习惯的培养。如：学法指导的重点及依据；学法指导的具体安排及实施途径；教给学生哪些学习方法，培养学生哪些能力，如何激发学生学习兴趣、调动学生的学习积极性。

需要注意的是，对于教法与学法的选择，要根据知识点的特点选择采取不同的方法，如图解法、比较法、讨论法、讲授法等，但一定要注意学习的效率。教师的讲授法对于知识的传授效率是最高的，发现法、讨论法则效率较低。不能将全部知识的学习都采用发现法、讨论法。在课堂教学中，他主学习与自主学习应有机地结合起来。在说课时，必须说明拿什么问题让学生进行小组讨论，为什么要进行讨论（即该问题进行讨论的价值所在），对讨论中可能提出的问题或结论有何预见，如何应对。

四、说过程

(1)说过程就是说出这节课的教学思路。通俗地讲，就是教学活动是如何发起的，又是怎样展开的，最终又是怎样结束的。如怎样教、分几步完成、每步怎样做、为什么这样做、理论依据是什么等等。完整的教学过程包括：怎样铺垫、如何导入、新课怎样进行、练习设计安排、如何小结、时间如何支配、如何通过多媒体辅助教学加大课堂的密度、强化认知效果，以及如何进行作业布置和板书设计等。如：①创设情境，导入新课；②根据学科知识点的教学目标、重点和难点，形成授课的结构思路，讲授新课；③反馈小结，强化知识概念和重点内容；④布置作业，课外延伸，巩固掌握。

(2)说过程是说课的重点。说课的过程，最能体现教师的教学基本功和素质，它反映教师的教学思想、教学个性与风格。也只有通过对教学过程设计的阐述，才能看到其教学安排是否合理、科学，是否具有艺术性。说课教师要紧紧把握教材的重点和难点，围绕教学目标，切实处理好各教学环节的关系，进行精练、简洁的概述。

(3)在说教学过程中，要突出精心设计的导言和结束语。设计导言要有科学性、艺术性、趣味性。结束语也要巧妙安排，使人有"虎头凤尾"之感。可用简明的总结语，或精选典型的习题作结束，或为下节课埋下伏笔而设疑激趣。

（4）说教学过程要突出学生的课堂主体性。因此政治教师在阐述新课程教学过程的设计时，首先要完成角色的转变，摆正位置，成为真正意义上的参与者、组织者和促进者。其次，要改变传统的学习观念，认识到学生是具有独立意义的、有充分发展潜能的个体，要把学生视为朋友，实现师生的平等对话，共同发展，把课堂的主动权还给学生。

五、说思想

说思想就是说教学的思想，或者说阐述本节课教学的基本理念，从课程内容与学生实际双方互动出发，说明本节课教学的基本理论支撑点。说教学思想就是说明自己以什么样的课程教学观为指导，要达到什么样的教学效果等。与教学思想有关联的是教学理念，说课时有的也加以说明，如是社会本位的教学理念呢，还是知识本位、学生本位？

例如，依据人本理论，则说明要面向全体关爱每个学生，鼓励和调动各个学生的积极性；再如依据认知结构教学理论，则说明"学习最好的刺激是对所学材料的兴趣"，重在引发学生好奇心，激发兴趣，开启思维之窗，从而使教学过程成为一个"理论与实践"循环往复、螺旋上升的主动探索过程。

六、说反思

说课活动分课前说课和课后说课两种形式。课前说课应说疑点，说明在备课中自己拿不准的疑点，求教于其他教师。课后说课就是说教后的体会，即对本课设计、教学过程、教学方式以及学生学后等方面的评析，包括学生学得怎样的教学效果评估，明确自己所做的成功之处和需今后要解决的困惑。

第三节　思想政治教学说课的基本要求

讲课是艺术，说课也是艺术。许多老师感慨"上课容易说课难"。为什么？因为说课时间只是上课的1/4，甚至1/3（一般情况下说课时间为10—15分钟，在教学技能面试或就业面试的时候一般为5分钟），在这有限的时间里,说起来要详略得当、繁简适宜,将备课过程浓缩和升华,将教学方案装入心中而后表达,说时还要处在备课与上课的交界点,处于听者思维和学生思维的交汇处,的确不容易。同时,说课时听者是专家或同事,他们会自觉地站在学生的角度审视你的说课,看你如何选用教法、突出重点、突破难点、把握环节,你的一字一句、一举一动,包括称呼、预期、表情等都要注意。

一、充分认识说课的重要性

说课活动是在短时间内较经济地大面积提高教师素质的最佳形式,也是大面积提高教学质量的有效途径。教师要充分认识到这一点,从而积极踊跃地参与这项活动,将压力变动力,积极主动地学习现代教育理论,认真钻研大纲、教材和教法,从而使自己的业务能力在原有基础上再进一步提升。

二、做好充分的心理准备,不打无把握之仗

由于说课要求教师在短时间内说完一节课设计的整体思路,如果说课教师心理压力过大,就会影响正常水平的发挥,这就需要说课教师在活动之前,做好充分的心理准备。如增强自信心,注意自我的心理调节,等等。

(一)说课要有良好的心境

心境是一种平静而持续的情绪状态。在心境产生的全部时间里,它能影响人的整个行动表现,在现实生活中,心境的作用是很明显的,积极良好的心境可使人振奋,从而完成困难任务。

(二)说课要有热情

热情是一种强有力的稳定而深刻的情感。它可以掌握整个人的身心,决定一个人思想行动的基本方向,成为巨大的推动力。说课人只有用饱满的激情、稳定的心境、满腔的热情投入到说课活动中,说课活动才会结出丰硕的果实。

（三）说课要有应变力

应变力是指人根据不同情况做非原则性变动的能力。如果说课没有较强的应变能力，那么说课活动很容易陷入困境。

三、要有一定的预见性

在说课过程中，教师要把抽象的教学设想形象化、直观化、具体化，并努力将它放进具体授课实践中去印证。要尽可能地预见到可能出现的有利或不利因素，预见到教学过程中可能发生的问题，预先想到相应的对策，做出几种不同的设想，以便课堂上因势利导、随机应变。这样，就会让同行明白，你的教学设想的内在容量有多大，并不像教案中列出的那样简单明了，并进一步了解到你是如何面对学生主体发挥你的主导作用的。

四、说课的语言要注重说

说课的语言要以讲述语言为主，要做到准确流畅、生动形象、富有节奏。讲述语言是指客观的陈述性语言，说课的对象不是学生，说课的过程也不是传授知识的过程，说课的过程是一个由教师讲述教什么、怎样教和为什么这样教的叙述过程。因此，像上课一样来说课是不妥当的，说课应当以讲述语言为主。如在说教材、教法和学法的时候，应该以讲述语言为主。

当然在说教学过程的时候，由于说的是怎样教，为了让听者听清楚课堂教学是怎样一步一步实施的，也可以使用课堂教学语言，像实际的课堂教学那样，有问有说。说课者在用课堂语言描述时，要注意把握语速、语调，就如同面对学生一样，尽量运用语言艺术攫取听者的心，激发听者探究的兴趣，向同行展示自己教学艺术和语言魅力，用好说课语言能让说课锦上添花。

尽管说课是说课者的单向活动，但是如果说课者能充分用好肢体语言，会为自己说课增色不少。因为说课面对的是同行，所以说课者不能手舞足蹈、目中无人，特别是要注意和听者做好眼神交流，在平等中温情交流。

五、说课内容正确无误、详略得当

说课的对象是同行或领导,说课的时间不宜过长,一般情况 15 分钟左右就足够。一节课的教学设计内容很多,所以说课时应突出重点、抓住关键,防止面面俱到、无主无次的泛泛讲解,应将重点放在重点、难点知识分析和教法设计上。应围绕教学目标的确定、教材中重点难点的分析、重要知识点的教法设计和整体教学设计以及巩固训练等主要的内容进行,并且说得清楚明白,分析透彻,论证具有说服力。突出重点内容正确无误是说课的基本要求,能够体现教材内容的科学性;在处理教材,即述说教学过程的时候,不能出现知识性差错,所涉及的名词、术语、概念必须诠释正确、表述无误。

六、突出理论性,注重理论与教学实践相结合

说课与授课不同,它不仅要讲"教什么""怎么教",更重要的是说明"为什么",这是说课的质量所在。因此,教师必须认真学习教育教学理论,主动接受教育教学改革的新信息、新成果,并应用到课堂教学之中。因此在思想政治课说课活动中,教师不能呆板地说思想政治教学实践,也不能孤立地谈思想政治教育理论,而要把二者有机地结合起来,要使理论为教学实践服务。

七、发挥特长,锐意创新

说课没有一成不变的内容和形式,不要被某种定型的框子所束缚,要在体现说课基本特点的基础上,在说课活动的实践中不断创造新形式,采用多种多样的方法去进行。只有新颖的处理才能吸引听课者的目光。优秀的说课贵在创新、贵在灵活、贵在特色。所以,教师说课一定要注意发挥自己的特长,在不违反说课原则的前提下,努力扩大创造的空间,说出自己的特色,如可以根据具体情况对某些环节做些拓展,设计一些与众不同的环节,等等。

八、掌握说课的技巧,加强说的功夫

说课有不同的类型、不同的目的,但却得用语言表述。要动口,就要加强说的训练,要有说的功夫。要注重语气、语量、语调、语速、语感;要进入角色,脱稿说课不能用背诵的语调,要用"说"或者"讲"的语气,设计意图则用说明性语气;要注意教师所处的位置,要和讲课相同,板书和操作等活动要自然和谐、落落大方。

九、勤钻研,勤积累

勤钻研:一是钻研教材,真正把教材弄懂弄通,熟悉课程标准,使自己的说课目的明确,重点突出;二是钻研说课,在不断"试说"中,听取老师和同学的讲评,同时虚心听取他人的说课,做好记录并积极参与评价,集思广益,交流提高;三是勤写"说课后记",记下自己的感受,积累经验,许多老师从写"教学后记"开始走上教学科研之路;四是走出说课的误区,如把说课等同于背教案、将说课变成讲课,甚至读说稿、背说稿等。

十、勤于反思,勤思考

"勤于反思,勤思考",要求说课者要经常思考和反思以下问题:
(1)对教材分析是否透彻?
(2)对教学目标的定位是否准确、具体?
(3)教学重点难点是否正确?
(4)学情分析是否客观具体?
(5)教法选择是否恰当? 是否符合教材特点和学生的实际?
(6)教具准备是否合适?
(7)学法指导是否明确、具体、符合学情?
(8)过程设计是否科学合理?
(9)各环节安排是否恰当有针对性?
(10)思路是否清晰?

(11)语言是否流畅？是否有启发性和感染力？条例是否清晰？

(12)姿态是否自然大方？

(13)是否脱稿讲述？

思考题：

1.说课的概念、特点和意义分别是什么？

2.说课的内容有哪些？

3.说课有哪些基本要求？

课外拓展研究：

1.任选一框"思想政治"课内容写出其说课稿。

2.探讨说课与备课、上课的关系。

第十章 思想政治教学的上课

第一节 思想政治教学上课概述

上课是由教师的教与学生的学所构成的特殊性的认知活动。这种认知活动以人类已有的知识为主要对象,力求在短时间内传授大量的人类文化科学遗产,同时使个人认识达到当今社会发展的知识水平,促进学生的德、智、体、美、劳全面发展。

一、上课的概念

上课即课堂教学,是指在学校规定的时间内,通过班级集体授课的形式,在课堂由教师的教和学生的学共同构成的教育活动;是学生在教师有目的、有计划的指导下,积极主动地学习,掌握系统的科学文化知识和基本技能,发展智力和体力,增进身心的健康,形成良好的思想品德和审美情趣的最基本的一种学校教育活动。

随着新课程改革的全面推进和不断深入,新的课程标准、课程目标、课程结构、课程评价、课程管理、课程组织与实践等方面的理念,赋予了课堂教学新的含义。课堂教学是师生双方的共同活动,教师是教学的领导者和组织者,教师要树立以学生发展为本的思想,积极主动地引导学生进行自主学习、探究学习和合作学习,在师生合作、生生合作的教学实践中,使学生在知识目标、能力目标、情感态度价值观三维目标上获得全面的发展。

二、上课的特点

上课是教师与学生相结合并通过课堂运行程序来完成教学目标和任务的教学活动方式。上课要有固定的学生人数，有固定的上课教师，有统一的教学内容、教学安排和固定的时间与进度，教学场所相对稳定。

上课的主要特点是"班、课、时"的统一。"班"就是以"班"为活动单位，"课"就是以"课"为内容单位，"时"就是以"时"为时间单位。以上这种"班、课、时"的统一，本质上是一种以活动过程为基础的人员、内容和时间的统一，从而形成一种教学主体的交往互动、教学内容的分段递进、教学时间的间断连续相统一的教学活动方式。其中，"班"是基础，"课"是核心，"时"是保证。这种"班、课、时"相统一的特点，又反映出上课的教学组织性、程序性和制度性。也就是说，它是一种有组织有领导的活动，是一种有严格工作程序的活动，又是一种有各种规章制度来规范和管理的活动。①

三、上课的作用

上课或者说课堂教学是学校教育教学活动中的核心与重要环节，对于学生知识的接受、能力的发展、情感的深化，以及个体的身心发展都具有重要意义；同时对于学校教育教学目标的实现也具有重要作用。

（一）能有效地实现新课程的教学目标

教师在上课的教学活动中，能够系统地向学生传授基础知识、基本技能和情感态度价值观，开发学生的智力因素与非智力因素，培养学生的能力，养成学生良好的品质，实现课程的教学目标。

（二）能够促进学生的全面发展

在课堂教学的过程中，教师通过引导学生掌握知识的同时，全面发展学生的智力和体力，培养独立学习的能力，培养学习兴趣和良好的学习习惯以及创造性的活动能力；在学习知识过程中，学生逐渐树立正确的世界

---

① 张建文：《思想政治课程与教学论》，人民出版社 2008 年版，第 237 页。

观,养成良好的道德品质。

(三)有利于促进学生的个性发展

在课堂教学中,教师采用适用学生学龄特征的教学方法,在促进学生全面发展的同时,又能促进学生个性才能的特殊发展,使学生在课堂教学中成为学习的主人和发展的主体。

(四)能有效地提高教学和学习质量

上课的过程由于对教师的严格要求、严格管理和考核,能保证教师在教学中对教学工作认真负责;上课的过程具有相对稳定的教学活动空间,能保证教学有稳定适宜的教学环境,并有利于教学手段现代化的推广,提高教育管理的实效;众多的教师和学生在一起学习和生活,有利于开展比、学、赶、帮、超活动,学生可以获得多方面的知识,高速度地提高自己的学习效率。

第二节　思想政治教学上课的形式

上课的形式就是教师与学生在上课中教与学的活动组织方式,即教与学要素的结合方式和运行方式。由于教学活动中基本要素的结合方式或运行方式不同,就形成不同的教学形式。

一、课堂教学

课堂教学是我国学校上课的基本组织形式。课堂教学又称班级授课制,是将学生按年龄和知识水平分成有规定人数的教学班,教师根据规定的课程、教学进度和时间表,用适当的教学方法进行教学的一种组织形式。

二、课堂教学的类型

课堂教学的类型,也叫课的类型,是根据不同的教学任务,或按一节课主要采用的教学方法来划分的课型。凡是在一课时内只完成一个任务或主要采用一种方法的课,称为单一课。凡是在一课时内要完成两项以上任务或采用两种以上方法的课,就称为综合课。[①]

单一课的形式很多,如讲评课、自习课、练习课、观摩课等,常用的有讲授课、讨论课、复习课、考查课。讲授课是教师运用系统讲授的方法向学生传习有关新知识的课型。讨论课是为了专门的目的或主题而组织的课堂讨论。复习课是为了帮助学生系统巩固和理解已经学过的知识内容而组织的课型。考查课是对学生已经学习的知识进行测量和评价的课型。

综合课就是为了多个教学目标或采用多种教学方法来进行的课堂教学类型。从目标上讲,包括知识的掌握、能力的训练与提高、思想品德的培养等。从方法上讲,包括讲授、谈话、讨论、演示、练习等。因而,综合课能达到综合性的效果。

在以上各种课型中,讲授课和综合课是思想政治课程最常用的课型,但在使用时要具体情况具体分析。一般来讲,低年级常用综合课,高年级常用讲授课,中学则是介于这二者之间。

上面对课堂教学类型的划分,可以说主要是从教师“导”的角度来划分的。如果从学生学习“主体”的角度来看课堂教学类型的话,可以分为集体授课学习、小组合作学习和个体自主学习以及探究学习等教学方法。在第六章我们学习了合作学习、自主学习和探究学习等学习方式。合作学习、自主学习和探究学习既是一种学习方式,也是一种教学方式或方法。作为一种教学方法,我们有必要在这里再简要讲述一下。

(一)小组合作学习的教学

作为一种教学方法,合作学习有别于传统教学的双边互动观,强调课堂教学过程中的多边互动,不仅要求教师对整个课堂教学设计进行整体把握,分配学习任务,控制教学进程,同时要求教师关注与学生的交流互动,注重学生之间的相互启发、相互帮助。简而言之,即要求关注师生互动、生生互动。

在小组合作学习的教学中,教师组织合作学习应注意以下几点。

(1)小组的规模不宜过大,一般 4—6 人为宜。

(2)小组成员间在性别、学习能力等方面应尽量保持异质性,以促进不同学习水平的学生共同进步。

(3)学习内容的难度要适合,不宜太过简单。

(4)明确合作的规则,使每一个小组成员都清楚自己的义务与责任,能

---

①　张建文:《思想政治课程与教学论》,人民出版社 2008 年版,第 242 页。

够支持和鼓励其他成员。

(5)奖励要以小组为单位。

(二)个体自主学习的教学

自主学习作为新课程倡导的学习方式,指的是一种主动的、建构性的学习过程,是学生为自己确定学习目标、制定学习计划和安排,并对自己实际学习活动进行监察、评价、反馈、调节和控制的过程。其核心思想:学习是学生通过主动建构生成新知识的过程,而不是被动地接受或照搬从教师或课本中获得信息的过程。

在现实教学中,绝对的自主学习和绝对的他主学习都很少,学生的学习多处于两极之间。因为对学生而言,他们在学习的许多方面,如学习时间、学习内容等是不可能完全由自己来决定的,学生也不可能完全摆脱对教师的依赖。新课程倡导的自主学习,并不是完全的"无政府状态",而是希望通过自主学习激发学生的学习兴趣,使学生获得积极的、深层次的体验,进而促进学生的发展。因此在分析学生的自主学习时,不能简单地说成是自主学习或他主学习,而应该分清学生的学习在哪些方面是自主的,在哪些方面是不自主的,或自主的程度有多大。只有这样,才能有针对性地对学生学习的不同方面进行自主性教育和培养。

(三)学生探究学习的教学

思想政治课探究学习就是把探究学习放在政治课教学中加以应用,包括以政治课内容为主的专题研究和政治学科课堂探究学习。前者主要是指思想政治课每单元后面设置的"综合探究"课。综合探究课强调学生在教师的指导下,提出问题或自主选择确定专题,通过合作探索、整理资料、调查分析,以类似科学研究的方法去获取政治理论知识并运用其分析现实问题,从而培养学生综合素质和探究精神。而课堂探究学习是指探究学习渗入到平时的课堂教学,把探究学习的精神和本质与学科知识的学习相结合。

探究教学,在实质上是一种模拟性的科学研究活动。具体说来,它包括两个相互联系的方面:一是有一个以"学"为中心的探究学习环境,强调学生的主体性,给学生有真正独立探究的机会和愿望,而不是教师主导课堂、学生完全被动的局面。二是教师给学生提供必要的帮助和指导,使学生在探究中能明确方向。

探究学习有其深刻的意义,探究学习是新课程改革推广和实施的要求,有利于促进学生的全面发展,培养学生理解问题、研究问题、通过观察剖析探索并最终解决问题的能力。

三、课堂教学的结构

(一)课堂教学结构概述

课堂教学的结构是指一节课的构成部分及各部分的运行顺序和时间分配。所谓教学形式,是指教学要素的结合方式和运行方式。教学要素的结合方式表现为课的静态结构,教学要素的运行方式表现为课的动态结构。课的运行方式是一节课的操作方法和运作程序,是指一节课内各个教学环节程序及其运行方式,是一种微观的教学结构。

思想政治课程的课堂教学结构形式和程序多种多样,常见的有"两步教学""三步教学""四步教学""五步教学"和"六步教学"等。"两步教学"就是将一堂课分为讲授、讨论,或讨论、讲授两个阶段。"三步教学"就是将一堂课划分为自学、讨论、讲授三个阶段。但是自学是在教师指导下的自学,不是放任自流。"四步教学"就是将一堂课划分为读读、议议、讲讲、练练四个小阶段,或读一读、想一想、议一议、练一练;或自学、议论、精讲、多练等。这种方法更加突出了学生学的主体地位和作用。"五步教学"就是将整个一节课分为组织教学、复习旧课、讲授新课、巩固新课、布置作业等五个环节。"六步教学"就是将一个教学单元或一节内容或一整本书的内容划分为不同的教学阶段,每个阶段用一种课型来实施和体现。这种教学程序与教学课型结合,其基本步骤是自学课、启发课、讨论课、练习课、讲评课、总结课等。[①]

以上思想政治课程课堂教学的程序结构,是就一般情况而言的。在具体的一堂课中,有的步骤可多可少,有的步骤可有可无,要视具体情况而定,而不能机械地照搬。思想政治课程的课堂教学结构和程序形式多样,应在教学实践中加以灵活运用。运用的基本原则是,要有利于充分发挥和调动教师和学生两个积极性,有利于学生素质的提高,而不能仅从教师的需要和方便出发。

新课程教学强调多元化、个性化和创新性,固定的课堂教学模式一般

[①]　张建文:《思想政治课程与教学论》,人民出版社 2008 年版,第 244 页。

来说是一大忌讳,但在课程改革之初,如果能够有一种相对成功的教学流程模式,可以有助于我们更快地进入角色。如,济南市的模式是"情景导入,观察生活;情景分析,理解生活;情景回归,参与生活",值得我们借鉴。

(二)课堂教学基本结构

1.课堂导入

课堂导入是教师在讲解新课之前,运用建立情境的教学方式来引起学生的注意,激发他们的学习兴趣,使他们明确学习目标,形成学习动机和建立知识间联系的教学行为。课堂导入的方式很多,如:直接导入、复习旧知识导入、创设情境导入、置疑导入、逻辑推理导入、谈话导入、习题导入、趣味导入、寓言故事导入、新闻热点导入、歌曲小品导入等。课堂导入是为教学目标服务的,课堂导入要简洁,要有科学性、针对性、趣味性、多样性、直观性、有效性、艺术性和时代性。

【教资考试链接】真题
2017(上)思想政治学科知识与教学能力试题(高级中学)
【简答题】
32.良好的开头是成功的一半。为提高课堂教学的有效性,思想政治课教师在导入时应遵循哪些基本要求?(12分)
【参考答案】
思想政治课课堂导入的基本要求:
①应遵循科学性原则。导入要符合学生认知水平和发展规律。(1分)
②应遵循针对性原则。首先,因课制宜,不同类型选择不同导入方法;其次,不同教学内容的课也要采取不同的导入形式。(2分)
③应遵循时效性原则。与时俱进地调整和充实教学内容。新课程的理念之一,即坚持马克思主义基本观点教育与把握时代特征相统一,体现马克思主义与时俱进的理论品质。(2分)
④应遵循趣味性原则。达到激趣导入教学主题的目的,激发学生学习兴趣。(2分)
⑤应遵循有效性原则。忌设置无效提问,浪费时间。(2分)
⑥应遵循启发性原则。问题设置、过渡衔接有逻辑性。(2分)
⑦应遵循多样性原则。丰富多样,图片、视频、音乐等形式不限。(1分)

【教资考试链接】真题

2017(下)思想政治学科知识与教学能力试题(高级中学)

【材料分析题】

33.阅读材料,并回答问题。

下面是某位政治教师关于"社会发展的规律"一课的导入环节。

师:老师与同学的见面是从相互问好开始的。通过相互问好,我们就认识了。除了相互问好这一见面礼仪,同学还知道哪些中外见面礼仪呢?

生答:握手、拥抱、挥手礼、合十礼等。

(展示图片:握手、拥抱等。)

师:见面礼仪是一个国家民族文化的重要表现,它随着历史的发展也在不断地变迁,比如我们中国传统的见面礼仪是揖手礼,现在我们见面一般都是握手。礼仪的变化事实上见证了整个社会的发展。那么,社会历史的发展有什么特点呢?又有什么规律呢?这就是我们今天要共同学习的内容:第十一课,"寻觅社会的真谛"社会发展的规律。(板书课题)

问题:运用思想政治课程教学理论,对上述导入环节进行简要评析。(20分)

【参考答案】

从思想政治课程教学理论的角度看,此导入环节既有优点也有缺点。

优点:①该导入突出了学科知识与生活主题相结合的教学理念。从生活中相互握手等见面礼的变化发展入手,联系到社会历史发展的规律这一教学内容,突出了与生活主题的结合。②该教师能够利用多媒体展示图片的方式进行导入。导入方式新颖,能够引起学生的学习兴趣和积极性,有利于新课的展开。

缺点:①该导入环节不符合"学生是学习的主体"这一教学理念。教师在导入过程中主导较多,缺乏对学生思考"生活中见面礼的变化与社会发展规律之间的相互联系"这一问题的启发性和引导性,不利于学生主体性的发挥。②导入方式略显单一。只是通过图片展示加提问的方式进行导入,没有突出课程的实践性和开放性特征。教师可以采取情景模拟或者小组竞赛抢答等方式,调动学生的参与度,锻炼学生的思维能力和实践能力。

2.课堂组织

课堂组织是教学过程的核心环节,是教师综合运用各种教学方法实施教学的重要环节。在组织教学环节,教师要树立新教学理念,明确教学目的,了解学生,尊重学生,发扬民主,调动学生积极性,机制灵活,科学组织课堂。

3.课堂结尾

课堂结尾是指教师在完成课堂教学活动时,对教过的知识进行归纳总结,使学生对所学过的知识形成系统,并转化、升华而采取的一种行为方式。课堂结尾的方式很多,如系统归纳式、练习巩固式、首尾呼应式、串联式、比较式、列表式、图示式等。课堂结尾要注意避免拖拉、仓促、平淡、矛盾,要语言精练,紧扣中心,结构完整,首尾照应。

第三节　思想政治教学上课的基本要求

一、认真做好课前准备

课前准备既包括物质准备,也包括精神准备。物质准备方面,在上课前要带上所需要的课程标准和教材、教案、教参、教具、课件等。例如,教师自己对教具学具(媒体)及有关材料等方面的准备,如选择使用的挂图、幻灯片、录音带、录像带、新闻图片、计算机、网络等教学媒体。特别需要注意的是,如果课堂上有播放视频或者音频的文件,在上课前一定要在上课班级的电脑上播放一下,以防课堂上播放不出来。精神方面是指教师在上课前要有充足的信心和决心能够上好课。

二、认真组织课堂教学

组织教学包括广义和狭义两个方面。广义的组织教学是指整个学期全部教学工作的组织与安排。这里指的是狭义的组织教学,即在一堂相对独立和完整的课堂教学中,集中和保持学生注意力的各种程序和方法。

组织教学的方法很多,常用的方法有教学常规法、教育引导法、教学机智法等。我们认为组织教学的根本条件是要有良好的师生关系。师生关系越好,课堂教学秩序就越好。因此其前提是要处理好课堂教学中的师生关系。

要处理好师生关系,组织好课堂教学,我们认为要注意如下几点。

(一)精心设计教学过程,调动学生乐学情绪

教师语言要生动流畅,合理选用教法。语言是教师传授知识、传递信息的主要载体之一,课堂教学语言在传授知识和技能、引导学生体验过程和方法时,具有重要作用。艺术性的课堂教学语言,不仅能最大限度地调动学生学习的主动性,而且能使学生对教学产生美的情感体验。

(二)主动调控课堂教学,选用合理的教学方法

课堂教学方法是多种多样的,有讲解法、启发法、谈话法、比较法、观察法等。在课堂教学中,教师应根据教学实际交错使用多种教学方法,活跃课堂气氛,不断点燃智慧的火花,做到因材施教,使全体学生的内在潜能得到充分发挥,从而创造一个较为理想的课堂教学情境。

(三)用精彩的导语激励学生

导语作为教师给学生的第一印象,对激励学生情绪、集中学生的注意力等方面有着特殊的作用。课堂教学怎样开头,应视讲授内容而定,遵循一个共同的原则,即开头要适合本课的基本格调,要与内容协调一致、相辅相成。因此,必须周密考虑,精心设计;其中,精彩的导语非常重要。

(四)遇乱不惊,巧妙处理课堂突发事件

当突发事件出现时,教师要善于根据反馈信息,因势利导,随机应变,正确处理。一要注意遇乱不惊,冷静处理,在较短的时间内平息突发事件,使课堂教学转入正轨;二要实事求是,不文过饰非。如果是教师说错了话或说漏了什么,可待机补上。教师只有实事求是,心胸坦诚,或从错误中引出教训,或设法巧妙更正,才能将事故化为故事,从而也培养了学生实事求是的品质。

例如:某中学胡老师新接任一个班级,第一次走进教室,全班同学就哄堂大笑起来,在笑声中夹杂着"真像""像极了"这样一些细声碎语。胡老师随着学生的目光向黑板望去,黑板上画了一个很大的女人头侧面像:高高的眉骨,翘翘的鼻子,加上作者在特征处明显的夸张手笔,一眼就可以断定画的是自己。望着这带有滑稽味的画像,她窘极了,面孔涨得发热。"太放肆了,竟敢拿老师开心。"她真想好好惩治一下画像的学生。但理智又告诉她:不能这样,老师的尊严不能靠训斥、压服来维护。几十双眼睛正盯着自

己,看自己怎样处理这件事,任何冲动、发火都可能造成不良后果。笑声还在持续,胡老师却平静下来,像没有发生任何事情一样。这意想不到的平静,使学生们停止了笑声,他们好奇地望着老师。胡老师拿起黑板擦,走到画像前看了一眼,对学生说:"画得多好啊!确实像!这位同学要把画画这个特长发挥下去。"然后慢慢地把画像擦掉,开始讲起课。这堂课胡老师格外努力,讲得绘声绘色,吸引了全班同学。正当大家听得入神的时候,下课铃响了,课没有讲完,她惋惜地合上书本,轻声说:"时间不够用了。"言外之意,讲课前那场小乱子损失了大家的时间。这时,不少同学用责备的目光投向一个同学,那同学慢慢低下了头。以后,胡老师注意培养他的特长,还常常做他速写的"模特儿",这位同学后来成为一所重点学校的美术教师。

教育是一种艺术。胡老师在窘境中,出乎学生意料地采取了忍让、宽容的态度,泰然地进行了"冷处理",肯定了作者画画的技术,还鼓励他发挥特长,使作画的学生受到感动,产生内疚。师生之间没有产生对立情绪,也没有挫伤学生爱好美术的积极性,在老师的爱护、扶持、鼓励下,学生的特长得到了充分发展。假如当时胡老师控制不住自己的情绪,冲动起来,不仅师生关系会紧张、恶化,而且可能摧毁这枝美术之蕾。由此可见,冷静、忍让、宽容也是一种教育手段,有时是一种很有效的教育手段,而它所要求的就是教师要有较强的自制能力。

类似的情况,每位老师在教学生涯中可能会遇到很多。再如,在你上课的时候,突然出现了打雷和下暴雨的情况,女生尖叫,男生呐喊,课堂一片混乱,你怎么办?

三、上课要体现科学性

上课的科学性体现在教学内容的科学性和教学方法的科学性。教学内容的科学性就是教授和学习的内容要真实、准确、系统。教学方法的科学性,就是教学方法要突出重点,不要空洞,要灵活多样,不要死板。在教学开始的导入法有温故知新法、事例故事法、情景创设法、制造悬念法、开门见山法等。在教学过程中,教师要善于提问,启发诱导,问评结合。同时,教学的语言要科学,生动有趣。课程结束时要有归纳,或首尾呼应,或思索悬念等。

四、上课要体现艺术性

教学是一门艺术。它不仅包括备课的艺术、教学导入的艺术、教学组织的艺术、教学启发的艺术、提问的艺术、举例的艺术等，还包括语言艺术、教态艺术、板书艺术等。语言艺术，也就是语言美。表现在语音、语调、语速等方面。教态艺术，也就是教学姿态美，包括表情、动作、姿势、服饰、空间等。在课堂上教师的表情要自然，动作要协调，姿势要端庄，服装修饰要得体，要符合自己的职业特征和身体形态等。板书艺术，就是板书设计美。板书是运用文字、符号、图表等书面语言来表达和展现教学内容的形式，是课堂教学中的书面语言，是一种视觉艺术。板书要体现教学思路，浓缩教学内容，增强教学形象，集中学生注意力。

五、上课要体现新课改和新理念

本次课程改革的宗旨是：构建具有中国特色的、现代化的基础教育课程体系，贯穿其中的核心理念是：为了中华民族的复兴，为了每个学生的发展。其基本理念有：主动适应社会发展和科技进步的时代需要，促进高中学生全面而有个性的发展；加强高中课程与社会发展、科技进步以及学生生活的联系；促进高中生自主获取知识的愿望和能力；创建富有个性的课程制度和学校文化。具体到课堂教学中，对于教师而言，就是要转换角色，以学生的发展为本，强调教学与学生生活的密切结合，引导学生学会选择与主动发展，让学生真正成为课堂的主体。对于学生而言，就要学会自主学习、合作学习与探索学习。

思考题：

1.上课的概念、特点和作用分别是什么？

2.上课的类型有哪些？

3.上课的基本要求有哪些？

课外拓展研究：

1.在网络上探寻中学优秀思想政治教师的教学视频，并写出自己的观后感。

2.写一篇上课如何体现艺术性的小论文。

【教资考试链接】面试真题

模拟上课:初中思想品德《肯定生命,珍爱生命》

1.题目:肯定生命,珍爱生命

2.内容:

每个人的生命都是有价值的。当我们发现自己能够为他人带来欢乐、为他人减轻痛苦、为家乡和社会做出贡献时,就更能体会自己生命的价值。实现人生的意义,追求生命的价值,要脚踏实地,从现在做起,从一点一滴的小事做起。

每个人对国家、社会和他人都有价值。在肯定自己的价值、珍爱自己生命的同时,我们应该肯定他人的价值、尊重他人的生命。

幸福快乐的生活从悦纳生命开始,世界上没有十全十美的生命。

在肯定、尊重、悦纳、珍爱自己生命的同时,也应同样善待他人的生命。

当自己的生命受到威胁时不轻言放弃,不丧失生的希望;当他人生命遭遇困境需要帮助时,尽自己所能伸出援助之手。

3.基本要求:

(1)要求配合教学内容有适当的板书设计;

(2)要有师生互动的环节;

(3)请在10分钟内完成试讲内容。

答辩题目

1.说一说我们应如何看待生命。【学科知识】

2.说一说板书在教学过程中的意义是什么。【教学实施】

【主要教学过程及板书设计】

教学过程

环节一:新课导入

生命属于人只有一次,即使是穷凶极恶的罪犯,他们在面临自己生命的结束时,也会感到恐惧、后悔。所以,我国的法律保护每个人的生命不受侵害。对于侵害人的生命健康的违法犯罪行为,予以严厉的法律制裁。那么,我们该怎样珍爱自己的生命呢? 由此导入新课《肯定生命,珍爱生命》。

环节二:新课讲授

1.每个人的生命都是有价值的

填一填、演一演:在下列的横线上,填上你所担当的社会角色。

在家庭中,我是_____。

在学校中,我是_____。

在社区里,我是_____。

在商店中,我是_____。

在公园内,我是_____。

在过去,我是_____。

在现在,我是_____。

在将来,我可能是_____。

情境表演:设置家庭、学校、公园等几个情境,由学生进行表演,通过模拟的具体活动,表现如何担当好自己的社会角色。

师:这几组同学表演得非常好,掌声给予鼓励!我们每个人都身兼好几种社会角色,都有自身的价值,所以说每个人的生命都是有价值的;而要实现人生的意义,追求生命的价值,就要从一点一滴做起,担当好自己的社会角色。

2.肯定他人的价值,尊重他人的生命

(播放录音材料,在播放的过程中屏幕展示材料中的关键内容。)

李素丽是北京市 21 路公共汽车上的售票员。她没有什么惊天动地的举动,做的都是极平凡的小事。为了弄清汽车沿线的情况,李素丽起早贪黑,利用下班时间做调查,一站站走访沿线 80 多个单位、50 多条大街小巷,一步步量出车站到主要单位的距离,再记到本子上。就这样,她赢得了"活地图"的赞誉。为了更好地为国外乘客服务,她自学了英语;为了给聋哑人提供优质服务,她努力学习常用手语;为了更好地和外地旅客进行交流,她学会了一些地方方言。为了干好本职工作,她为自己制订了"四心"服务原则:礼貌待客要热心,照顾顾客要细心,帮助乘客要耐心,热情服务要恒心。她几十年如一日,在平凡的工作岗位上,把"全心全意为人民服务"作为自己的座右铭,真诚热情地为乘客服务,被誉为"老人的拐杖,盲人的眼睛,外地人的向导,病人的护士,群众的贴心人"。

讨论 1:李素丽的故事给我们什么启示?(回答略)

(视频播放复旦大学投毒案相关视频。)

林森浩和黄洋均为复旦大学研究生院的同寝室学生,平时两人关系不好。2013 年 3 月 31 日中午,复旦大学 2010 级硕士研究生林森浩将其做实验后剩余并存放在实验室内的剧毒化合物带至寝室,注入饮水机槽。2013

年4月1日早上，与林森浩同寝室的黄洋起床后接水喝，饮用后便出现干呕现象，最后因身体不适入院，最终死亡。投毒者林森浩被依法判处死刑。

讨论2：复旦大学投毒案，投毒者被依法判处死刑说明了什么？

生：说明了我国法律保护每个人的生命不受非法侵害，严厉打击侵害人的生命健康的违法犯罪行为。

师：每个人对国家、社会、他人都有价值。在肯定自己的价值、珍爱自己生命的同时，也要尊重他人的生命、善待他人的生命。李素丽就是我们学习的好榜样。而林森浩无视他人的生命，十分残忍地结束了室友生命，这样做，既不珍惜或者说糟蹋了自己的生命，更谈不上善待他人的生命，而是与善待他人生命的要求背道而驰。

环节三：巩固提高

同学们讨论：在生活中，如何做到珍爱生命。

学生发言，教师总结。

环节四：小结作业

小结：同学们，通过这节课的学习，我们明白了这样的道理：每个人的生命都是有价值的，所以我们要尊重自己及他人的生命，珍爱生命；同时，要脚踏实地，从现在做起，从一点一滴的小事做起，实现生命的价值。

作业：就"珍爱生命"写一篇小短文，选出优秀的短文进行展示。

板书设计

> 肯定生命，珍爱生命
> 1.每个人的生命都是有价值的。
> 2.肯定他人的价值，尊重他人的生命。

【答辩题目解析】

1.说一说我们应如何看待生命。【学科知识】

【参考答案】

每个人的生命都是有价值的。当我们发现自己能够为他人带来欢乐、为他人减轻痛苦、为家乡和社会做出贡献时，就更能体会自己生命的价值。实现人生的意义，追求生命的价值，要脚踏实地，从现在做起，从一点一滴的小事做起。

每个人对国家、社会和他人都有价值。在肯定自己的价值、珍爱自己生命的同时，我们应该肯定他人的价值、尊重他人的生命。

幸福快乐的生活从悦纳生命开始，世界上没有十全十美的生命。

在肯定、尊重、悦纳、珍爱自己生命的同时，也应同样善待他人的生命。

当自己的生命受到威胁时不轻言放弃,不丧失生的希望;当他人生命遭遇困境需要帮助时,尽自己所能伸出援助之手。

2.说一说板书在教学过程中的意义是什么。【教学实施】

【参考答案】

课堂板书在教学过程中的意义,主要体现在以下几点:第一,板书有长时间地向学生传递信息的作用;第二,板书具有与实物不同的直观作用;第三,板书具有较大的灵活性;第四,板书有示范和审美作用。

众所周知,在多媒体技术越来越广泛使用的今天,板书的地位也变得岌岌可危,但我们需要注意的是,使用课件有一个大的缺陷:按照预设的环节进行,无法根据学生的特点灵活处理教材,而板书的灵活性则恰到好处地弥补了其不足。而且,精心设计的板书,能使学生赏心悦目、兴趣盎然、活化知识、加深理解、加深记忆,也是提高学生非智力因素的重要手段。

【教资考试链接】面试真题

模拟上课:高中思想政治《个人所得税》

1.题目:个人所得税

2.内容:

个人所得税是国家对个人所得征收的一种税。在我国境内有住所,或者无住所而在境内居住满一年的个人,从我国境内外取得的所得;在我国境内无住所又不居住或者在境内居住不满一年的个人,从我国境内取得的所得,都应缴纳个人所得税。

3.基本要求:

(1)要求配合教学内容有适当的板书设计;

(2)要有师生互动的环节;

(3)请在10分钟内完成试讲内容。

答辩题目
1.说一说个人所得税的纳税对象和纳税人。 2.说一说怎样处理好学生的主体地位和教师的主导作用的关系。

【主要教学过程及板书设计】

教学过程

环节一:新课导入

现在许多人热衷于买彩票,大家都梦想有朝一日能够中 500 万元。 如果你买彩票真中了500万元,那么你真的能够到手500万元吗? 实际上,到底你能够得到多少钱? 通过中彩票纳税的事例来引出《个人所得税》的学习。

环节二:新课讲授

1.个人所得税的含义

多媒体展示个人所得税的含义:个人所得税是国家对个人所得额征收的税收。纳税人是在我国境内居住满一年,从我国境内外取得所得的个人,以及不在我国境内居住和居住不满一年,而从我国境内取得所得的个人。

请同学们根据个人所得税的含义,总结出个人所得税的征税对象、纳税人。

学生思考讨论,回答问题。

(1)征税对象:个人所得额。(2)纳税人:在我国境内有住所,或者无住所而在境内居住满一年,从我国境内外取得所得的个人;以及在我国境内无住所又不居住或居住不满一年而从我国境内取得所得的个人。

2.个人所得税的计算

教师:(进行点评后通过多媒体展示个人所得税的计算方法)请大家根据个人所得税的计税方法,计算出多媒体上所展示题目中厂长要缴纳的个人所得税。

多媒体展示:某乡镇企业厂长月薪1600元,他带领职工奋力拼搏使工厂扭亏为盈,为该乡经济发展做出了突出的贡献,乡政府决定奖励他8万元。

请问:该厂长应缴纳的个人所得税是多少?

请同学起来回答,并做点评。

多媒体展示计算方法。

环节三:巩固提高

教师:大家从计算方法上以及刚才所展示的国家上调个人所得税的起征点能归纳出我国个人所得税的缴纳有什么特点吗?

学生:我国的个人所得税,按应纳税项目不同,分别实行超额累进税率和比例税率。

教师:回答得很正确,那为什么要实行这种税率呢?

学生:实行超额累进税率,纳税人所得越高,税率越高;所得越低,税率越低。个人所得税是国家财政的重要来源,也是调整个人收入分配、实现社会公平的有效手段。

多媒体展示:个人所得税的纳税人、征税对象、税率和特点。

环节四:小结作业

小结:教师对本节课内容进行小结,本节课《个人所得税》主要讲述了个人所得税的含义、纳税对象、纳税人以及个人所得税计算方法。

作业:同学们回家后,计算下父母应缴纳的个人所得税。

板书设计

个人所得税
纳税对象
纳税人
计算方法

【答辩题目解析】

1.说一说个人所得税的纳税对象和纳税人。【学科知识】

【参考答案】

①纳税对象:个人所得额。

②纳税人:在我国境内有住所,或者无住所而在境内居住满一年,从我国境内外取得所得的个人,以及在我国境内无住所又不居住或居住不满一年而从我国境内取得所得的个人。

2.说一说怎样处理好学生的主体地位和教师的主导作用的关系。【教学设计】

【参考答案】

好的教学,应是学生主体地位和教师主导作用的和谐统一。一方面,教师主导作用得到有效发挥;另一方面,有效发挥教师主导作用的标志,是学生能够真正成为学习的主体,得到全面的发展。

实行启发式教学,有助于落实学生的主体性地位和发挥教师的主导作用。教师富有启发性的讲授,创设情境、设计问题,引导学生自主探索、交流合作。比如,在讲授《个人所得税》时,教师让学生根据个人所得税含义提炼出个人所得税纳税对象、纳税人,发挥学生的主体作用,加深对知识的理解。另外,通过对个人所得税的计算,把所学知识应用于实践,使学生发挥学习的主动性,积极掌握知识。

另外,在教学中组织学生操作实验、观察现象、提出猜想、推理论证等,都能有效地启发学生的思考,使学生成为学习的主体,逐步学会学习。

第十一章　思想政治教学的策略

第一节　思想政治教学策略概述

一、教学策略的概念

　　策略一般是指可以实现目标的方案集合,也指根据形势发展而制定的行动方针和斗争方法,或斗争的艺术。从词源学的角度来看,"策略"一词原指大规模军事行动的计划和指挥。现在,在一般的意义上指为达到某种目的使用的手段或方法。

　　教学策略,是在教学目标确定以后,根据已定的教学任务和学生的特征,有针对性地选择与组合相关的教学内容、教学组织形式、教学方法和技术,形成的具有效率意义的特定的教学方案。它是实施教学活动的基本依据,是教学设计的中心环节,其主要作用就是根据特定的教学条件和需要,制订出向学生提供教学信息,引导其活动的最佳方式、方法和步骤。在教育学中,教学策略还用来指教学活动的序列计划和师生间连续的有实在内容的交流技巧和艺术,侧重指教学过程的横向结构,即教师的教、学生的学以及教材等教学构成要素之间相互作用的稳定的组合方式,它的实质就是具体处理教与学的关系问题。[①]

---

　　① 安雪梅:《历史课堂教学策略》,http://www.docin.com/p-12105166.html。

二、与教学策略相关的概念

（一）教学设计

　　教学设计是对整个教学系统的规划，是教师教学准备工作的组成部分，是在分析学习者的特点、教学目标、学习内容、学习条件以及教学系统组成部分特点的基础上统筹全局，提出教学具体方案，包括一节课进行过程中的教学结构、教学方式、教学方法、活动形式、知识来源、板书设计等。由此可见，教学设计是教学活动开展之前的准备工作，是对整个教学活动的计划和安排。教学设计的结果或教学设计的文字表达形式是教学活动方案。①

　　思想政治教学目标是预期的教学成果，是组织、设计、实施和评价教学的基本出发点，是思想政治课教学的起源和归属，教学设计应紧扣这个核心。精心设计的教学活动和学习活动，要明确学习者学习和掌握哪些知识和技能、智力获得怎样的发展、培养什么样的能力、达到什么水平、培养什么样的态度等有关学习者发展的问题，在教学设计时，都必须用具有可观察、可测定性的术语精确地加以表述。即在分析学习需要、学习内容和学习者的基础上，确定教学目标，设计行为目标。

　　教学目标确定之后，接下来就要选择教学策略，以期实现预期目标。

　　教学策略自然要在教学准备阶段进行设计、谋划，形成一定的方案。从这个意义上说，教学策略是教学设计的组成部分。教学策略与教学设计各有自身的内涵，在具体内容或环节上有交叉、重叠部分。进行教学设计时要考虑教学策略的制定、选择与运用。教学策略选择与运用时，又必须通盘考虑教学的整个设计。教学设计一旦完成就比较定型了，它可以是对整节课或整个单元的设计，也可以是对整个科目的设计。教学设计包括的范围比较广，而教学策略的运用范围较窄。一般来说，教学策略主要集中在某一课时、某一内容的范围内，并且具有较强的灵活性。②

　　既然教学策略是对为完成特定教学目标而采用的教学活动的程序、方法、形式和媒体等因素的总体考虑，那么，不同的教学目标需要不同的教学

---

① 安雪梅：《历史课堂教学策略》，http://www.docin.com/p-12105166.html。
② 安雪梅：《历史课堂教学策略》，http://www.docin.com/p-12105166.html。

策略,不同的教学环境需要不同的教学策略。教师只有掌握不同的策略才能根据学生的实际情况制定出不同的有良好教学效果的教学方案,并根据环境的变化而调整教学策略。没有一种教学策略能够适用于所有的教学情景。有效的教学需要选择各种策略因素来实现不同的教学目标,最好的教学策略是在一定情况下达到特定目标的最有效的方法论体系。

(二)教学方法

教学方法是为完成教学任务,教师的教和学生的学相互作用所采取的方式、手段和途径。它是教学策略的具体化,介于教学策略与教学实践之间,教学方法要受制于教学策略。教学展开过程中,选择和采用什么方法受教学策略支配。教学策略从层次上高于教学方法。教学方法是具体的可操作的,教学策略则包含有监控、反馈的内容,在外延上要大于教学方法。

(三)教学原则

原则和方法有着密切的关系,原则可以说是宏观的方法,方法则是原则的具体运用与体现。正确认识思想政治课程的教学原则和方法,对于思想政治课程的实施有着重要的意义。

教学原则是反映人们对教学活动本质性特点和内在规律性的认识,是指导教学工作有效进行的指导性原理和行为准则。教学原则来源于教学的实践经验,是教学经验科学的总结和升华,"是经过检验了的教学经验,是从教学经验中抽象、筛选、概括出来的,是有效的理论"[1]。教学原则贯穿于教学活动的整个过程,对教学中的各项活动起着指导和制约的作用。

教学原则不是教学规律,也不等同于教学原理。教学规律是贯穿于教学活动中客观存在的、必然的、稳定的联系。教学原理的本质特点在于:它对教学规律的说明或阐述。教学原则对教学规律的反映不同于教学原理,这种反映不是对教学客观规律的直接反映,而是取决于人们对教学客观规律主观认识的深刻程度,在同样的教学规律面前,由于人们对同一客观的教学规律认识不同,因而提出的教学原则也不相同。

---

[1]　刘强主编:《思想政治学科教学新论》,高等教育出版社 2003 年版,第 95 页。

三、教学策略的特征和目的

(一)教学策略的特征

1.综合性

选择或制订教学策略必须对教学内容、媒体、组织形式、方法、步骤和技术等要素加以综合考虑。综合性不仅表现为依据的综合,也表现为内容与形式的综合。没有依据的教学策略,或者单一的教学策略,都是不切合实际的。

2.可操作性

教学策略不是抽象的教学原则,也不是在某种教学思想指导下建立起来的教学模式,教学策略与教学原则、教学模式都是有区别的,它是可供教师和学生在教学中参照执行或操作的方案,具有明确具体的可操作内容。

3.灵活性

教学策略根据不同的教学目标和任务,并参照学生的初始状态,选择最适宜的教学内容、教学媒体、教学组织形式、教学方法,并将其组合起来,保证教学过程的有效进行,以便实现特定的教学目标,完成特定的教学任务。

(二)教学策略的目的

要提高学生的素质,培养学生的创新精神和创造能力,必须要减负增效,提高单位时间的教学有效性。我们日常教学中还存在着诸多问题,如:因为教学设计不合理导致教学不到位,学生对知识的理解限于皮毛,教学效率不高;课内探究重现象、结论,轻过程,不注意引发学生更深层次的思考,忽视学生学习的主体性和主动性等方面,所以要进行有效教学。

教学有法,但无定法,贵在得法。有这样两种教师:一种教师用自己的教学方法去筛选适合的学生,结果筛出一大批差生。一种教师用自己的学生去筛选适合学生的教学方法,结果造就一大批人才。研究并运用教学策略,就是要用我们的思想政治教学去造就大批的人才,促进学生全面而有个性的发展。

第二节　思想政治教学策略的基本内容

思想政治课堂中常用的教学策略有以下几个方面:思想政治课堂教学组织的策略、思想政治课堂教学方法设计的策略、思想政治教学原则运用的策略、思想政治课堂教学技能设计的策略、思想政治课堂教学互动设计的策略、思想政治课堂教学媒体设计的策略、思想政治课堂教学资源开发的策略、思想政治课堂教学模式运用的策略、思想政治课堂学习方式与指导的策略。

一、思想政治课堂教学组织的策略

所谓教学组织,就是对教学活动的各种因素的安排组合或者联结。把教学活动的各种因素组织起来的形式可以是多种多样的。学校和教师会采用什么样的形式来组织教学? 通常情况下,这取决于教育者对教学任务的理解,也取决于社会发展的程度、教学技术与设施条件等。17 世纪捷克的夸美纽斯是最早对班级授课制进行详细研究和规定的教育家。从夸美纽斯开始,班级授课制一直是学校当中组织教学的基本形式,甚至是唯一形式。随着社会的发展,在个别教学和班级授课制的基础上,教学的组织形式正在朝着多样化的方向发展。[①]

(一)基于能力差异的分组教学

教师把同一个班级的学生根据学习程度分成若干个小组,每个小组可能会获得不同的学习任务,采用不同的学习方法和学习进程。在很多地方,学校甚至会根据学生的能力差异,把他们编排到不同的班级当中。

(二)基于合作的分组教学

教师将学生分成若干小组的目的,是帮助学生彼此结成一种合作的关系,以共同完成教学任务。这些教学小组有时是相对固定的,有时则根据完成教学任务的需要灵活组成。

---

① 杨九俊主编:《教学组织策略与技术》,教育科学出版社 2004 年版,第 2—3 页。

(三)开放式教学

开放式教学最典型的尝试是美国的帕克赫斯特设计的"道尔顿制"。按帕克赫斯特的设计,个别指导代替了集体教学,各科作业室代替了教室。各科教师与学生按月制定"学习公约",每个学生都有自己的学习计划和进度。

(四)小班教学

传统的班级授课制当中,人数太多,教师通常会感到操作困难,负担过重。小班教学的班级人数一般会在 20 人以下。较少的人数让教师有可能对教学的过程进行更富有创造性的控制。

(五)小队教学

小队教学更侧重于对教师进行组织。采用小队教学的学校,同一个班级当中,往往会出现两个以上的教师,教师以集体的形式共同准备教学活动的全过程,共同完成与学生交流、对话的任务。

(六)协同教学

协同教学更加关注家庭的力量。在这种情况下,教师、家长、学生被组织在一起。协同教学组织方式的出现,对学校的传统意义提出了质疑,学校教育开始主动要求全社会的参与。

(七)网络化教学

网络化教学的出现显然反映了现代信息技术对教学的巨大影响。在网络化教学中,教师、学生相互联结的媒介和时空关系与传统课堂教学相比,发生了根本的变化。在得到越来越发达的数字化网络的支持以后,人们甚至开始质疑传统意义上的学校还有没有必要存在?

(八)实践教学

传统课堂里最典型的活动是知识的灌输与接受,但是学生学习的内容不只是知识,当实践成为学生学习的重要内容时,实践教学的形式开始受到人们的广泛关注。教学的任务是完成一定的活动,教学的组织形式也必然与传统的课堂教学产生很大的差异。

二、思想政治课堂教学方法设计的策略

教学方法是完成教学任务、实现教学目标和提高教学质量的关键所在。完成教学任务需要有一定的教学方法。在教学的目标、任务、内容确定以后，教师能否恰当地选用教学方法，就成为其能否完成任务、实现预期目标的决定性因素。同样的教学内容在不同的教师那里效果差异很大的原因，除了教师的知识水平和教学态度外，关键就是教学方法问题。许多教师在教学工作中取得的突出成就，大都受益于他们对教学方法的创造性运用和刻意探求。

（一）讲授法

讲授法是教师通过口头语言向学生系统传授科学文化知识的教学方式。它主要通过叙述、描绘、解释、推论等引导学生了解现象，感知事实，理解概念、定律和公式，从而使学生认识问题、分析问题、解决问题，并促进学生智力与人格的全面发展。课堂讲授的特点是：教师是课堂讲授的主要活动者，学生是知识信息的接受者，以听讲的方式进行学习；教师主要以言语传授知识，口头语言是教师传递知识的基本工具；教师以摆事实、讲道理的方式，促进学生理解和掌握教学内容；教师面向全体学生，根据班级学生的一般特点和水平进行教学。

讲授式教学的注意事项：（1）选择合适的讲授内容。需要教师根据学生的情况和他们的基础选择合适的教学方式和教学手段。同样，教学方法也要适合教学内容。（2）讲授要富于启发性。教师要注意启发和引导学生思考，教师要有意识地设置一些与所讲教学内容相关的问题，使学生产生疑问，激发探求问题奥妙的积极性。（3）注重讲授的趣味性。教师尽可能地使讲授的内容贴近学生的生活实际，增强学生的感性认识，将抽象的甚至枯燥的原理寓于生活事例中。（4）注意与其他教学法的融合。在众多教学方法中，讲授法是最古老、最基本的方法，有它的固有优势。但在教学过程当中，讲授容易使学生感到压抑，同时过多的讲授会让不同层次的学生出现不同程度的掉队现象。避免出现这样的现象就要求教师在课堂教学的过程中，应该是多种方法的结合。

（二）谈话法

谈话法，就是教师通过启发性提问或对话引导学生积极思考问题来理解和掌握有关知识内容的教学方法，因而也叫"对话法"。它的特点是能够打破教师讲学生听的单线式传递知识的局面，实现师生互动，有利于调动学生的学习主动性。谈话法的基本形式有两种：一种是问答式谈话，也称问答法。即教师提问，学生回答的方式。其主要用于复习已学过的知识内容，检查学生对知识的记忆和理解情况。另一种是诱导式谈话。即教师在讲授新知识之前或当中进行的启发和提问，主要用于传授新知识的教学活动。这两种方式都能调动学生的积极性，培养学生的思维能力。

谈话法的注意事项：（1）教师要有充分的准备，谈话要有计划性。（2）教师提问的问题要明确，要有启发性，要难易恰当，问题的表述方式应通俗易懂，含义明确，便于理解。（3）教师提问的对象要普遍，要适当地让不同程度的学生回答。（4）要注意听取学生的回答，不论学生回答正确与否，教师都要有明朗的态度，给予鼓励性评价。

（三）讨论法

讨论法，就是在教师组织下，学生围绕某个问题进行探讨和争论以获得共同认识的教学方法。讨论法有科尔伯格的讨论教学法、人本主义德育理论的讨论教学法和苏格拉底谈话法等。科尔伯格的讨论教学法主张讨论应该选择两难的问题，人本主义的讨论教学法主张应该选择有价值的问题进行讨论，等等[①]。总之，讨论法的特点是以教师为指导，学生为主体，从而改变了教师单向讲授知识的情况，因而是教师与学生相结合的较好形式。讨论法的应用，一般可采取两种基本形式：一是主题式讨论；二是辅助性讨论。

讨论式教学的主要步骤：（1）定题。根据教学目标，确定讨论题目和讨论方式。（2）分组。将学生根据选题的情况进行分组，组内也要进行分工，通过资料获取、陈述准备等环节，由各组分别确定参与讨论的主要观点。（3）组织讨论。教师主持讨论，或者指定学生主持，学生充分展示自己的观点和想法。（4）评价总结。教师要对学生的表现进行点评，并对讨论中的不同观点进行评价总结，引导学生全面深入地理解问题，进而完成教学任务。

---

① 吴铎：《德育课程与教学论》，浙江教育出版社 2003 年版，第 160 页。

讨论式教学的注意事项：(1)材料的选择。材料本身就密切联系学生的经验世界和精神世界，能引起学生的极大兴趣。讨论要有明确的指向，讨论的题目要有针对性。(2)营造民主的课堂氛围。建设民主平等的师生关系，营造轻松活跃的课堂氛围。(3)合理分组。应本着学生自愿组合与教师指导组合相结合的原则，做到"组间同质，组内异质"。(4)注意求同存异。小组成员要充分发表个人见解，采人之长、补己之短，经过讨论，总结各方意见，形成较为系统的观点。

【教资考试链接】真题
2019(上)思想品德学科知识与教学能力试题(初级中学)
【简答题】
32.课堂讨论是初中道德与法治课教学中常用的教学方法。请简述课堂讨论在道德与法治课教学中的重要作用。(12 分)
【参考答案】
①能充分调动每一个学生的积极性，使每个学生都能参与到教学过程中，能够使学生对道德与法治课程有浓厚的学习兴趣。(4 分)
②使学生们都有机会发表自己的意见和见解，能够辩证地看待当前初中阶段所面对的困惑和误区，有助于培养学生分析问题和解决问题的能力。(4 分)
③有助于形成民主和谐的课堂氛围，同时能够突出本节课的重点和难点，从而帮助学生更好地学习和掌握知识，树立正确的情感态度与价值观。(4 分)

(四) 练习指导法

练习指导法，就是课堂教学当中在教师指导下，学生运用已学知识来解答有关问题，从而达到巩固知识和培养能力的方法，因而也叫课堂练习法。

练习指导法有口头练习和书面练习两种基本形式。适当的课堂练习是必要的，因为它能起到当堂巩固知识和培养学生能力的作用，并且能有效减轻学生的课外作业负担。

练习指导法的注意事项：(1)明确练习的目的和要求。(2)精选练习材料。(3)指导学生掌握正确的练习方法。(4)适当分配练习的分量、次数和时间。(5)了解练习的结果。每次练习结束后，教师都要及时检查了解学生的练习情况，发现错误及时纠正，达到教学预期目标。

（五）价值澄清法

价值澄清法是美国的大学教授路易斯·拉斯等人在对传统的价值观教育法进行研究分析的基础上提出来的，曾在美国风行一时。对学校道德教育的实践产生了很大影响。价值澄清的目的不是灌输给学生一套事先安排的、严谨的价值观，而是通过心理帮助指导学生掌握一种过程，这种过程可以用来反省自己的生活，对自己的行为负起责任，从而澄清自己的价值观，使学生减少价值认识的混乱。这种方法适合在集体的情境中使用。学生可以在共同的价值辨析讨论中，经过一系列心理互动的过程来达到主动学习、自我评估、自我改进的目的。

价值澄清法包括三个阶段：选择、珍视和行动。这三个阶段又分为七个步骤：自由选择、从多种可能中选择、对结果深思熟虑的选择、珍惜爱护自己的选择、确认自己的选择、依据选择行动、反复地行动。

价值澄清法的注意事项：(1)价值澄清法是一种价值观的教学。(2)价值澄清法不是教给学生一套概念体系让学生去背条条，而是尽可能地接近学生生活，尽可能在不被学生觉察的情况下潜移默化地进行教学。(3)价值澄清法重视学生自己的选择。(4)不要忽视教师的正面引导作用。

（六）情境教学法

情境教学法是指在教学过程中，教师有目的地引入或创设具有一定情绪色彩的、以形象为主体的生动具体的场景，以引起学生一定的态度体验，从而帮助学生理解教材，并使学生的心理机能得到发展的一种教学方法。

教学情境有哪些分类？根据教学情境的真实性与可感受性，可以将教学情境分为四种类型：(1)可体验情境，是一种学生可以产生切身感受的真实情境。(2)可再现情境，是可以通过情景剧、小品等形式，让学生参与并在参与过程中形成体验、深化认识的情境设置。(3)可借用情境，是把现实中曾经发生的真实情境，通过视频、图片或文字资料等形式，借用到课堂上，让学生设想自己面临类似选择时的行为和价值倾向，再与真实情境中的真实情况进行比较，进而实现教育目的。(4)可想象情境，不是真实发生过的情境，而是教师为教学需要设计的学生可能面对的情况。学生通过对该情境的想象，为自己的价值选择提供基础。

情境创设的途径：(1)生活展现情境，(2)音乐渲染情境，(3)表演体会情境，(4)语言描述情境，等等。

情境创设的基本要求是：(1)情境创设在导入环节要吸引学生的注意

力,增强学生求知欲,引发对本课学习的兴趣。(2)情境创设要与本课的教学内容相联系,有利于达到本课的教学目标。(3)情境创设要注重形象性,以利于学生理解复杂知识点。(4)情境创设要遵循启发原则,引发学生的思考,实现教学目标。(5)情境设置,要营造民主、平等、宽松的教学环境,注重学生的全员参与。

情境教学法注意事项:(1)情境选择以学生为标准。(2)情境的选择应与时俱进。(3)情境教学应设置有意义的问题。

也有学者在情境教学法的基础上提出情景剧教学法的概念,即教师在课堂中根据教材内容,通过各种辅助教具,创设一种具有一定情绪色彩的形象生动的场景,为学生营造一个融视、听、说于一体的环境,使学生身临其境,激发他们的情感态度,从而达到对教学知识的有效学习。

还有一个概念——情景教学法。情景教学法不是一种独立的教学方法,而是以其他教学方法为载体,渗透在它们之中的一种教学方法。它是通过调动学生的兴趣和积极性,从而培养学生积极肯定的道德感、理智感和美感,促使学生提高对马克思主义理论常识和社会主义道德规范、法律规范等的认知,从而达到知、信、行相统一的一种教学方法。

(七)探究教学法

探究教学法是以学生的体验、参与和探究为主的教学方法。探究教学的基本步骤包括:创设情境,激发自主探究欲望;开放课堂,发掘自主探究潜能;适时点拨,诱导探究的方向;课堂上合作探究,训练自主学习的能力;课后留"创新"作业,激励学生自主学习;等等。需要注意的问题是,在探究教学中,教师是引导者,基本任务是启发诱导;学生是探究者,其主要任务是通过自己的探究发现新事物。因此,必须正确处理教师的"引"和学生的"探"的关系,在探究教学中的课堂上,让学生交流自学成果。

探究教学法注意事项:(1)选择合适的内容进行探究式教学。(2)充分考虑探究内容应达到的目的以及应发挥的作用。(3)要充分尊重学生的主体地位。(4)充分发挥每一个同学的最大潜能,从而满足各种水平的学生发展需要,使教学过程更能满足其个性发展的需要。(5)在教学中教师应根据实际的教学内容和学生特点,组织不同程度的探究活动,通过探究式教学与其他教学方式的结合进行,使教学具有时效性。(6)探究活动要把思想性和科学性统一起来。

【教资考试链接】真题

2019(上)思想政治学科知识与教学能力试题(高级中学)

【材料分析题】

33.材料:在教授"意识的作用"一课时,某教师以"电动车加装遮阳伞的设计、制作及使用效果"为整堂课的情境主线,依次设置三个探究性问题。第一组情境围绕遮阳电动车的设计,设置了第一组探究性问题:"你觉得设计者在设计过程中会考虑哪些问题?这说明人的意识具有什么样的特点?"通过学生的小组讨论和合作探究,学生明白人能够能动地认识世界,而动物则不能。第二组情境围绕遮阳电动车的制作,让学生看了人们骑着遮阳电动车在道路上驰骋的画面后,设置第二组探究性问题:"聪明的商家将电动车遮阳伞的造计变成了现实,这体现了意识具有怎样的作用?是意识直接创造了电动车遮阳伞吗?"通过师生合作探究,学生明确了意识在改造世界过程中的作用,即人能够能动地改造世界。这时,有一个学生提出问题:电动车遮阳伞不安全。学生议论纷纷。教师引导学生讨论,并播放一段视频,内容是"电动车加装遮阳伞,犹如在自己头上'加把刀'"。教师适时提出第三组探究性问题:"交警为什么要求加装遮阳伞的电动车车主拆除遮阳伞,恢复电动车原状?发挥意识作用的前提是什么?"学生结合视频及问题讨论,明确了改造世界不仅要发挥主观能动性,还要尊重客观规律,把两者结合起来,做到一切从实际出发,实事求是。

问题:依据思想政治课程与教学的有关理论,分析该教学设计中所设置的探究性问题有何特点。(20分)

【参考答案】

探究式教学是一种以问题解决为中心,引导学生探求问题的答案,着重培养学生创造性思维能力和意志力的教学模式。这种教学方法以突出问题性、探索性和主体性为特征。(4分)

①以问题解决为中心的教学,教师要注意在教学中为学生创设问题情境,使学生产生探究的欲望和要求。该教学设计中的探究性问题比较新颖有趣,能够激发学生探究的积极性。(4分)

②该教学设计中的探究性问题做到了以学生为主体,充分发挥学生的能动性,有利于培养学生的探索能力和创造能力。(4分)

③探究性教学的问题设置要难易适度,有探究的价值和意义。教师应引导学生将原有的各种片段知识从各个不同的角度加以改组,从中发现必然的联系,逐步形成比较确切的概念和原理。该教学设计中通过第一组探究性问题的分析不能得出所给的结论,问题的设置比较局限。(4分)

④探究式教学最主要的功能在于使学习者学会如何学习。如,怎样发现问题,怎样加工信息,对提出的假设如何推理验证等。该教学设计中的第二组探究性问题"是意识直接创造了电动车遮阳伞吗?"探究性不强,不利于学生探究。(4分)

(八)演示教学法

演示教学法就是教师运用一定的实物或者形象性手段来说明概念、观点和原理的教学方法。演示教学法可以充分发挥教师和学生的主观能动性,使课堂不再那么沉闷、枯燥,也可以使学生的主体地位得到充分体现。

演示法主要包括两种:挂图演示和计算机演示。挂图是教学中最早使用的一种教学辅助手段。它不但制作方法简单,而且使用灵活方便,不受地点条件的限制。计算机演示具有图像鲜明生动、直观形象的特点,并且图像和声音同步。这类演示能使教学内容得到充分表达,在有助于激发学生的学习动机和集中学生的注意力,加深学生对知识的理解,拓宽学生的知识面和发展他们的思维能力等方面都有重要作用。演示教学法操作步骤包括提出主题、说明目标、进行演示、练习强化。

演示教学法的注意事项:(1)根据学生的具体情况运用演示教学法;(2)控制演示时间,难度不宜太大;(3)演示内容要贴近生活,否则不能激发起学生的学习兴趣;(4)吸引学生的注意力,否则难以达到预期目标。

(九)活动教学法

活动教学法是指教师根据教学要求和学生获取知识的过程为学生提供适当的教学情境,根据学生身心发展的程度和特点设置,让学生凭自己的能力参与阅读、讨论、游戏、学具操作等去学习知识的课堂教学方法或过程。这种教学方法的特点是学生参与活动,通过听觉、视觉、空间知觉、触觉等在大脑指挥下协同活动而获取知识。

活动教学法注意事项:(1)活动必须有明确目的;(2)课前必须让每个学生准备好学习中所用的学具;(3)教师要给予适当的指导,提出具体的要求;(4)加强对学生的组织纪律教育和良好习惯的培养;(5)要注意处理好个别活动与集体教学的关系。

(十)体验式教学法

体验式教学法是指教师通过在教学过程中精心设计活动、游戏的情境,让学生通过观察、反思、分享,获得对自己、他人和环境的生动的感受和认识,获得知识,提高能力,并把它们运用到现实中去。体验式教学的类型有:在情景中体验、在讨论中体验、在辩论中体验、在调查中体验、在舞台中体验等,是一种师生互动、生生互动的教学,充分调动学生的积极性、主动性和创造性。

体验式教学注意事项:(1)教师应善于引导学生体验;(2)教学过程应注重创设情境;(3)教师应注重现代教学手段的运用,激发学生的学习兴趣,吸引学生的注意力,增强课堂教学效果。

(十一)案例教学法

案例教学法是指教师在教学过程中通过对一些典型案例的判定、分析和研究,阐明某一学科的一般规律、某一问题的具体认识,从而使学生了解掌握所学知识的一种教学方法。

案例教学的基本步骤:(1)确定目标。教师首先应明确通过案例展示和分析,希望学生实现情感态度和价值观等方面的变化。(2)选择案例。应选择那些学生感兴趣、富于生活气息、积极向上的案例,作为教学展开的基础。(3)案例分析。引导学生通过对案例的讨论,找到解决问题的方案,从而得出正确的结论。(4)案例总结与点评。对学生讨论过程的评价和对案例本身的评价,以及对案例中蕴含的道理的归纳和总结。

案例教学注意事项:(1)从生活中精选案例。案例教学中的案例应来源于现实生活,引用的例子要贴近学生生活,以学生为主体,符合学生的认知特点,注重知识性、趣味性和实效性。(2)运用案例要适当。案例教学的应用应该是为教学内容、教学重点难点、教学目标所服务的,而不是一味盲目地运用,应符合教学的特点。(3)引用案例应注重方向性,以正面教育为主。(4)案例的运用需要平时的积累与创新。

【教资考试链接】真题
2018(上)思想政治学科知识与教学能力试题(高级中学)
【简答题】

32.材料:在《主观必须符合客观》一框中,对"主现与客观具体的历史的统一"的理解是难点。教学中,某教师首先引用《孙子兵法》中"投之亡地而后存,陷之死地而后生"的观点,然后向学生提供两个材料:一是秦末韩信据此兵法背水结阵,大破赵军;二是三国时期马谡据此兵法屯兵山上,结果痛失街亭。接着设问:为什么同样的兵法,却导致不同的结果?学生通过讨论,甚至争论,很好地理解了"主观与客观具体的历史的统一"这一知识点。

问题:结合上述教学片段,简要说明教学事例的选择需要遵循的原则。
(12分)

【参考答案】

恰当的教学事例对于教学目标的实现有着重要的作用,在教学事例的选择中需坚持以下原则:

①事例须浅显易懂、为学生所熟知。只有这样,学生才能从浅显易懂的实例延伸到对教材知识的理解当中,不能因为复杂事例为学生的理解增加负担。(4分)

②事例的选取要坚持知识性与趣味性的统一,要通过事例激发学生的学习兴趣,但这只是手段,最后还要通过事例让学生掌握知识,实现教学目标。(4分)

③事例必须和知识之间应有必然的逻辑联系。以事例佐证概念、说明原理属于推理过程,要确保推理形式有效,就要确保事例与概念或原理之间存在必然的逻辑关系,这样才能用事例说明道理。(4分)

【教资考试链接】课堂思考题

材料:案例教学对于提高学生分析问题和解决问题的能力具有独特作用,是思想政治新课程倡导的一种重要教学方法。为增强案例教学的时效性,思想政治课教师在选用案例时应遵循哪些原则?

【参考答案】

①案例源于积累。思想政治(品德)教师应该是有心人,在日常生活中注意身边的大事小情,这些都可能成为课堂上的教学案例。

②案例需要提升。知识迁移能对学生产生教育意义的案例教学,才是成功的。换言之,我们不只是让学生知道一个故事、一件事情、一则趣闻,而是通过这些内容呈现我们的教育内容。

③案例贵在出新。在案例教学中,案例材料的选择应该注重时效性。对于学生比较熟悉的材料,则应注意从新的角度、新的思路等方面展示和使用。

(十二)学导式教学法

学导式教学法,就是在教师指导下,学生进行自学、自练的一种方法。它把学生在教学过程中的认知活动视为教学活动的主体,让学生用自己的智慧主动地去获取知识,发展各自的智能,从而达到在充分发挥学生主动性的基础上,渗入教师的正确引导,使教学双方各尽其能、各得其所。

学导式教学的主要环节:(1)自学。课前预练,课上自学、自练,学生通过自学掌握重点,发现难点,为教学提供依据。(2)解疑。由学生自提问题,通过练习与相互讨论解决;或教师进行辅导答疑。(3)精讲。教师重点讲解、示范,解析教材的重点和难点。(4)演练。课堂上反复练习,课后坚持复习与实践。(5)小结。学生进行自我评价和相互评价,或者教师进行评价,同时提出课后练习和新课预习的要求。

学导式教学注意事项:(1)发挥教师的主导作用。(2)学导计划的制定。(3)课前准备与课后反馈,使课内与课外更密切地相结合。

(十三)议题中心教学法

议题中心教学法,也称作议题为本教学法或议题导向教学法,是基于议题和自主合作探究学习的一种教学方法。议题中心教学法是以社会争议性或与学科探究相关的实证性议题为起点,让学生在开放民主的教学氛围中,直面社会冲突情境、深入议题讨论、采取自主合作探究体验等学习方法进行深度学习的一种教学方法。探究的议题一般包括两类,一是与学科探究相关的实证性议题。如,通过对"价格上下波动是否符合价值规律"议题的讨论来建构劳动价值理论;再如,通过对"网络社会是否应该加强监管"的讨论来认识自由是相对的观点。二是与价值伦理相关的一些争议性议题。通过议题中心教学可以更有利于培养学生的政治认同素养、科学理性精神、法治意识素养和公共参与精神等。

议题中心教学法的步骤,包括议题呈现、情景经历、自主探究、议题讨论、理性选择、展示交流、反思践行等七个方面。

议题中心教学注意事项:(1)议题选择的内容要合理、有意义。如一些实证性议题、有争议的议题等。(2)议题的呈现,应遵循由简到繁、由易到难的原则。(3)教师要调动学生参与议题讨论的积极性,引导学生学会学习、自主发展和实践创新。(4)教师要转变知识本位观,由知识本位向能力本位、素养本位转变。

此外,还有任务驱动教学法、体谅教学法等,在此不再一一列举。

用什么样的教学方法教学,不仅影响着学生对知识和技能的掌握情况,而且对学生智能和个性的发展也有着重大的影响。教师的教学方法不科学,就很难使学生形成科学的头脑,很难使学生掌握科学的学习方法。因此,方法的掌握意义重大。

三、思想政治教学原则运用的策略

教学原则在教学活动中的正确使用和灵活运用,对提高教学质量和教学效率发挥着一种重要的保障性、指导性和调节性的作用。

其一,作为教学活动的准则,它能够对教学活动的各个方面起着指导和调控的作用,能够为教师提供积极有效的开展教学活动的依据。

其二,教学原则在一定程度上决定了教学内容、教学方法与手段、教学组织形式的选择。教学原则确定之后,对教学活动中的内容、方法、手段、形式的选择,都有着积极而重要的作用。

其三,科学的教学原则可以有效地提高教学效率。科学的教学原则在人们的教学活动实践中灵活有效地运用,对教学活动的有效顺利开展,对提高教学活动的质量和效率都会有着积极的作用。

关于思想政治课程的教学原则究竟应该表述为几条?真可谓"仁者见仁、智者见智"。张文鉴教授主编的《中学思想政治课教学法》一书中,有的认为思想政治课程的教学原则只有一条,有的认为有六条,有的认为有十条等。我们认为,教学原则是教学活动中的基本要求和准则,而这个总的和最根本的要求与准则就是理论联系实际。但是这一要求又具体表现在教师对教学目标、教学内容、教学方法和师生关系等问题的认识和处理上。从这个意义上讲,思想政治课程教学的根本原则就是"理论联系实际",具体原则(派生原则)就是"科学性与思想性原则""启发性原则""民主性原则""正面教育原则"等。[①]（见本书第七章第四节思想政治教学的规律与原则）

四、思想政治课堂教学技能设计的策略

(一)导入技能

导入技能是教师在进入新课时,运用建立情境的教学方式来引起学生的注意,激发他们的学习兴趣,使他们明确学习目标,形成学习动机和建立

---

① 张建文:《思想政治课程与教学论》,人民出版社 2008 年版,第 224 页。

知识间联系的一类教学行为。(见本书第十章第二节(二)课堂教学基本结构)

【教资考试链接】课堂思考题

阅读材料,回答下列问题。

教师在讲述《情趣与兴趣》时是这样开始的:

(师)从小学到初中,你们的生活有什么变化?

(生)学习的科目多了;每天课程都排得满满的,每天骑自行车往返十几里非常累;老师对我们的要求严格了……

(师)这样一来,你们是不是觉得"我的生活变得没有滋味"了?(歌词)

(生)不是。

(师)为什么?

(生)紧张的学习之余,我们还可以从事一些自己喜欢的有意义的事情。

(师)那你们喜欢做什么?

(生)踢足球、写毛笔字、绘画、打篮球、养花……

(师)同学们的业余生活真是丰富多彩。可见我们的生活处处充满情趣,我们的生活还是有滋有味的,今天我们就来共同品味生活。

问题:请问用"聊天"的方式导入新课有什么可取之处?

【参考答案】

以聊天的方式导入,一是可以在教学上诱导学生,这种"自然"导课方式,能使学生"不自觉"地进入课中,而无任何学业负担,反而常常引起学生的学习兴趣。二是可以拉近师生之间的心理距离,为师生平等交流、平等对话创造一个真诚、民主、温馨、和谐的心理氛围,有利于激发学生的思维。

(二)讲解技能

讲解技能是指教师通过运用语言表达并辅以各种教学手段和媒介,对教学内容进行分析、综合、抽象、概括、论证、阐述等,以达到向学生传授知识和方法、启发思维、表达思想感情、进行思想教育的教学行为的技巧和能力。讲解要语言流畅、准确、明白,要有启发性,要有明确的讲解结构,要善于使用例证,注意形成连接,要会运用强调,要重视获得反馈和及时调控。

(三)演示技能

演示技能是指教师在向学生传授知识和信息的过程中,通过运用实物、样品、标本、模型、图表、幻灯片、投影、录像等直观教具、电教媒体或实验仪器，进行直观展示或示范，为学生提供感性材料，使学生获得事物现象的感性认识，从而更好地学习知识，培养观察、思维、记忆和操作能力的一种教学行为的技巧和能力。

(四)提问技能

提问技能是指教师在课堂教学过程中向学生提出问题以及对学生回答做出反应的能力技巧和艺术。它是教师进行启发式教学，调动学生学习积极性、培养学生思维能力、了解学生学习状态的一种教学行为。提问要因人而异，设问要"巧"，要运用多种方式，要给学生思考时间，要面向全体学生提问，要有公正的评价，要机动灵活。

(五)举例技能

举例技能是政治教师在思想政治课课堂教学过程中，为了使学生更好地掌握知识技能、形成能力、发展智力而以典型事例说明、解释教材内容、启发诱导学生理解教材内容的教学行为方式。

(六)结尾技能

结尾技能是指教师在完成课堂教学活动时，对教过的知识进行归纳总结，使学生对所学过的知识形成系统，并转化、升华而采取的行为方式。

另外，还有板书技能。运用板书要处理好板书与教材的关系、板书与讲解的关系、内容与形式的关系、正板书与副板书的关系、传统板书与"电子板书"的关系等。

五、思想政治课堂教学互动设计的策略

互动教学策略的应用是以开发学生优势潜能、优化学生个性为目标归宿的，它首先着眼于学生主体性的开发。主体性是人与环境相互作用时表现出来的主动性、独立性与创造性，表现为主体对外部世界关系的积极主动的掌握。主体性发展在学生开发潜能与优化个性中处于"牵一发而动全身"的核心地位。教育是发展人的活动，课堂教学作为教育的主要渠道，应确立学生主体性发展的教学观，把学生主体性发展放在一切发展之首。

互动式合作学习正是从学校满足学生主体性发展需要的基本假设出

发,通过创设互动式合作学习的教学组织形式,给学生提供开展互动式学习的场所和机会,使之在学习中相互交流,彼此尊重,共同分享成功的快乐,从而真正体现了学生作为学习主体的尊严,使之产生"我要学"的强烈愿望。正如当代著名教育心理学家布鲁纳所说,"知识的获得是一个主动的过程,学习者不应是信息的被动接受者,而应该是知识获取过程中的主动参与者",这样才能使学习效果最大化最优化。

就方式而言,课堂互动又可以分为双向型、多向型和网状型等。传统的课堂教学被看成一个由教师向学生传授知识的过程,使用"满堂灌",强调应试教育,把学生看成是被动接受知识的对象,是一种"填鸭式"的教学,严重缺乏课堂互动。

双向型的教学模式是师生之间信息互送、互收、互相反馈。在课堂上主要表现为师问生答或生问师答等的师生对话形式。

多向型的互动形式与双向型互动不同的是,互动过程中除了师生之间有相互作用之外,学生之间也有相互作用和信息的双向流通。它强调信息的多向传递反馈。在课堂上的常见形式是同桌讨论、小组合作学习、小组竞赛等。

在网状型的互动中,学生和教师构成一张紧密联结的网,每个学生、每位老师都是这张网的一个结点。能够牵一点而动全网,互动的辐射范围非常广。这种互动强调师生平等参与学习活动,信息全面开放,教师不再是唯一的学习源。

在实际教学中,这三种互动往往交织在一起,缺一不可。就教学效果来说,在这三种互动形式中,双向互动的效果相对差一些,多向互动的效果比较好,但效果最好的是网状互动。但是在实际操作中,前两者操作容易,因而应用广泛。①

六、思想政治课堂教学媒体设计的策略

媒体是指信息的载体和传递信息的工具。当媒体直接加入教学活动,在教学过程中传输有关的教学信息时,人们把它们称为教学媒体。现代媒体能够同时获取、处理、编辑、存储,展示包括文字、图形、声音、动画等不同

---

① 陈周云:《促进大学英语课堂教学互动的形式及策略》,《青年与社会·中外教育研究》2009年第8期,第24—26页。

形态的信息,它进入课堂超越了教育、教学的传统视野,使课堂冲破了时空限制,丰富了教学内容,增加了教学的密度和容量,能创造出使知识、学问来源多样化的文化教育环境,为学生个性、素质的发展提供了无限广阔的天地。

在思想政治课堂教学设计中,教学媒体的选择主要依据:教学目标、教学内容、学生特点、媒体特性、媒体的易获得性、使用者的媒体操作技能等。教学媒体选择时除了要考虑上面的六个因素外,还要考虑教学媒体的成本问题。要优先选择那些既能达到最佳教学效果又容易获得、使用者能操作且成本又低的媒体。

由于本书第七章已有专门的思想政治教学媒体设计的探讨,在此我们不再赘述。

七、思想政治课堂教学资源开发的策略

"课程资源是新一轮国家基础教育课程改革所提出的一个重要概念。"[①]《普通高中思想政治课程标准》对课程资源定义为:课程资源是课程设计、编制、实施和评价等整个课程发展过程中可资利用的一切人力、物力以及自然资源的总和。课程编制的过程,实际上是一定课程资源的发掘、选择、开发与利用的过程。没有课程资源就没有教材的编制,就没有课程与教学活动,因此课程资源与课程密切相关,特别是与课程内容的选择密切相关。因此,加强课程资源的建设与开发十分重要。

(一)对思想政治课程资源的结构进行调整,优化课程资源结构

除了传统的校内资源、教材之外,校外资源、网络资源等也是课程资源结构的重要组成部分。(1)开展当代社会调查,不断地跟踪和预测社会需要的发展动向,以便确定或揭示有效参与社会经济、政治、文化生活和把握社会所给予的机遇而应具备的知识、技能和素质。(2)审查学生在日常活动中以及为实现自己目标的过程中能够从中获益的各种课程资源。(3)开发和利用课程实施的各种条件。(4)研究学生情况,了解他们已经具备或尚需具备哪些知识、技能和素质,以确定制定课程教学计划的基础。(5)鉴

---

① 教育部编写组:《走进新课程》,北京师范大学出版社 2002 年版,第 210 页。

别和利用校外课程资源,包括自然与人文环境、各种机构、各种生产和服务行业的专门人才等资源,不但可以而且应该加以利用,使之成为学生学习和发展的财富。(6)建立课程资源管理数据库,拓宽校内外课程资源及其研究成果的分享渠道,提高使用效率。

(二)重视教师在课程资源建设中的作用

课程资源能否在课堂层面发挥作用,是课程资源开发和利用的关键。课程资源只有进入课堂,与学习者发生互动,才能彰显其应有的教育价值和课程意义,才能最终体现课程资源的价值。那么,作为课程实施主要途径的教学活动,无疑在课程资源的开发和利用过程中起着不可忽视的作用。(1)调查学生的兴趣以及喜欢的各种活动,激发学生学习的动机。(2)确定学生现有的发展基础和差异。(3)为学生提供反馈资料。(4)安排学生从事课外实践活动。(5)总结和反思教学活动。(6)发挥网络资源的作用。(7)关注各类报纸、杂志等。思想政治教师应有课程资源的敏感性,赋予平常生活以思想政治的课程意义。

八、思想政治课堂教学模式运用的策略

教学模式,是指在一定教学思想的指导下,在教学实践中形成的一种组织和设计教学活动的理论及操作程序。传统的教学模式很多,如:有意义讲解式教学模式、问题教学模式、交往教学模式、"非指导性"教学模式、建构主义教学模式等等。我们在这里主要介绍一种 OMO 教学模式。OMO 是 Online-Merge-Offline 的缩写,所谓的 OMO 教学模式是指线上教学和线下教学融合的教学模式。随着网络社会的不断发展,学生对教学的需求呈现出多样化和个性化的特点,为满足学生学习的需求,OMO 教学模式就成了目前课堂辅助教学的必然趋势。

就思想政治教学而言,线上教学应包含以下几个方面:其一,线上师生互动。教师充分运用线上网络的各种手段了解学生的学习、能力、心理等各方面情况,为教学设计做准备。其二,线上直播或录播课。在线上灵活地为学生做好课前预习、案例学习、复习、课外拓展、讨论、探究等,提供各种听视觉及文字的材料。其三,学生在线提问和提交作业。老师随时随地在线答疑辅导、在线批改作业、点评作业及微信群服务、教师在线教研等。线下教学,在这里主要指课堂教学。课堂教学是线上教学和线下教学融合

的重要方式。在课堂上教师要及时总结评价学生线上学习的各种情况,要指导班级学生接下来如何更好地开展线上学习,要把线上教学变成课堂教学的重要组成部分或课堂教学的延伸,形成线上线下联动的"全场景闭环",实现线上线下深度融合,更好地提高、巩固和强化教学效果。

需要注意的是,OMO教学模式不是简单地把线下授课搬到线上去,也不是将课程录好后放到网络上,而应是结合学科教学的特点或教师自身教学的实际需要,把教师自己在课堂教学做不到的或课堂教学效率比较低的教学服务场景搬到线上去,方便学生预习、复习,满足学生多样化个性化的需求,回归教学的本质——"因材施教";或通过做一些录播课、在线答疑、在线批改作业等,成为线下课堂教学的有效补充;或把优秀教师的优质教学资源放到线上去,实现优质资源利用效率的最大化;等等。总之,线上教学和线下教学融合的教学模式对教师而言,不是教学轻松了,而是要求更高了,挑战更大了。

九、思想政治课堂学习方式与指导的策略

课程改革的目标之一是推动学生学习方式的变革。要实现这一变革,在师生互动、生生互动的教学活动中,还应该引导教师逐步实现下列转变。

(1)由"权威"向"非权威"转变。

(2)由"指导者"向"促进者"转变。

(3)由"导师"向"学友"转变。

(4)由"灵魂工程师"向"精神教练"转变。

(5)由"信息源"向"信息平台"转变。

(6)由"一桶水"向"生生不息的奔河"转变。

(7)由"挑战者"向"应战者"转变。

(8)由"蜡烛"向"草果树"转变。

(9)由"统治者"向"平等中的首席"转变。

(10)由"园丁"向"人生的引路人"转变。

第三节　思想政治教学策略的基本要求

进行有效教学的策略研究,其目的就是创设优化的教学情境,提高课堂教学效益。

一、创设优化教学情境

人的知识是通过各种感觉器官获得的。教师在课堂教学中采用多种教学方法,交叉刺激学生的感觉器官,让学生耳闻、目睹、口诵、心维、读写、讲练。这样做可以拓宽学生获得知识的信息渠道,还可以使课堂教学轻松愉快、生动活泼,增强学生的学习兴趣,在兴趣盎然中学生学习了知识、教师传授了知识。

教师在教学中要注意运用各种直观教学手段,实物展示、表演体会及利用电脑投影、电视、录像等多媒体进行图画展现、音乐渲染等,这样可将枯燥、抽象的思想政治知识生动形象地展现出来,使学生如见其形、如闻其声。另外,教师要善于设置疑问,创设问题情景,以问题引导学习,形成认知冲突,不仅可激发求知欲,激活思维,而且能在解决问题的过程中培养学生的各种能力,提高课堂的教学效益,达到课堂教学的有效性。这就是采取有步骤地设置思维障碍等方法,铺设恰当的认知阶梯,呈现与学生思维最近发展区相适应的学习任务。同时,教师要以"情"入景,创设优化的教学情景。这个"情"字,一是指教师个人的激情;二是指教师要以"真情"关爱每一个学生。教师要在课堂上顺利开展教学活动,必须想方设法创造良好的氛围,活跃学生的思维,教师要用真情实感去感染学生。要想打动学生,首先要打动自己。同时,教师要缩小与学生间的心理差距,融洽师生关系,认真考虑学生的个人爱好,机智地将其纳入课堂教学,还要给不同需要的学生提供不同类别的专门帮助。教师经常以学生眼光看世界、看问题,这样才能真正发挥感染和移情作用。

二、灵活运用教学策略

俗话说"法无定法"。良好的教学策略可以发挥教学智慧,不妥的策略可能达不到预期的教学效果。然而,教学策略又无定法,必须机动灵活。教学策略虽有一定的规律可循,有着一定的法则和模式,有着一定的基本方法,但教学方法和技能等不是机械的、教条的,而是灵活多变的,富有个性、充满灵性的。也就是说,我们的教育教学活动必须根据教学内涵、学校条件、教师特点,更重要的是根据学情来合理使用、选择适用于学生的方法策略。例如,如何将学生的学习内容与学生的生活实际联系起来,让学生的生活经验能在课堂上运用和发挥,感受到课堂的亲和力,这就是教师的教学方法生活化的问题,也就是教学策略的问题了。这就要求教师要充分熟悉和利用学生的所见所闻,努力寻找教学内容与学生生活经验的共同点,引发学生共鸣,让学生主动参与教学。同时教师要培养学生接近生活、观察生活的能力,将教学与日常生活有机结合起来。然而,不同的学情、环境、条件等,使得教师对于相同的科学知识、技能方法、情感态度等具体目标的考虑也会有很多区别,由此引起的教学方法和策略必定不尽相同。因此,教师在运用教学策略的时候必须学会灵活运用。

三、及时反馈调节教学策略

任何方法与策略的运用都不是一蹴而就的,都需要在实践中检验,发现问题及时反馈与调整。用一公式表示就是:选择策略→运用策略→反馈策略→修改策略→运用策略……再循环或再总结。

要做到及时反馈和调节教学策略,重要的一步就是要善于经常反思自己的教学活动或教学策略。教学反思就是教师对自己已经历过的教学实践及其效果的反问和思考,即教师自觉地把自己的课堂教学实践,作为认识对象进行全面而深入的冷静思考和总结,从而进入更优化的教学状态,使学生得到更充分的发展。教学反思是一种有益的思维活动和再学习活动。这里所说的反思与通常所说的静坐冥想式的反思不同,它往往不是一个人独处放松和回忆漫想,而是一种需要认真思索乃至极大努力的过程,而且常常需要教师合作进行。不同的标准,教学反思有不同的分类。从反思主体来看,教学反思有集体反思和个体反思。集体反思指与同事一起观察自己的、同事的教学实践,与他们就实践问题进行对话、讨论,是一种互动式的活动,它注重教师间成功的分享、合作学习和共同提高,有助于建立合作学习的共同体。个体反思就是一堂课下来及时总结思考,写好课后心得或教学日记,如写成功之处、写不足之处、写教学机智、写学生创新、写再教设计等等,发现问题及时纠正。从反思阶段来看,教学反思包括课前反思、课中反思、课后反思。从教学反思的内容来看,重点包括反思成功之处、反思失误之处、反思学生见解、反思学生的问题和建议等。

【教资考试链接】真题

2016(下)思想品德学科知识与教学能力试题(初级中学)

【简答题】

32.张老师在思想品德课日常教学中经常进行教学反思,每节课都要简单记录授课感受和学生反应,一个阶段后还要进行阶段性总结。

问题:请运用思想品德课程与教学论的相关原理对张老师的做法进行简要评价,并谈谈思想品德课教学反思的主要内容。(12分)

【参考答案】

①材料中张老师及时做教学反思和阶段性总结的做法符合新课程的基本理念。这不仅能够帮助教师改进教学,进而更好地实现课程目标,也可以为下一阶段教学计划的展开奠定基础,明确下一步的教学目标。张老师的做法是完全正确并值得提倡的。

②思想品德课教师在上完一节课后,应及时进行课后教学反思,对课堂实施教案的情况做及时的回顾和总结。内容可以包括以下几个方面:教学任务的完成情况;教学活动中的成功之举、失败之处、教学机智;教学过程中的灵感和顿悟、学生的反馈意见、同行专家的点评、自己的心得体会等。坚持写教学后记,有助于教师积累教育教学的经验,不断改进教学。此外,写教学后记也是思想品德课教师进行教育科研的重要方式。

【教资考试链接】课堂思考题

材料:王老师在上完《感受自尊的快乐》一课后,写了如下的教学反思。

1.在讲授本课内容时,我选取了"感受自尊的快乐"这个环节进行小组讨论,意图让学生深刻地体会到自尊和被人尊重的快乐。

2.分析"知耻"、虚荣时应该着重强调它们与自尊的关系,帮助学生更为准确地认识何为自尊。

问题:根据思想品德课教学反思的要求,请指出该教师教学反思的不足之处。

【参考答案】

①教学反思是指教师在师生互动过程之中或者过程之后,对其计划的实施、目标的实现或行为重新进行评估的过程。反思对教师学会教育教学、提高教育教学技能、促进有效的教育教学具有重要的作用。

②材料中王老师反思了自己的教学活动意图,却没能指出该活动的活动效果,没有反思教学的成功之处或失败之处。

③材料中王老师的反思没有反思学生的见解。学生的一些独特见解,

不仅能启发同伴,对教师的教学也有开拓思维的良好作用,是教师可利用的宝贵教学资源。

④材料中的王老师没有反思学生的问题和建议。学生在学习中肯定会遇到很多困难和问题,这些问题一方面可以丰富自己的教学思维和教学经验,另一方面能促进自身教研水平的提高。

思考题:

1.教学策略的概念、特征和目的各是什么?

2.教学策略的基本内容有哪些?

3.教学策略的基本要求有哪些?

4.教学方法有哪些?各有什么基本要求?

课外拓展研究:

1.思想政治教学方法设计的策略探析。

2.思想政治教学互动设计的策略探析。

下 篇
思想政治教学评价论

　　教学评价是教学理论中的重要组成部分。学习和研究教学评价,有利于对课程的实施进行导向监督;有利于了解教师的教学水平和学生所达到的学习目标程度,从而帮助教师改进教学,促进教师的发展,帮助学生了解自己的成长状况,促进学生的发展。思想政治教学评价论包括教学评价概述、听课、评课和考试等内容。

第十二章　思想政治教学评价概述

第一节　教学评价概述

教学评价是教学理论中的重要组成部分,是教学研究中的一个重要课题。研究和了解教学评价,有利于对课程实施的导向和质量监督,有利于考察教师的教学水平和学生所达到的学习目标程度,从而帮助教师改进教学,促进教师的发展,帮助学生了解自己的成长状况,促进学生的发展。

一、教学评价的内涵

"教学评价"从 20 世纪 80 年代开始广泛出现在我们的视野,随着课程改革的一步步推进,对教学评价的研究也更受到重视。至今,学术界对于教学评价的概念还尚未有一个清晰的界定,学者们都有自己不同的见解。

美国学者泰勒认为:"评价过程实质上是一个确定课程与教学计划实际达到教育目标的程度的过程。"[①]也就是说,泰勒将评价当作是目标设置实现程度的手段,在意教育关联者在教学过程之中的实际变化;美国的克龙巴赫则认为,评价是"为做出关于教育方案的决策,搜集和使用信息"[②],强调透过评价来改进教育方案,将评价当作资料收集的工具等;此外,还有不少学者从价值判断的作用来定义教学评价;等等,在此不一一赘述。我们认为教学评价就是依据一定的客观标准,运用合理的教学方法和手段对教学各个方面进行的全面考察和教学判断。

什么是思想政治教学评价呢? 胡田庚教授认为:"思想政治教学评价

---

① ［美］泰勒:《课程与教学的基本原理》,施良方译,人民教育出版社 1997 年版,第 15 页。
② 瞿葆奎:《教育学文集·教学评价》,人民教育出版社 1989 年版,第 164,301 页。

是依据思想政治课程标准和教学目标,运用切实可行的评价方法和手段,对思想政治教学活动及其效果,进行全面考察和价值判断。"[①]即思想政治教学评价是根据思想政治学科科学的评价标准,运用切实可行的评价方法和手段,收集到教学过程之中的有用信息,对思想政治课堂实施教学活动过程中出现的客观对象及其效果进行全面考察和价值判断的过程。

二、教学评价的对象

教学评价是对教学活动、教学过程和教学结果的价值判断,是以教学的全领域为评价对象的,[②]任何包括在教学活动之中的都属于教学评价的对象,如教学目标、教学过程、教学方法、教学内容、教学活动安排等。但若以主要对象论之,可以概括为以下三类。

(一)教学的结果

对教学结果的评价是教学评价最传统的、最主要的对象,教学结果的评价是总结性评价,它着重衡量学生对知识、技能的掌握和情感、态度、价值观及其提高程度,一般是通过课堂表现、作业反馈等,能直观反映出教学的效果。教学结果的评价总是根据思想政治课程标准所规定的学习目标和学习内容进行的,教学结果的评价可以帮助人们从整体上了解教学的质量,全面检查教学任务的完成程度和教学目标的达成程度,迅速掌握教学的结果。

(二)学生学的行为

在传统的教学评价中,评价的对象往往局限于教学的结果,也就是学生成绩的好坏。这是对教学评价的误解,不仅窄化了理应广泛和丰富的评价范围,而且影响了教学评价功能的发挥和教学评价的效果,科学的教学评价需要对学习的过程予以持续和充分的关注。学习的过程隐含着影响教学结果的丰富内容,它是提高教学质量的重要一环。在学习的过程中,学生的行为捉摸不定,而且是一个不断变化,表现出明显的差异性、倾向性

---

　　① 胡田庚主编:《新理念思想政治(品德)教学论》,北京大学出版社 2014 年版,第 163 页。
　　② 中公教育教师资格考试研究院:《思想政治学科知识与教学能力》,世界图书出版公司 2019 年版,第 262 页。

和导向性的行为,它们既受到教师教学行为的影响,也直接影响着教师的行为。通过对学生学习行为的评价,评价者能更全面准确地获取关于学生学习的信息,从而能科学地评价学生的学习,并为有效地改进教和学提供有针对性的相应的有效资料。

(三)教师教的行为

教学活动的直接责任人是教师,教师教的行为合适与否直接影响学生培养质量的好坏。教师教的行为包括很多方面,如教学设计行为、组织实施行为、课堂管理行为、师生互动行为等。[①] 对教学设计行为的评价,主要看教师是否深入钻研课程标准和教材,是否深入了解学生实际;所定教学目标是否确切、全面、具体;教材处理是否符合逻辑性、思想性,学生是否易于理解,是否突出重点、抓准关键;注意新旧知识的内在联系,讲究系统性、整体性;能否理论联系实际,并使教学密度和教材处理深度恰当。对教学方法的设计是否重视启发引导,是否灵活多样地选择各种教学方法,是否重视学法指导和因材施教。对组织实施行为的评价,主要看课的结构是否科学合理、富有新意,能否注重组织学生的思考、探索练习活动,是否有严密的计划性、组织性;还有言语表达、提问和板书的技巧、教学方法和现代教学技术手段的使用等。对课堂管理行为的评价,主要看课堂教学的气氛是否浓厚,学生是否有高涨的学习热情,能否主动投入或参与学习活动,思维是否活跃,教学过程生动活泼与否。对师生互动行为的评价,主要看师生间是否形成了民主、平等的关系。总之,教师教的行为的评价是教学评价不可或缺的一个方面。恰当地评价教的行为,将为全面改善教学评价奠定重要的基础。

三、教学评价的功能[②]

教学评价的功能是指教学评价活动本身所具有的能引起评价对象变化的作用和能力。它通过教学评价活动与结果作用于评价对象而体现出来,教学评价具有诊断功能、激励功能、导向功能、调控功能以及教学功能。

---

① 钟启泉主编:《课程与教学概论》,华东师范大学出版社 2004 年版,第 212 页。
② 中公教育教师资格考试研究院:《思想政治学科知识与教学能力》,世界图书出版公司 2019 年版,第 266—267 页。

（一）诊断功能

诊断是教学评价的重要功能。对于教师来说，诊断可以帮助教师了解教学目标的实现程度；了解教学方法和手段是否运用得当；了解教学的重点和难点是否阐释清楚；了解学生目前的学习状况和学习上遇到困难的原因；等等。对于学生个人来说，诊断可以帮助他们分析出成绩不良的原因，等等。

（二）激励功能

激励功能主要体现在教学评价对教学过程的监督、调控、促进和强化作用。例如，当教学评价较高时，它可以使教师和学生在心理上和精神上得到鼓舞，激发他们朝着更高目标努力的积极性；当评价较低时，它也能使教师和学生反思自己，不好是何缘故，在哪些方面可以继续加强，下次应该怎样继续获得进步，等等。

（三）导向功能

教学评价具有导向作用，能给教学带来目标性的指导。可以说，教学评价就是课堂教学活动的一个指挥棒，下达着行动的命令。持续的教学评价可使教学活动的过程朝着特定的教学目标一步步迈进。当然，评价内容和评价标准要依据教育课程与教学目标制定，只有这样才能更好地发挥课堂教学评价的导向功能。

（四）调控功能

评价最后呈现的结果是一种反馈信息，而这种信息既可以使教师及时知道自己的教学情况，也可以使学生体验到学习成功和失败的过程，从而为师生调整教与学的行为提供客观依据。教师据此修订教学计划、改进教学方法、完善教学指导；学生据此变更学习策略、改进学习方法、增强学习的自觉性。

（五）教学功能

评价本身也是一种教学活动。在这种活动中，学生的知识、能力、情感都会获得相应的进步，甚至有质的突破。如评价前学生对教材进行复习，巩固和整合已学到的知识和能力，进而不断提升自己；教师可以在估计学生水平的前提下，有针对性地制订测试试题，使题目练习对于学生的学习效度有增强作用,促使学生自己去探索、领悟,获得更加可靠的学习经验和达到更高的教学目标,等等。

教学评价应从评价方案的制定、评价指标体系的设计、评价实施者的选择、评价过程的监督与监控、评价结果的反馈等方面做好调控工作,争取扬长避短。我们在重视教学评价的优点的时候,切记防范它的缺点带来的伤害性,尤其是不得当的评价结果给教师和学生带来的副作用。

【教资考试链接】课堂思考
【材料分析题】
下面是某教师布置给学生的一份思想品德作业和某学生的答案。

> 作业:近来,有关某市汽车即将限牌的谣言四起,一些不明真相的人以讹传讹,引起大众恐慌,少数汽车销售商在此次谣言中起着推波助澜的作用。为了鼓动市民买车,增加业绩,他们甚至打出"限牌将到,你还在等什么"的广告。在限牌传言中,许多家庭担心限牌后会影响自己购车、用车,匆忙跟风买车,很多家庭花了冤枉钱却没有买到心仪的车。很快,警方就给出了回应:限牌是谣言,广大市民切勿轻信。同时,王某因造谣惑众被公安机关予以治安处罚,传播谣言的孙某、刘某也被依法处理。
>
> 请运用所学知识,谈谈如何正确对待这件事。

某学生的作业答案:

造谣和传谣是不诚信的行为,也是违法行为,我们应当防微杜渐,远离违法犯罪。普通市民买车是自主选择和理智消费的行为,汽车经销商打出"限牌将到,你还等什么"的广告是自主促销行为,有利于提高销量。

问题:请运用思想品德课的教学评价功能理论,对该学生的作业答案进行点评。(20分)

【参考答案】

思想品德课教学评价的功能,是指教学评价在学科的教育教学全过程中发挥的作用。其主要有以下几个功能。

①导向功能。教学是有目的、有计划的活动,而教学评价是检测教学目标的实现成效,并做出相应价值判断以求改进的一种工作过程。从某种意义上说,教学评价也发挥着"指挥棒"的作用。通过持续的教学评价,可使教学活动的过程朝着特定的教学目标迈进。教师通过分析该学生的作业答案,能够使教师的教学过程朝着特定的教学目标迈进。

②反馈功能。教学评价可以使教师和学生知道教学过程的结果,及时

地反馈信息,而反馈信息在教学中具有重要的调节作用。教师获得评价的反馈信息,能及时地调节自己的教学工作,能使教师了解自己的教学方法和教学过程组织中的某些不足,诊断出学生在学习上存在的问题与困难;可使教师明确教学目标的实现程度,明确教学活动中所采取的形式和方法是否有利于促进教学目标的实现,从而为改进教学提供依据。学生获得反馈信息,能加深对自己当前学习状况的了解,确定适合自己的学习目标,从而调整自己的学习计划。该学生的作业答案对教师的教和学生的学能够起到反馈功能。

③诊断功能。评价是对教学结果及其成因的分析过程,据此可了解到各方面的情况,从而判断其中的成效和缺陷、矛盾和问题,以及自身优势、长处与特色等。全面的评价工作不仅能估计学生的成绩在多大程度上实现了教学目标,而且能解释成绩优良的原因及教学过程中各要素的主次点。教学评价是对教学现状进行一次严谨的科学诊断,以便为教学的决策或改进指明方向。它是通过结果控制、评价、鉴定使教学活动逐步向目标靠近的过程。该学生的作业答案能够使教师清楚教学目标的实现程度,为改进教学指明方向。

④激励功能。教学评价是对教育者和学习者劳动效率、成果的鉴定和审查,评价对教学过程起监督和控制作用,对教师和学生则是一种促进和强化。评价结果在一定程度上刺激并激发被评估者的竞争意识,激励其按特定的教学目标要求规范自己的行为。教学评价的开展,不仅有利于激发和调动广大教育者和学习者的积极性,而且一定程度上促使他们自觉调控行为,使其符合相应的规范教学目标。事实证明,没有定期的评价,而把希望寄托于学习者自身经常、系统和认真地学习是不切实际的空想。该学生的作业答案对教学能够起到激励作用。

⑤教学功能。教学评价本身也是一种教学活动。在这种活动中,学习者的知识和技能水平将获得提高。教师可在对学生水平进行全面估计的前提下,将学习内容以测评的形式呈现,并使其包含有意义的启示,让学生通过探索和领悟来获得新的学习体会和经验,以达到更高的教学目标。教学评价的教学功能主要体现在促进教学进步、改进教学组织管理、促进教学改革进行和教育科研发展等方面。该学生的作业答案对教师的教学能够起到积极的促进作用。

第二节 思想政治教学评价的性质与特点

一、思想政治教学评价的性质

思想政治的课程性质决定了思想政治教学评价既有教学评价的共性，又有区别于其他学科教学评价的个性。思想政治教学评价的性质属于目标性评价，即达标性的评价，而非选拔性评价。思想政治课程的性质特点决定了其教学评价不能只关注知识传授和知识运用能力培养的评价，还要立足于当代社会的生活实践，围绕学生关注的时事热点问题，着眼于思想观点的交流、情感的沟通和价值的引导，培养学生正确的人生观、世界观和价值观。

二、思想政治教学评价的特点

从思想政治教学评价的性质可以看出，它的教学评价目标的特殊性在于其不仅涉及认知领域的基础学科知识等，还涉及情感、行为、思想意识等非认知领域，并且非认知领域的评价显得更为重要，尤其是新课标对学生政治认同、科学精神、法治意识和公共参与这四种思想政治学科核心素养比较关注。这不单单是思想政治教学评价的特殊性，更是思想政治学科的特色所在。本课程的特殊性质决定了其教学评价有着与一般文化课程教学评价不同的特点。

(一)评价的过程存在复杂性

教学评价是一个综合过程，它包含了对教与学行为的定性和定量分析，还有对所期望行为的价值判断。学生的品德测评是一项艰巨的任务，这种艰难一方面表现在学生思想品德的复杂性、品德行为表现的能动性和情境性、思想观点和情感态度及行为动机的隐蔽性、思想品德的难以量化和考查内容的有限性、测评者的主观性以及被测评者活动时空的不完全一致性；另一方面表现为学生的思想品德是多种内外因素作用的结果，无法确定所测得的思想品德是不是思想政治课教学的结果。因此，对于评价来说是一个复杂的过程,而且教学评价也需要经历准备、实施、反馈、调节这四个步骤,每个步骤都会依据变化来进行相应的调整,并不是一帆风顺的过程。

(二)评价的方法呈现多样性

对于学生的知识掌握情况可以通过纸笔测验的方法,但是思想政治教学评价更加关注学生的情感态度价值观和学科核心素养的发展,要得到这个深层的结果反馈,需要运用多种评价方法来得出最后客观准确的评价。既有正式评价又有非正式评价,既有量化评价又有质性评价,既有规范性评价又有非规范性评价,既有他评又有自评,每个方法都有其存在的优势和不足,要好好运用多样的评价方法进行优劣互补,这样才能获得更多真实客观的信息,做出全面的评价。一般来说,没有正确的评价方法,只有合适的评价方法,只要能够得出需要的信息,无论什么评价方法都是最好的。

(三)评价的结果具有不确定性

今天的我不一定是昨天的我。同样,昨天的评价结果也不一定适用今天的教学。学生在经过教师教学或者是某些事故的变化会产生一些情感和行为的变化。因此,评价得出的结果并不一定是对学生最后的判决书,评价的结果只能作为参考的一个依据,而非全部,即使得到了一个比较可靠的评价结果,也很难确定是什么因素导致了这一结果,因为影响人的品德、价值观、情感态度的因素很多,我们在教学评价过程中很难将某些因素剔除出去。而且,对于学生情感态度与价值观的评价有困难且在探索中,因为一般的考查和考试无法测出学生实际的品德发展状况。

(四)评价目的关注素质发展

与其他学科为了测试学生的学科知识掌握情况不同,思想政治教学评价的目的是关注学生的素质发展,以思想政治课程标准规定的课程目标和内容目标为依据,立足学生自身实际,关注学生发展的最后结果,始终坚持知识、能力、情感态度与价值观"三维一体"的素质评价观,突出思想政治和道德法律素质发展评价,着力考查学生对当代社会经济生活、政治生活、文化生活的观察和体验能力、认识和实践参与能力,以及从中发现、提出问题和分析、解决问题的能力。从学生素质发展的角度,为每个阶段的学生进行持续的追踪评价,总结学生发展的优点和缺点,以促进发展为目的做出评价。

第三节　思想政治教学评价的原则与理念

一、思想政治教学评价的原则

思想政治教学评价原则是思想政治课程在教学评价环节下需要遵守的基本要求，为实现思想政治教学评价的目标提供了方法论指导。这些原则是指导思想政治教学评价的法则和操作规范，我们在思想政治教学评价中主要遵循发展性、激励性、全面性、多主体化、科学性和可行性原则。

（一）发展性原则

发展性原则是指思想政治教学评价要立足于学生的全面发展，强调评价不是目的，而只是思想政治教学过程中一个重要的环节，是改进教学、促进学生成长与发展的手段。[①] 发展性原则可以说是思想政治教学评价中最重要的原则，它体现了思想政治教学评价目的的根本要求和新课程背景下思想政治教学评价的本质特征。对于发展性原则，具体有以下几点要求：第一，通过评价对学生的思想政治课学习和思想道德素质的发展从总体上给予方向性引导。第二，通过将形成性评价和终结性评价有机结合，从而指导学生的学习和思想道德素质的发展。第三，通过教学评价激发学生内在的发展需求。切记防止两种倾向：一是把评价当作单纯的管理手段，对学生进行管理、压制，这样会使学生厌恶被评价，不愿意了解自己真正的发展需要，遏制了学生的发展；二是把评价当作甄别、选拔学生的方法，单一看中学生的知识获取，忽视学生的能力和思想道德素质的发展，不利于学生的全面发展。

（二）激励性原则

激励性原则是指在进行思想政治教学评价时，要注重激发学生在学习和提高自身素质上的积极性。激励能够调动人的积极性和创造性，充分发挥人的主观能动性，实行激励原则的根本目的是诱导学生走向正确的目标。思想政治教学评价在坚持激励性的原则上应当注意：第一，激励为主，

---

① 胡田庚主编：《新理念思想政治（品德）教学论》，北京大学出版社 2014 年版，第 166 页。

惩罚为辅。第二,激励要适度。对学生的评价要真实中肯,不应极度夸大;否则,激励反而会收到相反的效果。第三,注意激励语言的规范性。遵循激励性原则的时候,要把握语言的艺术性,要对学生形成启发作用。

(三)全面性原则

全面性原则是指在进行思想政治教学评价时,要对组成教学活动的各个方面进行多角度、全方位的评价,而不能以点带面、以偏概全。教学过程由多方面因素构成,教学效果是多种因素综合作用的结果。因此,进行教学评价必须树立全面的观点,全方面考察教学工作,多方面检查评定。第一,评价标准要全面。要使评价的指标体系囊括教学目标的各项内容。第二,收集的信息要全面。一定要多方面听取不同的意见,收集足够的信息,为做出准确的评价提供实在依据。第三,评价手段要全面。要把定性评价与定量评价结合起来,把终结性评价和形成性评价结合起来,把分数评价、等级评价和语言评价结合起来。

(四)多主体性原则

多主体性原则是指思想政治教学评价的主体应不只局限于教育系统之内,而要采取多主体化,从不同角色的角度来认识学生。因此,在教学评价之中,应综合运用学生、家长、教师、学校甚至社区的共同参与形成的多方评价。第一,重视学生的评价。第二,认真收集其他主体评价。第三,注意主体身份的保密性。为了确保真实资料的收集,评价主体的身份可以保密,用代码表示,这样在表达自己评价观点的时候,各个主体才能据实相告。

(五)科学性原则

科学性原则是指思想政治教学评价要科学化,不仅要求评价目标、标准的科学化,而且要求评价程序、评价手段和对评价信息处理的科学化。第一,坚持实事求是的科学态度。在认识评价对象时要坚持其行为表现和发展的事实依据,不主观臆断和弄虚作假。第二,确立科学的评价目标。要根据学生全面发展、全员发展的教育目的制定出具体的教学目标,并给予科学的顺序排列,使评价目标系列化。第三,制定科学的评价体系。要从教与学统一的角度出发,经过调查研究,以教学目标体系为依据,确立综合衡量教与学的统一评价指标体系。第四,设计科学的评价程序。从制定计划、进行调查、资料收集到分析整理资料,最后做出判断和信息反馈,都应精心安排与设计。第五,选用科学的评价方法。对学生的学习评价不仅关注结果,更要重视过程,把形成性评价与总结性评价、定量评价与定性评价结合起来;既要结合学生原有的基础,又要关注学生的现实发展水平;既要看学生的发展结果,又要看其主观努力程度和过程。

(六)可行性原则

可行性原则是指思想政治教学评价在实际中切实可行,具有可操作性,能够最后生成教学评价的结果的原则。第一,评价标准和评价指标体系的制定要从实际出发,既要符合思想政治课程标准的规定要求,又要充分反映自身学校、本班学生的学业和思想品德发展的实际情况。第二,评价标准的水平要求要适中,不能过高或过低,这样才能真实反映学生的状况,发挥评价的激励作用,达到以评价促发展的目的。第三,评价指标体系既要全面完整,又要简明具体,实用易行,使评价的角度能够直观反映,为评价对象理解和接受。第四,评价的组织实施要力求简单高效,不能让评价者产生疲劳厌倦感。

【教资考试链接】真题
2017(下)思想品德学科知识与教学能力试题(初级中学)
【材料分析题】
34.材料:某教师在完成《了解祖国　爱我中华》这一单元教学的基础上,布置了下列作业题。

在我国960多万平方千米的土地上,居住着由56个民族组成的大家族。在历史的长河中,各民族创造了绚丽多彩的文化,构成了博大精深的民族文化画卷。为走进各民族的独特文化,请同学们行动起来,开展探究活动。

[**方案设计**]为确保作业顺利完成,请设计本次调查活动方案。
[**社会调查**]请开展与民族文化相关的社会调查,并撰写调查报告。
[**问题探究**]根据调查结果,针对一些少数民族的珍贵文化遗产正在逐渐消亡的问题,向当地政府提出建议。

问题:运用思想品德课教学评价的相关知识,分析这道作业题的优点。
【参考答案】
①新课程标准要求评价不仅要重视结果,更要注重发展、变化和过程。把形成性评价与终结性评价结合起来,突出形成性评价。要注意给学生足够的机会展示他们的学习成果。该教师所布置的探究性活动,注重学生合

作探究解决问题的过程。在这个过程中,引导学生掌握知识、提高能力、树立正确的民族观。

②新课程标准要求评价的根本目的在于促进学生的发展。该教师的作业题突出对学生能力的培养以及正确的世界观、人生观和价值观的树立,学生通过亲自参与调查,提升各方面的能力,从根本上促进了自身的发展。

③新课程标准要求评价方法要情境化。该教师布置的作业,更加注重学生的情感体验和道德实践,注重问题创设的情境化,针对学生在调查中发现的问题,引导学生积极向政府提出意见。

④新课程标准要求评价内容要综合化。该教师布置的作业,从多方面考查学生的知识、能力与情感态度价值观。从开始的方案设计到调查实施再到问题探究,都体现了评价内容的综合化。

二、思想政治教学评价的理念[①]

思想政治教学评价理念是思想政治课程在教学评价环节上的实际指导,是教学评价的灵魂性指引,让教学评价不偏离正确的方向。根据思想政治新课程理念及其教学评价的内涵、特点与要求,在教学评价中,我们应遵循以下几个理念。

(一)评价目的的发展性

思想政治教学评价要淡化甄别与选拔的功能,要关注学生、教师、学校和课程发展中的需要,用发展的眼光来看待问题,突出评价的激励与调控功能,激发学生、教师、学校和课程的内在发展动力,促使其不断进步,实现自身价值。

(二)评价内容的综合性

思想政治课除了传授自身课程的专业性知识,更要重视学生知识以外的综合素质的发展,尤其是创新、探究、合作与实践等能力的发展,以适应社会人才发展多样化的要求。评价标准要关注被评价者之间的差异性和发展的不同需求,对学生的情况进行全方位把握;要了解学生的优点与缺点,加强学生

---

① 中公教育教师资格考试研究院:《思想政治学科知识与教学能力》,世界图书出版公司2019年版,第263页。

对优点的自信和对缺点的弥补,促使其在原有水平上得到提高和发展。

(三)评价方式的多样性

每种评价方法都有其优势和局限性,运用方法的多样性则是确保评价更加接近被评价对象的真实客观。主张量化评价与质性评价的方法相结合,适应综合评价的需求,丰富评价与考试的方法,如成长记录袋、学习日记、情景测验、行为观察和开放性考试等,追求评价的科学性、实效性和可操作性。

(四)评价主体的多元性

过去评价是评价主体自上而下的活动,学生这个主体被直接忽略,处于被评价者的地位。现在教学评价要求评价主体由单一的管理者评价走向多方位评价,建立学生、教师、家长、管理者、专家等共同参与、交互作用的评价制度,实现评价主体的多元化,最终以多渠道的反馈信息来促进被评价者的发展。

(五)评价关注的过程性

在思想政治教学评价中应该更多地关注教学发展过程,发展的过程之中透露出成长的各种信息,如果只注重结果就会造成片面化的影响。教学评价必须将形成性评价和终极性评价有机结合起来,将学生、教师、学校和课程的发展过程纳入评价的组成部分。

(六)评价方法的情境性

评价方法的情境性,指的是在学生生活和学习的自然环境下进行评价。它可以真实、全面、自然、客观地反映被评价者个人的情况,对其进行相应的评估,这种评价方法模糊了课堂教学评价的界限,把评价有效地融入日常的教学中,让我们了解到学生更多的一面,更易于我们掌握学生的实际状况。

【教资考试链接】真题
2017(上)思想品德学科知识与教学能力试题(初级中学)
【材料分析题】
34. 材料:某教师正在进行八年级上册第三课《与友同行》的教学。该教学内容主要是引导学生学会与同学、朋友的交往。课堂上,教师先进行了一个"写一写"的教学环节:给每个学生发一张课前准备好的桃形"爱心卡",告诉学生如果你曾经得到过本班学生的关心和帮助,请在卡片上写一句表示感谢的话,并写上收卡片同学的姓名,把这张"爱心卡"当场送给那个同学。送完卡片以后,课堂上出现了戏剧性的场面,有的同学收到了很多爱心卡,有的一张也没有收到。接着教师又进行了"比一比"的教学环节:看谁收到的爱心卡多。最后,教师对这个活动进行了总结:爱心卡是你们关心帮助别人的见证,是同学之间关系的体现。收到多张爱心卡的同学,你们是好样的(为这些同学鼓掌);没有收到爱心卡的同学,你们的思想素质存在问题,老师不想看到这种情况。

问题:请运用思想品德新课程教学评价的理念和方法,针对材料中教师对学生评价的不当之处谈谈自己的看法。(20 分)

【参考答案】

思想品德课程评价是促进学生思想品德健康发展的重要手段,在对学生进行评价时,要体现学科评价的特点,搜集学生的完整信息,客观评价学生的思想道德状况。材料中老师对学生评价的不妥之处主要体现在以下几个方面:

①评价主观、片面。思想品德课程的评价实施要求:评价要客观、公正。要准确记录和描述学生的学习状况和思想品德发展状况,调动学生道德学习的积极性。材料当中的教师仅仅因为有的学生没有收到"爱心卡"这件事,就片面地对学生进行道德素质的评价,伤害到这些同学的自尊心,是不可取的。(5 分)

②评价否定了学生的发展。思想品德课程的评价理念要求:评价的根本目的在于促进学生的发展,是为了促进学生德智体美劳全面、和谐的发展,并使得学生的个性得到发展。材料中的老师当着全班学生的面,对没有收到"爱心卡"学生的评价并没有看到学生的发展,而是一次活动就否定了学生其他方面的发展,认为这样的学生在思想素质方面存在问题,打击了学生的积极性,是不可取的。(5 分)

③评价方式单一。思想品德课程的评价理念要求:评价方式多样化。新课改要求教师评价学生的方式要多样化,既要有结果性评价又要有形成性评价,并且突出形成性评价,目的是激励学生、帮助学生,使学生获得成就感,增强自信心,实现健康成长。而材料中的老师却用一次"爱心卡"赠送的活动就否定了学生,评价方式单一。(5 分)

④评价主体单一。思想品德课程的评价理念要求:评价主体多元化,对学生进行评价,要多方参与,才能真正帮助学生成长。材料中对学生的评价主体仅仅只有"教师",因此评价主体单一,否定了学生的成长。(5 分)

⑤评价内容单一。思想品德课程的评价理念要求：评价内容要综合化，综合地对学生的方方面面进行评价。材料中的教师只对这一次活动中学生的表现进行了评价，不利于学生各方面的发展，是不可取的。（5分）

【教资考试链接】真题

2017（上）思想政治学科知识与教学能力试题（高级中学）

【材料分析题】

34.材料：下面是某思想政治教师制作的课前 5 分钟学生时政演讲评价量表。

评价内容	评价指标	达成度评价			
		优秀	中等	合格	需努力
时政选择（20分）	1.权威性				
	2.时效性				
	3.影响力				
	4.与教学内容和学生生活的相关性				
时政描述（24分）	1.客观性				
	2.流畅性				
	3.抓本质				
	4.简洁性				
时政评论（36分）	1.观点正确有见解				
	2.能准确完整地运用所学知识，多角度评析				
	3.提出合理的对策				
演讲台风（20分）	1.自然大方				
	2.语言清晰、声音洪亮				
	3.交流互动				
	4.时间控制				
学生评语					
教师评语					
综合评定	总分		等级		

问题:请根据思想政治课的评价知识,谈谈该评价量表的可取之处。
(20分)

【参考答案】

思想政治课程评价是对课程的组织实施和教学效果进行监控,使评价成为促进学生发展和提高教学质量的有效手段。(2分)

①评价的根本目的在于促进发展。通过全面、客观的反馈,既提高教师的教学水平,又促进学生的能力发展。该评价量表明确了客观、具体、全面的评价指标,并对达成度设置了不同的层次,"需努力"这一栏还注重对学生进行肯定性评价,用发展的眼光评价学生,有利于实现教学评价的发展目的。(3分)

②评价内容综合化。包括学生的知识目标、能力目标、情感态度与价值观目标的综合评价。该评价量表不仅仅对学生的时政选择、描述、评论进行评价,还对学生的外在表现等方面进行评价,体现了评价内容的综合化,有利于实现教学目标。(3分)

③评价方式多样化。要采取质性评价与量性评价相结合。该评价量表不仅给学生打具体的分数,而且设定不同的等级,体现了定性与定量相结合,能够给学生以建设性意见,激励学生明确以后的进步方向。(3分)

④评价主体多元化。要重视学生、家长和教师在评价过程中的作用。该评价量表既有学生评语,也有教师评语,重视学生参与评价及其在评价过程中的体验,使评价成为学生、教师共同参与的互动活动,促进学生和教师共同发展。(3分)

⑤评价要关注发展过程,关注学生的求知、探索和努力的过程。该评价量表根据学生的演讲过程制定了有针对性的评价指标,给学生动态的、客观的评价,把形成性评价与终结性评价结合起来,体现了评价要求。(3分)

⑥评价具有反馈、诊断、激励、教育、发展等多方面的功能。该评价量表能够较好地体现思想政治课的教学评价理念和要求,对学生给予客观、公正的评价,能对学生的学习情况和教师的教学成果做出诊断和反馈。对学生做出的努力给予激励性评价,实现教学评价的教育功能和发展目的。(3分)

【教资考试链接】真题

2018(下)思想品德学科知识与教学能力试题(初级中学)

【材料分析题】

34.材料:下面是对某校学生进行的道德与法治课教学评价问卷调查的部分结果。

学生认为初中道德与法治课教师评价学生的方式

样本内容	知识考试	作业分析法	行为观察法
人数	115	0	0
比例	100%	—	—

学生对初中道德与法治课教师评价方式的看法

样本内容	很好	一般	不好
人数	23	25	67
比例	20%	22%	58%

学校目前评价学生道德与法治课的主体

样本内容	老师	家长	同学	自己
人数	115	0	0	0
比例	100%	—	—	—

学校目前从哪些方面评价学生

样本内容	知识考试的成绩	课堂上的表现	日常生活表现	学习态度和作业
人数	115	0	0	0
比例	100%	—	—	—

问题:依据道德与法治课教学评价理论,分析说明该校道德与法治课教学评价中存在的问题。(20分)

【参考答案】

新课程指导下的教学评价理念具有新的特点,无论是从评价内容、评价标准、评价方法,还是评价主体方面,都与传统的教学评价理念有很大的不同,回归了思想政治教学的特殊本质。材料中该校道德与法治课教学评价存在以下问题:

①教学评价的方式单一。该校教师只是片面通过考试的评价作为唯一标准，新课程指导下的教学评价方式应该多样化，比如可以采用如下评价方式：观察、谈话、项目评价、成长资料记录袋等。

②教学评价的主体过于单一。该校教学评价的主体只局限于教师本身，主体过于单一，忽视了学生家长的评价以及学生的自评和互评。

③评价的内容违背综合化要求。该校目前评价学生的角度仅限于知识评价，"唯分数论"，忽略了学生课堂表现、日常生活表现以及学习态度和作业完成情况，评价的角度不全面，不符合新课程指导下的教学评价理念。

④违背评价的根本目的是促进学生的发展这一评价理念。该校教师只是通过对学生考试成绩来评价学生的优良差，忽略了学生能力和情感态度方面的提升。

⑤过于注重终结性评价，而忽略了形成性评价。该校教师对学生的行为表现、能力提升和品德表现等方面未加以重视，违背了"关注学生发展过程"这一评价理念。

【教资考试链接】真题

2018（下）思想政治学科知识与教学能力试题（高级中学）

【材料分析题】

34.材料：国家法律法规对行政裁量权规定了一定的范围和幅度。但有的缺乏具体的实施细则和执法基准，这为行政机关滥用行政裁量权提供了可能。比如，《道路交通法》第九十九条规定，机动车行驶超速的罚款从200元到2000元，执法人员应根据案件实际情况合理做出处罚。而在实践中，出现了诸如本应罚款300元，执法人员却因个人素质、心情等原因处罚1000元的现象，群众对此非常不满。规范行政裁量权，为政府权力设限，增强政府公信力是我国政治体制改革的一个重要方向。在这一背景下，一些地方政府主动出台并实施了一系列规范行政裁量权的办法。经过一段时间，这些地方政府依法行政水平上了一个台阶，规范行政裁量权的做法得到了群众的普遍认可，政府权威进一步提高。

问题：结合材料，以《生活与哲学》"唯物辩证法的根本观点"相关知识为载体，编制一个设问及答案，并说明编制中遵循了哪些思想政治课程评价理念。（20分）

【参考答案】

（1）编制试题：全国法律法规对行政裁量权规定了一定的范围和幅度，但有的缺乏具体的实施细则和执法基准，这为行政机关滥用行政裁量权提供了可能。比如,《道路交通法》第九十九条规定,机动车行驶超速的罚款从200元到2000元,执法人员应根据案件实际情况合理做出处罚。而在实践中,出现了诸如本应罚款300元,执法人员却因个人素质、心情等原因处罚1000元的现象,群众对此非常不满。规范行政裁量权,为政府权力设限,增强政府公信力是我国政治体制改革的一个重要方向。在这一背景下,一些地方政府主动出台并实施了一系列规范行政裁量权的办法。经过一段时间,这些地方政府依法行政水平将上了一个台阶。规范行政裁量权的做法得到了群众的普遍认可,政府权威进一步提高。

请用对立统一的观点,说明地方政府对权力自我设限的做法,不仅没有削弱政府权力反而提高了政府权威的道理。

答案:①唯物辩证法认为,世界上的一切事物都是既对立又统一的两个方面,双方在一定条件下相互转化。

②政府的权威和权力既对立又统一。行政机关裁量权过大易导致权力滥用,甚至滋生腐败,损害其威望和公信力。

③行政机关对权力自我设限,虽然会缩小行政裁量权的自由度,但能够使权力运行更公开、透明、规范,工作效率更高,群众更加认可政府。因此,地方政府对权力自我设限不是削弱权力,而是提高了政府权威。

(2)评价理念:新课程指导下的教学评价理念具有新的特点,无论是评价内容、评价标准、评价方法,还是评价主体方面,都与传统的教学评价理念有很大的不同,回归了思想政治教学的特殊本质。编制试题的过程中需要遵循的课程评价理念如下:

①评价的根本目的在于促进发展;

②评价内容综合化;

③既要关注过程,也要关注结果;

④评价方法情景化。

【教资考试链接】真题

2019(上)思想政治学科知识与教学能力试题(高级中学)

【材料分析题】

34.材料:某课题组针对某市部分高中学校的学生做了一次"关于政治教师对学生评价内容"的问卷调查。调查共发放问卷540份,收回478份,回收率为88.5%。课题组分三个年级对评价具体问题进行了统计,数据如下。

年级人数 评价内容	高一年级		高二年级		高三年级	
测试和期终考试	47	27.6%	52	30.5%	71	41.7%
课堂参与度	39	45.8%	27	31.7%	19	22.3%
日常行为表现	37	41.5%	31	34.8%	21	23.5%
学习态度、作业	41	31.2%	53	40.4%	37	28.2%

问题：请根据思想政治课程与教学评价的基本原理，分析该地区政治教师在对学生评价过程中取得的成绩和存在的问题，并提出改进建议。（20分）

【参考答案】

（1）取得的成绩。

①思想政治教学评价全面性原则要求评价标准要多角度，该地区政治教师能够较为全面地评价学生。（2分）

②思想政治课程的学习评价不仅要重视结果，更要注重发展、变化和过程，该地区政治教师能够把形成性评价与终结性评价结合起来，关注学生成长和发展的过程。（2分）

（2）存在的问题。

①评价关注了知识的掌握、行为和情感态度的养成，但缺少对于学生能力的评价。（2分）

②评价要重视学生、教师和家长在评价过程中的作用，该地区政治教师对学生的评价主体相对比较单一。（2分）

③思想政治教学评价要把对学生思想政治素质的评价放在突出位置，该地区政治教师在高三阶段更关注学生的学习成绩，放松了对其他方面的要求，违背了"知识性服从思想性"原则。（3分）

（3）改进建议。

①政治教师在评价过程中要对学生的能力发展给予肯定性评价。如搜集与筛选多种社会信息、辨识社会现象、透视社会问题的能力等，都要注重从积极的方面用发展的眼光给予评价。（3分）

②政治教师要重视学生、教师和家长在评价过程中的作用，使评价成为学生、教师、家长等共同参与的交互活动，使评价过程成为促进学生、教师共同发展的过程。（3分）

③各级教育行政、招生考试部门以及学校教师在设计思想政治课程评价方案时，必须以课程标准评价目标与评价实施要求为依据，注意评价的

导向性,不能用单一的知识性考试成绩作为对学生思想政治课程学习质量评价的唯一方式,警惕应试倾向的评价方式。(3分)

第四节 思想政治教学评价的方式

思想政治教学评价的方式,根据不同的角度可以分为不同的具体方式。接下来,我们就直接来探讨几种典型的思想政治教学评价的方式,分析其运用优势和局限性,为大家在进行评价的时候提供方式上的指导。

一、诊断性评价

(一)诊断性评价的内涵

诊断性教学评价,也称"教学前评价",一般是指在某项教学活动开始前对学生的知识、技能以及情感等状况进行的预测。这种预测可以了解学生的知识基础和准备状况,以判断他们是否具备实现当前教学目标所要求的条件,为实现因材施教提供依据。在教学活动中,诊断性评价的主要功能是检查学生学习准备程度、决定对学生的适当安置和辨别造成学生学习困难的原因。

(二)诊断性评价的优势

1.有利于制定合适的教学方案

诊断性评价是"前瞻性评价",通过探明评价对象的情况、已经存在的条件和存在的不利因素,有针对性地考虑实际状况,设计合理的教学方案。

2.有利于提高教学质量

诊断性评价通过对教学情况进行摸底测试,设计了合理的教学计划,对实际的课堂教学起到了一定的促进作用,有利于教学效果的最大化,是提高教学质量的有效方法。

3.有利于进行效果对比

通过前期学生情况的摸查,可以和后期教学后情况进行对比。这也是教学效果是否达到的一个重要参照标准。

(三)诊断性评价的局限性

1.只能关注部分,不能顾及全局

诊断性评价的视野比较狭窄,只能看到前期对学生的预测情况,无法预料到学生后期的发展状况,无法从整体上评价学生。

2.无法追踪学生发展的过程

诊断性评价只是前测评价,它的主要任务就是提前了解学生,而对于后期学生朝什么方向发展、如何去发展都是不参与的,存在感稍显薄弱,只是为了学生的发展而奠基。

诊断性评价需要坚持客观、科学的原则,尽可能全面掌握学生的情况,并依据现有的状况对未来做出准确的预测。

二、形成性评价

(一)形成性评价的内涵

形成性评价是相对于传统的终结性评价而言的一种评价方式,是对学生日常学习过程中的表现、所取得的成绩以及所表现出的情感、态度、策略等方面的发展所做出的评价,是基于对学生学习全过程的持续观察、记录、反思而做出的发展性评价。其目的是激励学生学习,帮助学生有效调控自己的学习过程,使学生获得成就感,增强自信心和合作精神。

(二)形成性评价的优势

1.关注学生"未来",注重学生的发展

形成性评价是对学生"未来"的评价,关注学生的学习过程,而非只重视学生的学习结果。在学生学习过程中慢慢观察学生的成长变化,侧重于学生自身的发展,有利于学生未来朝向好的趋势发展。

2.有利于转变学生评价角色,增强学生自信心

形成性评价使学生从被动接受评价的对象转变为主动评价的主体和参与者,教师和学生两者之间紧密配合,作用于实际的教育教学活动,增强学生对自我的判定能力,让学生更加深入地了解自己,增强自信。

3.更能真实反映学生的状况

形成性评价直接指向正在进行的教育实践活动,通过信息的反馈来服务决策评价的结果,对于学生的阶段性发展有了更丰富的认识,方便掌握学生的实际发展态势,做出真实的评价。

(三)形成性评价的局限性

1.操作性困难

形成性评价没有固定的模式,存在许多的变化性,而且结果的获得往往需要耗费大量的时间,这在现实生活中是比较难实现的。

2.概括性水平低

形成性评价只能从某些方面来对学生进行评价。例如,学习积极性、同学关系等,实现面面俱到很困难,而且用相关语言的概括也需要更有能力的人。

思想政治新课程的教学评价,在强化形成性评价的发展引导和促进功能时,不能陷入极端,不能直接否定终结性评价的鉴别性功能。

三、终结性评价

(一)终结性评价的内涵

终结性评价是对课堂教学的达成结果进行的评价,是指在教学活动结束后为判断其效果而进行的评价。一个单元、一个模块或一个学期的教学结束后对最终结果所进行的评价,都可以认为是终结性评价。终结性评价是对一个学段、一个学科教学的教育质量的评价,其目的是对学生阶段性学习质量做出结论性评价,从而区别优劣、评出等级。

(二)终结性评价的优势

1.有利于考查学生整体的发展水平

终结性评价可以为各种水平确认和鉴别、评优和选拔提供参考依据,在一定程度上缓解了抉择的困境,促进了公平。

2.为教师和学生确定后续教学起点提供依据

终结性评价对学生进行阶段性的评价,能为教师和学生确定后续教学、学习起点提供依据。

3. 激发学生拼搏向上的信心

终结性评价是具有外部导向性的,对学生会形成一定的压迫感,造成一定的压力,但是从一定程度上来说,适当的压力是能够促进学生的努力,学生可以通过学习之中的竞争机制来激发自己奋发图强的信心。

(三)终结性评价的局限性

终结性评价有其局限性,如评价主体、内容、环节的单一性。终结性评价是对学生"过去"的评价,只关注结果,忽视了过程,因此不利于学生的发展诉求,还容易让学生安于现状,不主动去突破自己,错失自己的发展时机。

切记不要把评价当作单纯的管理手段,变成压迫学生的工具;也要拒绝将评价直接给学生定性,忽略学生的改变和发展;评价的过程也是教育的过程,要充分发挥评价的发展功能。

四、定量评价

(一)定量评价的内涵

定量评价是指采取数量化的方法,对教学方面存在的实际情况从数量方面进行描述、分析和处理,并依此对其进行价值判断,它是目前教学评价中使用最广泛的评价方式。如通过试卷测试获取学生知识情况的掌握,用数值对评价对象的特性进行描述和判断等。

(二)定量评价的优势

1.定量评价易操作和使用

量化评价有着固定的模式与标准,比如考试、测验等工具,操作更加方便快捷,也能得出很好的结论。

2.定量评价显示的结果比较标准化、客观化

定量评价易从总体上体现学生掌握知识和技能的水平,同时,定量评价的指标往往是客观化的指标。因此它有助于提高评价的客观性和做出明显的等级区分。

3.定量评价有利于提高评价的准确性

定量评价的结果方便进行数据处理。数据是最真实客观的,这样有利于提高评价的精确性。

（三）定量评价的局限性

1.定量评价不能评价无法量化的方面

虽然定量评价对于思想政治学科基础知识的测评有很好的效果，但是对于测评学生的情感态度价值观和实践创新能力却差强人意。

2.定量评价的效度和信度有局限性

定量评价实际上缩小了评价的范围，它只关注可测量的部分，得出的结论只留存于表面，不能得出深层的本质原因，而且容易出现虚假数据破坏结论的真实。

3.定量评价过于强调甄别与选拔功能，忽视个性发展和多元标准

定量评价将复杂的思想政治教学现象简单化，忽略评价的最终目的还是要促进学生的发展，将学生的个性湮没，不利于自由生长。

定量评价应该注意测量目标的可行性，虽然只能应用于可测型的评价，但对于某些不可测的内容要选取合适的方法，切忌追求表面的形式化，要从实际出发。

五、定性评价

（一）定性评价的内涵

定性评价是采用非数量化的方法对教育事实从性质的角度进行分析和综合，然后做出原则性的、趋向性的价值判断。[①] 例如，评出等级、写出评语等。定性评价是利用专家的知识、经验和判断，通过记名表决进行评审和比较的评价方法。定性评价强调观察、分析、归纳与描述。

（二）定性评价的优势

1.定性评价有利于全方位评价学生

定性评价从多方面出发，对学生进行各方面的评价。例如整个学期的表现情况总结，最直观的就是成长记录袋，将学生的表现都进行存档，还有

---

① 中公教育教师资格考试研究院：《思想政治学科知识与教学能力》，世界图书出版公司2019年版，第272页。

教师学期末对学生的评语。

2. 定性评价有利于关注到学生个体的发展和需求

定性评价是从每个学生的个体出发,针对的是每个学生的发展,而不是学生整体的发展倾向,并且对学生的优缺点进行系统的调配,这样就有利于学生通过他评来认识自己,有利于教师对学生发展苗头的把控。

3. 定性评价有利于使评价结果客观公正

定性评价是对定量评价的补充,从学生平时的表现、情感价值观的取向来进行价值判断,对无法用数据得出的结论进行补充,使学生的形象更加具体化和形象化。

4. 定性评价有利于对学生进行创造性培育

定性评价关注“质”并且走向具体,它在把握学生个性的同时,关注着学生可能发展的方向,挖掘出每个学生自身存在的特点,并对其进行有针对性的指导,创造性地培养出具有独特风格的学生。

(三)定性评价的局限性

1. 定性评价不易操作,要求的条件较多,不确定因素较多

由于定性评价没有统一的标准,它有时会使评价结果模糊笼统,弹性大,有时甚至千篇一律,难以对学生进行精确把握。

2. 对教师素质的要求比较高

定性评价要深入了解到学生内部才能获取一手资料,和睦的师生关系有利于教师工作的开展,并且教师自身要有一个客观公正的态度,素养要高。另外,还要有相当丰富的经验来评判某些行为或现象,并对其进行细致分析。

3. 耗费的时间和精力比较多,容易流于形式

定性评价强调观察和分析,这都是需要时间积淀。在现实生活中教师缺乏充足的时间和精力来深入了解学生,有的也许只是走个过场,存在形式化倾向。

定性评价要避免主观随意性,教师不能只凭自己的感受就对学生下定论,而是要经过细致的关注和缜密的分析,确保结果的客观性和公平性。

【教资考试链接】真题
2017(下)思想政治学科知识与教学能力试题(高级中学)

【材料分析题】

34.某学校政治教研组在完成了《文化生活》第一单元《文化与生活》的教学任务后,为了编制一道单元测试题,老师们针对下列材料,形成了两个设问方案。

"带一本书来,换一本书走",图书漂流活动已得到了社会各界的广泛支持。据统计,近三年来,H市漂流书亭的书籍总投放量超过7万册,流通率达80％,阅读人数超过60万,平均阅读率超过很多大型图书馆,一道由"漂流书架"和"漂流书亭"架构起来的新的文化风景线已悄然形成,越来越多的市民享受到了读书的快乐。

设问方案1:结合材料,说明H市积极开展图书漂流活动所蕴含的文化生活道理。

设问方案2:请结合你参与图书漂流活动的经历,说明开展图书漂流活动的意义。

问题:比较这两个方案,你更赞同哪个方案? 并运用思想政治课程的评价理论说说你的理由。(20分)

【参考答案】

我更赞同第二个设问方案。

①教学评价是根据思想政治课程标准和教学目标,在利用各种方法搜集资料信息的基础上,对课堂教学实施过程中出现的客体对象进行价值分析和判断的过程。

②新课程的评价理念强调要把对学生思想政治素质的评价放在首位。第一个设问方案只注重学生对文化生活部分的知识掌握情况,而第二个设问方案要求结合学生的自身图书漂流经历谈意义,这就突出了对学生思想政治素质的评价方面。

③要把形成性评价和终结性评价结合起来,第一个设问只注重终结性评价,而第二个设问能够突出学生发展、变化和过程,突出了二者的结合。

④要突出开放性和多样化的评价方式,第一个设问更侧重于传统的考试评价方式,而第二个设问突出了学生的参与及发展过程,突出了评价的开放性。

思考题:

1.如何看待教学评价的功能?

2.如何对学生进行全面评价?

3.谈谈你对思想政治教学评价原则与理念的认识。

课外拓展研究：

1.形成性评价与终结性评价的比较研究。

2.定量评价与定性评价的比较研究。

3.尝试建立学生量化评价的模板。

第十三章　思想政治教学的听课

第一节　思想政治教学听课概述

一般情况下,听课既指学生听教师讲课,也指教师同行、专家、领导进入课堂听教师讲课。听课既是学生学习的主要方式,也是教师教学工作的重要组成部分。但在这里,我们所说的听课仅是针对教师而言的。

一、听课的概念

听课是教育行政或教学业务部门检查、指导教师教学活动的重要内容,也是教师自身教研活动的一项经常性的工作任务。会不会听课、能不能听好课或怎样去听课,不仅关系到被听课教师教学质量的评价,更关系到教师个人专业化的成长与发展,甚至关系到课程改革持续有效的深入开展。

什么是听课?听课是教师凭借感官或有关的辅助工具,如记录本、调查表、录音录像设备等,从课堂情景中获取相关的信息资料,从感性到理性的一种学习、评价及研究的教育教学活动。听课是一种技能和方法,听课者一方面应以具备一定的教学修养和经验为基础,另一方面应以掌握一定的听课技术要领为保证。听课不是目的,而是手段,是教学研究的重要手段,也是教师相互交流、相互学习和促进教师自我反思的重要途径。①

听课类型有检查型听课、评比型听课、观摩型听课、调研型听课等。

(1)检查型听课就是为了了解学校和教师教育教学工作的情况而进行的听课活动。它是上级教育部门和学校领导监督、检查教育教学工作的一

---

① 周勇、赵宪宇主编:《说课、听课与评课》,教育科学出版社 2004 年版,第 64 页。

种最普遍的形式。目的在于检查学校或教师执行《课程标准》和教学大纲的情况，了解学校或教师的教学思想、教学态度、教学方法改革以及学生的学习情况。

(2)评比型听课主要是为了对教师做定性评价而进行的听课活动。如为评优秀课及评优秀学科教师、特级教师等所进行的听课，就属于这个范畴。

(3)观摩型听课是为了总结、推广、交流教学经验和方法等而进行的听课活动，包括听公开课、示范课、展示课等。

(4)调研型听课是为了研究、探讨有关教育教学问题，或了解教学改革实验进展情况而进行的听课活动。研讨课、实验课、调研工作中的听课等都属于这个范畴。

二、听课的特点

(一)目的性[①]

为什么要去听课？听什么样的课？要解决什么问题？听课者都应该有明确的目的和任务。新教师听课，最主要的目的就是观摩学习，主要看上课教师是怎样教的。如重点难点是怎样突破的、板书是如何设计的、教学手段和教学媒体是如何运用的、课堂气氛是如何活跃的等，并在今后自己的教学中学习、创新。

(二)理论性

理论性即听课者需要一定的教育教学理论做支撑。要听好课，听课者必须具备一定的教育教学理论基础，以理解和评价他人的教学过程。在听课中及听课后，听课者需要针对授课者的课堂教学情况进行思考分析，并对授课教师做出定量和定性评价。

(三)评价性

绝大多数听课活动在听课后都要形成一定的评价反馈给学校或教师，并提出指导性意见、要求及改进措施等，尤其是上级对下级、领导对教师、

---

① 周勇、赵宪宇主编：《说课、听课与评课》，教育科学出版社 2004 年版，第 65 页。

专家对新手听课,以及学校内部的公开课、研讨课等。

(四)情境性

听课是在一种课堂教学现场进行的活动,即听课者和被听课者都处于一定的情境之中,不同的时间、地点、教学条件下就可能出现不同于其他情境中的教学过程和结果。同一名教师对不同的学生上同样内容的课,也可能会收到不同的教学效果。听课获得的信息及有关的感觉和理解依赖于一定的情境。因此,不可避免地带有不稳定性和偶然性。

三、听课的作用

听课是教师在日常教学活动中经常性的不可缺少的一种教研活动,是促进教学观念更新、教学经验交流、教学方法探讨、教学艺术展示、研究成果汇报、教学水平提高及教学工作管理等重要途径和主要手段,是教师在互动中获取经验、自我提高的过程。

(一)有利于了解教师的教育教学理念及水平

课堂教学是学校教学工作的主要阵地,是学校教学质量和教师教学水平最基本的体现形式。反映教学质量和水平高低的方式很多,但课堂教学是基础和前提,重视课堂教学的原因就在于此,教师对新课程理念的理解和运用、教师驾驭课堂教学的水平、教学中有什么经验和不足之处,通过听课可以得到基本的评价。

(二)有利于促进教师的专业化发展

教师听课不仅可以学习到别人的经验,吸取别人失败的教训,用别人的方法指导自己的教学,更主要的可以对自己的教学进行反思和研究,将一些听课得到的感性认识归纳为理性认识,发现自己教学中的不足,通过取长补短,相互交流,改进自己的教学,就可以共同提高。

(三)有利于总结和推广先进的教学经验和方法

听课是教师专业化发展的重要途径,是最有效、最直接、最经济的学习方式。教师通过听课可以发现一部分教师优秀和先进的教学理念、教学方法和教学经验等,经过思考分析及论证总结,就可以把它运用到自己的教学之中。

(四)有利于学校良好教学风气的形成

通过听课,教师不仅可以了解自己或其他教师课堂教学的实际情况,做到相互学习和交流,取长补短,共同提高;而且可以融洽各方面的人际关系,增进相互信任,有助于集体合作、营造良好的教研氛围,促进教学改革的深入和质量的提高。

(五)有利于了解教师贯彻落实教育教学法规和政策的现状

课堂是教育政策、教学要求等最终落实的地方,教师的课堂教学是各方面要求的最终、最直接的体现。教育决策部门和教学指导部门的工作人员通过听课能够掌握一线教学的实际情况,了解教学中存在的实际问题。如:教育教学管理是否到位,课程标准、课时计划执行得如何,等等。通过听课,有关部门可以了解基本情况,从而把握指导教学工作的主动权。

第二节　思想政治教学听课的内容

一、听课前:做好各种准备

盲目性是效率的大敌,听课也是如此。教师盲目进行听课与有所准备地听课,效果大不一样。听课前应做好如下准备工作。

(一)相关教学的准备

1.理论准备

在掌握教学常规知识的基础上学习新课程标准,了解本学科教研状态,熟悉新的教学理念和理论。

2.学情准备

了解听课班级学生的情况。

3.师情准备

了解上课教师的教学特点。

4.内容准备

了解教材编排体系,弄清知识的内在联系,熟知教学内容的重点、难点。

5.设计准备

在头脑中设计出所教内容的课堂教学初步方案,粗线条勾勒出大体的教学框架,以便对比优劣,提高自己的教学水平。

(二)角色转化的准备

1.转入"学"的角色

即进入学生角色,将自己置于"学"的情境中,从学生的角度看执教者的教学。当听课者进入学生的角色时,就能较多地关注学生是否在教师的引导下积极参与到学习活动中;学习活动中学生经常做出怎样的情绪反应;学生是否乐于参与思考、讨论、争辩、动手操作;学生是否经常积极主动地提出问题;等等。另外,听课者在听课中要抱着虚心学习的态度,去发现授课者的长处,发现课堂教学的闪光点,以及对自己有启迪的东西,做到取长补短,努力提高自己的业务水平。

2.转入"教"的角色

即进入执教者角色,设想自己该怎样上这堂课,并把自己的想法与现场教师的教学进行对照,比较优劣,写下建议。当听课者进入教师的角色时,就能较多地关注课堂教学:确定怎样的教学目标、目标在何时采用何种方式呈现;如何引导学生复习回顾、回顾什么;新课如何导入,包括导入时引导学生参与哪些活动;创设怎样的教学情境,采取了哪些教学手段;设计哪些问题让学生进行探究、如何探究(设计活动步骤);设计怎样的问题或情景引导学生对新课内容和已有知识进行整合;安排哪些练习题让学生动手练,使所学知识得以迁移巩固;课堂教学氛围如何;等等。

3.转入"导"的角色

即进入指导者角色,细心观察课堂教学,准确抓住优点和不足,居于学术高度,运用已有的教育理论素养和自身的教学经验,能对课堂教学做出分析和判断。既能抓住执教者每一处启发性思想的闪光、执教者的教学风格和长处,又能准确发现执教者的失当和不足。要对课堂教学细心地观察,敏锐地发现优点,以便评课时及时给以肯定。

4.转入"管"的角色

即进入管理者角色,把自己置于管理者的角度,用统观全局的观点,发现教学中存在的典型性和普遍性的问题。要根据教师的课堂教学情况,对教师的工作态度、责任心及业务水平等诸方面做出分析,为做好教师的思想工作和提高业务水平提供依据。①

二、听课中:听看结合、详细记录,积极思考

(一)要听看结合

教学是涉及教师与学生双边的活动过程。在听课中,不仅要关注教师教的活动,而且要关注学生学的活动。

1. 关注教师教的活动

(1)关注教师的基本状态:看教师的精神是否饱满,教态是否亲切,表情举止是否沉着自然;看教师的课堂语言是否具有艺术性、富有美感,注意轻重、缓急,语调抑扬顿挫,与教学内容是否吻合贴切。

(2)关注教学目标实施与教材处理情况:看课堂教学中确定了怎样的教学目标,教学目标在何时采用何种方式呈现给学生;看教学目标与教学内容是否紧密结合,教学过程是否围绕着教学目标展开。

(3)关注教师优化教学的情况:看教师如何引导学生复习回顾,回顾哪些内容,这些内容与新授课有何关系;看新课如何导入,导入时引导学生参与哪些活动,设计了哪些问题;看新课的导入是否为后面的教学做好铺垫、为解决问题服务;看创设怎样的教学情境,采取了哪些教学手段。情境的创设、教学手段的应用是否有效、恰当;看教师设计哪些问题,安排怎样的活动形式让学生进行探究,如何探究;看教师设计什么样的问题或情景引导学生对新课内容和已有知识进行整合;看教师安排哪些练习,使所学知识得以迁移巩固;看教师是否抓住重点、难点,精心设计问题来启发点拨;看教师如何对学生的学习活动做出评价。

(4)关注教学方法与手段的选择与运用:看教学方法是否为教学内容服务,做到形式与内容统一;看教学手段是否多样化,是否繁杂。

(5)关注教学结构的状况:看教学活动是否体现教师为主导、学生为主体;看教学内容是否有机整合并具有逻辑性;看教学各环节安排是否有序流畅等。

2. 关注学生学的情况

由于教学是一种学习活动,其本质是学而不是教,而且教师教学活动

---

① 段旭:《浅谈听课与评课的方式方法》,《当代教育论坛》2006 年第 3 期,第 47—48 页。

是围绕学生的学习活动展开的。因此在关注教与学双边活动时，更要关注学生的活动。

(1)学生是否在教师的引导下积极参与到学习活动中。

(2)学生经常做出怎样的情绪反应。

(3)学生是否乐于参与思考、讨论、争辩、动手操作。

(4)学生是否乐于参与到合作学习中。

(5)学生是否经常积极主动地提出问题。等等。

(二)详细记录

听课记录是重要的教学资源，是评课的依据。听课笔记应详略结合，突出重点。记录的一般内容包括板书、教师的重点提问、学生的典型发言和质疑、师生活动的主要情况，以及有效的教学方法和手段，特别是教学中的创新之处和失误之处，并对出彩之处和失误之处做出评价记录。

1.记概况

记录概况就是记录时间、地点、班级、姓名、课的类型、课的性质(示范课、研讨课、随堂课、研究课等)。

2.记过程

记过程，主要就是记录教学的整个流程，包括各环节内教与学的状况。如：导入新课、讲授层次、课堂总结等；环节与环节之间的衔接、过渡，以及转换过程中的关键语言，包括师生语言、师生问答、学生活动形式、学生的参与态度，等等。

3.记时间

记时间即记录听课过程中各环节、各步骤的时间。如：教师教用的时间，学生学用的时间，包括学生自主学习、小组学习、集体展示等时间的安排，并考察其时间的安排是否合理、是否注意突出重点，是否依据学生的年龄特征和认知规律进行施教。

4.记方法

记录教法和学法的选择与应用，记录情境创设、过渡的语言、引导的技巧、激励的方法、组织活动的方式，等等。

5.记生成

记录教师挖掘与利用课堂生成资源的情况，记录灵活处理偶发事件的情况等。

6.记媒体

记媒体包括记录板书的内容、媒体的实用性和辅助的效果等。

7.记特色

指课堂上的亮点,如教学模式的创新、教学方法的创新、幽默风趣的语言、师生巧妙的问答等。

8.记点评

记点评就是记录听课时即时的看法与建议。如:对教学步骤、环节、所采用的方法、策略、学生反应等,从教育教学理论的角度加以肯定或提出建议或进行理论上的总结。在课堂上进行迅速简要的评点与总评是听课者必要的工作,听课者的思想活动、认识水平也是课堂教学的一种再创造。[①]对执教者做总体的评价,要充分肯定成功的一面,也要有针对性地提出存在的不足和值得进一步推敲的地方。

课堂记录因人而异,没有刻板的模式和教条。因为每一个人的记录速度不同,记录内容的多少也不同。不要为记录而记录,不要因为记录过多而影响听课的效果。

(三)积极思考

听课者的思维要先于教学过程,遵循教育教学规律进行多种合理预测,摸索课堂发展的趋向,为分析评价赢得时间,变被动听课为主动听课。在听课过程中,将实际教学与课前预设的方案及以往的经验(听过的优秀课)进行对照,以便寻找课堂教学中突出的亮点和存在的问题,并依据教育教学理论和课程标准给予评价;同时对存在的问题指出怎么教可能效果更好,依据是什么,等等。将这些点评纳入听课记录,为评课做准备。

在听课过程中,重点思考的问题有以下几种。

1.教学环节设计

即情境创设→新课导入→新知探究→新知巩固、应用与拓展等。能够做到随机应变,灵活调整,调控课堂,达到激活课堂的目的。各环节如何控制时间,完成每一环节的过程和过渡的情况。听课时还要注意思考,教师为什么这样安排课堂教学环节,怎样使课堂结构符合本节课的教学目的、教材特点和学生实际,各个步骤或环节之间是否一环紧扣一环、安排得有条不紊?什么时候教师引导,什么时候学生自主探究,什么时候学生合作

---

① 段旭:《浅谈听课与评课的方式方法》,《当代教育论坛》2006年第3期,第47—48页。

交流,什么时候学生练习展示,什么时候反馈评议,什么时候质疑讨论,什么时候归纳小结,是否做到合理安排、科学调配、充分发挥每一分钟的效能。

2.重点和难点的突出与突破

听课时,要关注教师怎样充分、灵活、简便、有效地运用学生已有的知识再现纵横联系;是否采用举例说明、引导比较、直观演示等手段;如何运用比较、分析、综合等逻辑思维方式帮助学生突破重点难点、理解掌握新知识;解决问题要关注如何将书本知识转化为学生的精神财富;如何组织学生自主探究、亲身体验、学会新知。

3.教学方法与学习方法的运用

听课时,要关注教师在教学过程中怎样与学生积极互动、共同发展;怎样处理好传授知识与培养能力之间的关系;如何创设学生主动参与的教学环境,激发学生的学习积极性,培养学生学习能力;怎样培养学生学会观察、质疑与比较,学会分析、判断与推理,学会概括、归纳与小结,学会操作与演示,学会讨论、辩论与争论,学会调查与探究,等等。

4.辅助手段与板书设计

听课时,要认真琢磨教师如何把信息技术与学科教学相整合,充分发挥信息技术的作用,为学生的学习提供丰富多彩的教学情境,从而激发学生学习兴趣,提高课堂教学实效;还要关注教师如何设计板书,是否做到详略得当,层次分明,脉络清晰,重点突出,提纲挈领。

5.练习设计与知识拓展

练习设计是否做到有针对性、层次性、拓展性,达到巩固新知,培养能力的目的。同时,要关注练习形式是否多样,是否让学生应用所学知识解决日常生活实际问题,提高学生解决实际问题的能力。

三、听课后:分析与评价

教师听过一节课后就应及时进行综合分析,找出特点和闪光处,总结出一些有规律性的认识。明确对自己有启迪、能学会的有哪几个方面,并针对这节课实际情况,提出一些建设性的意见与合理性的修改建议,与执教教师进行交流切磋,从而互助互学。

评价一节课,一般从两个方面来看,一是看教师是否善于引导,是否创设良好教学环境,是否组织学生开展活动,是否留有静思的空间和时间。二是看学生是否积极主动,是否积极参与,参与面有多大,是否主动探究、合作交流,是否敢于质疑,提出有价值问题,关键还要看学生学得怎么样,得到多少,得到些什么,掌握了哪些学习方法等。

第三节　思想政治教学听课的基本要求

有的听课者思想上不够重视,把听课当成一种任务来完成,在听课时马虎应付或做其他事情;有的事先不做任何必要的听课准备,匆匆忙忙走进教室,糊里糊涂地听,不理解授课老师的教学意图,不熟悉教材;有的只关注教师怎么讲,很少有人关注学生学得如何;也有听课迟到的,影响教师的讲课、学生的学习,听课不尊重老师的劳动,不注意场合,随便和他人闲谈乱扯甚至打电话等。如何开展听课活动?我们认为要注意如下几点。

一、了解新课改信息和相关教育教学理论

当前新课程对教师的教学要求做到如下转变:由单纯的知识传授向知识探究转变,树立问题意识;由重教师"教"向重学生"学"转变,树立主体意识;由重结果向重过程转变,树立训练意识;由"师道尊严"向"平等融洽"的师生关系转变,树立情感意识;由教学模式化向教学个性化转变,树立特色意识;由研究教师教什么和怎样教向研究学生学什么和怎样学转变,树立角色转换意识等。如果听课者不了解这些新的要求,就不可能用新的教学理念去审视课堂教学,就可能出现"听不懂"的现象,甚至有可能产生错误的判断。要不断地学习教育教学理论,了解有关学科的课改信息。

二、态度端正,注意力要集中

首先,听课教师要严格遵守时间,按时进课堂,不能迟到或早退。时常发现有少数听课教师因为这样那样的原因,授课老师都进入课堂了,才匆匆忙忙推门而入,这既是对授课者的不尊重,还给学生造成了不良影响。每个听课教师都应该坚决避免这种现象的出现。

其次,听课人员要认真听讲,深入思考。不难发现,少数教师在听课中

表现出情绪上的消极倦怠,焦躁、不耐烦,呵欠连连、打瞌睡,或低声说笑,甚至拿出无关课堂内容的书报来阅读。出现此现象多数是总体效果较差的课例所致,但这并不能成为不认真听课的理由。作为一个负责任的教师,时时处处都应该率先垂范,做学生的表率。

再次,听课时一定要关掉手机等通信工具。曾经发现有个别听课的人心不在焉,丝毫不顾及别人的感受,旁若无人地摆弄手机、接听电话等。不妨做个换位思考:假如别人在我们自己的课堂上做如此表现,我们内心的感受又如何呢?

所以,听课者要想获得理想的听课效果,必须本着向别人学习的态度,进入课堂后就要自觉遵守课堂纪律,要求学生做到的,听课者必须做到。保持注意力的高度集中,全身心地投入。做到认真听、仔细看、重点记、多思考,不要漫不经心,不要东张西望,不要思想开小差,不要随意说话议论,不要干扰学生学习,不要干扰老师上课,更不要迟到、早退、衣冠不整或抽烟干扰教学秩序等。如果听课者心猿意马,左顾右盼,或迷迷糊糊地打瞌睡,或嘀嘀咕咕地相互讲话,心思全然不在听课上,这种听课的效果就可想而知了。听课是单调刺激,长时间的静坐容易使人疲劳和困倦,这就要求听课者用意志来克制自己,使自己自始至终进入角色进入状态,整个意识要随着讲课情境的活动而活动,这样才不容易走神。

三、转变听课中的关注点

(1)从偏重关注教师的教,转向关注师生互动、关注学生如何自主、主动学习。

(2)从偏重关注知识点的掌握,转向关注学习的过程和方法以及学生情感态度价值观的形成。

(3)从偏重关注学生回答问题的情况,转向关注学生学会发现问题提出问题。

(4)从偏重关注教科书内容的解读,转向关注充分开发和利用课程资源,关注联系社会科技和生活实际。

(5)从偏重关注单一化的教学手段,转向关注多种媒体的科学选择和合理运用。

(6)从偏重关注结果的评价,转向关注课堂教学中的过程性评价。

四、听课后进行反思

根据新课程教学理念的要求,听课教师对课堂教学的课后反思,应该着重围绕以下十个方面进行。

(一)从教学目标、内容、重点、方法等的协同程度方面反思

反思教学的目标是否明确,主要看师生是否都明确各自的教与学的目标;反思教学重点是否突出,难点是否突破,主要看是否把握了知识规律和应用知识规律的教学,是否遵循了同化、顺应的规律,是否讲清了理解知识的关键点;反思教学方法组合是否得当,主要看所采用的基本的教学方法,教学方法组合的原则,教学方法选择的依据等。教学目标是统领性的,是教学展开的依据和核心,它只有与内容、重点、方法相互协调,才能最终落到实处。

(二)从课堂教学结构的适宜程度方面反思

课堂教学是按照一定的序列展开的,有着这样或那样的步骤,表现为若干个不同的环节。这些环节安排的适宜程度直接涉及教学目标的达成程度。反思课堂教学结构的适宜程度,主要看课堂教学程序的展开是否符合学生认知的一般规律,是否符合既定学生认知的特点。

(三)从师生关系中"两主"作用是否协调方面反思

主要看教师对教材的组织,对学习任务的表达、解释与顺序安排是否适于既定的学习者;学生对教材和教师指导的理解是否透彻;学生参与教学过程的动机是否强烈;课堂上教师与学生是以一种什么样的关系出现的,师生互动是如何展开的,互动的类型有哪些;学生有没有主动发言、提问的机会,有没有表达自己情感和观点的机会等。

(四)从教材的示范作用是否得到发挥方面反思

教材是教师与学生相互交往的媒介,教师并不能一味地讲授课程标准以及教材中的内容,而要对教材内容进行选择或者说"二次加工",主要看授课教师是"用教材教"还是"教教材"。

（五）从"时量"的分配与"容量"的合适性方面反思

"时量"分配主要看重点、难点的教学与教学高潮的呈现是否一致；各教学环节的"时量"与教学任务是否匹配；是否安排了充分的学生活动时间。"容量"主要看教学是否做到有张有弛，知识呈现是否有密有疏等。

（六）从教学手段的运用是否适当方面反思

教学手段要服务于教学方法和教学组织形式，主要看在当时当地条件下，授课表是否充分运用了能够运用的教学手段，效果是否尽可能最好。

（七）从反馈矫正的实施是否有效方面反思

主要看教师收集学生学习成效的反馈信息的意识是否强烈，教师反馈学生学习情况是否及时。矫正应尽量避免雷同，尽可能以不同的方式处理教材，从不同的方面、不同的角度，采用不同的教学方法和教学媒体，打不同的比喻，列举不同的例子，教学同一知识内容。

（八）从训练是否贯穿课堂教学的始终方面反思

主要看课堂教学是否始终在进行对学生的观察能力、表达（口头表达和书面表达）能力、操作能力、思维能力（核心）的训练。

（九）从教学效果是否显著上反思

主要看学生的学习积极性是否高涨，学生答问和练习的正确率高不高，师生的情感体验是否愉悦、欢畅。

（十）从教师的基本功是否扎实方面反思

主要看教师的导入、讲解、课堂教学语言、提问、板书、变化、反应、反馈、演示、结束等教学技能是否得到充分发挥。

五、听课后的评课

首先，无论是成功课还是失败课，教师都在不同程度上花费了心血，因此在评课时，评课者必须要充分肯定这一点。其次，要褒贬得当。评课的褒奖和贬斥要有个"度"，绝不是褒越多越好、贬越少越好，过多而不切实际的肯定,会给人虚假逢迎之感;在谈缺点时要讲究分寸,应以商量和建议的口吻与被评者交换意见。再次,要主次分明。评课时在关键重点问题上要多加分析,道理讲透,而在一般问题上可轻描淡写,让被评者自己去思考。评课本身是充分说理的,把理讲透,有些问题提供思考线索,有待教师自己去琢磨。

在听课评课的活动中,每位教师都担任着听课人和讲课人的双重角色,在听课时取人之长,讲课时避人之短,这样就使得每位教师的课堂趋于完美,形成了教师每节课都欢迎其他教师去听去评的氛围,打破文人相轻、自以为是的局面,促进教师之间的交流与合作,从而提高教师整体素质和课堂效果。①

众所周知,听课是学校教研工作的常规行为,对听课者而言无疑是极为难得的学习机会。听老教师、经验丰富的专家讲课,是取经鉴宝;听新教师、经验欠缺的人员讲课,也能从中学到不少知识。对每个听课者而言,无论讲课者教学经验多寡、教学技巧高下,从正反两方面都对自身有着较大的启发。听课者应本着尊重知识、尊重同行、取长补短的初衷,既当好台上先生又当好台下学生,从小节做起,从尊重做起,使自己的教艺在尊重中得以完善和提升。

思考题:
1.听课的概念、特点和作用是什么?
2.听课的基本内容有哪些?
3.听课的注意事项有哪些?

课外拓展研究:
1.在听课过程中重点思考的问题有哪些?
2.听课后的反思包括哪些方面?

---

① 许静洪:《谈谈听课评课》,《山西医科大学学报》(基础医学教育版)2009 年第 12 期,第 695—697 页。

第十四章　思想政治教学的评课

第一节　思想政治教学评课概述

一、评课的概念

评课，即课堂教学评价，是在听课活动结束之后，对上课教师的课堂教学是否确立现代教学观以及课堂教学的成败得失进行评议的一种活动。

评课，能打开"教""评"相长的通道，能对课堂教学的成败得失及其原因做切实中肯的分析和评价，能够从教学理论的高度对一些现象做出正确的解释。所以说，评课是加强教学常规管理，开展教科研活动，深化课堂教学改革，推进素质教育的重要手段。

二、评课的特点

（一）评价性

评课要对课堂教学的优劣与成败得失及其原因做出鉴定，或者说评课要对课堂教学成败的原因做出评析，总结经验教训，提高教学认识；否则，评课就没有任何意义。

（二）激励性

评课的最终目的不是评，而是激励执教者尽快成长，提高其教学水平，特别是针对青年教师，使其成为课堂教学的中坚力量。

(三)交流性

评课是教师对课堂教学亮点进行交流、相互学习、相互促进的过程,不是打棍子、扣帽子,是评课者与被评者心理的零距离接触。因此,评课需要用诚恳的态度、沟通的方式去进行。

三、评课的意义

评课作为教学研究的一种形式,它的价值和意义在于有利于监督检查和评估考核,有利于激励教师加快知识更新、优化教学艺术,有利于调动教师的教学积极性和主动性,帮助和指导教师不断总结教学经验,提高教育教学水平,转变教师的教育观念,促使教师在教学过程中逐渐形成自己独特的教学风格。

(一)促进提高作用

评课是听课后最重要的一个环节。通过听课后的评课,可以使参加活动的教师交流教学思想,总结教学经验,探讨教学方法,取他人之长,补自己之短,特别是对青年教师可以起到推动作用,帮助青年教师改进教学方法,规范教学行为,从而达到提高教学水平的目的。

(二)激励发展作用

一方面,在评课中通过树立教学典型榜样,激励教师积极向上;另一方面,评课给老师提出了具体奋斗目标,激发了教师努力向上的心理需求,对于中青年教师成为教学名师起着直接的促进作用。

(三)监督检查作用

学校领导深入课堂教学第一线,能获得第一手材料,也能促使教师更认真、谨慎、积极地完成教学任务,使学生更集中精力听课、认真思考、慎重回答教师提出的问题,从而形成一种教师认真教、学生认真学的课堂氛围。有的教师讲课时随意性强,偏离教学大纲和授课计划;有的旁征博引,冲淡授课中心;有的喜欢滔滔不绝,忽视学生的主体地位。这些不利于教学活动的现象,通过听课评课可以适当予以控制及纠正。

（四）评估考核指导作用

通过听课不仅可以了解教师对教材的把握情况、重点难点的处理情况、教法学法的设计情况、师生互动情况和现代化教学手段的运用情况，而且可以了解教师的知识结构、教学水平、讲课质量、驾驭课堂的能力、治学作风、改革意识和身心状态，在教师评优评先、职称晋级、聘用等工作中，有着重要的考核评估作用，同时听课还可以了解学生的学习态度、课堂秩序、参与情况、学习方法和习惯，了解学校的风气和规范管理的水平。[①]

第二节　思想政治教学评课的内容

一、评教学目标的设定与达成

教学目标是教学的出发点和归宿，它的正确制订和达成是衡量授课好坏的主要尺度。所以评课首先要分析教学目标。

（1）制订的教学目标是否落实了"三维"教学目标要求，是否考虑到三者的有机整合和体现学科的特点。

（2）制订的教学目标是否具体——知识目标是否用可以检测学生学习行为的动词来阐述，如学生识记、理解、运用等；能力目标、情感态度与价值观方面的目标描述，是否落实在知识培养过程中。

（3）制订的教学目标是否贴切，是否以本学科的课程标准为指导，难易是否适当，能否体现学生的年龄特点、符合学生的认识规律；是否考虑到学生的基础和个体差异。[②]

（4）教学目标是否明确地体现在每一教学环节中，教学手段是否都紧密地围绕目标、为实现目标服务。重点内容的教学时间是否得到保证，重点知识和技能是否得到巩固和强化。

---

① 许静洪：《谈谈听课评课》，《山西医科大学学报》（基础医学教育版）2009 年第 12 期，第695—697 页。

② 高建中：《评课要关注哪些要素》，《现代教学》2007 年第 1—2 期，第 21—30 页。

二、评教学指导思想

　　新课程强调培养学生创新精神和实践能力,教学应以适合学生主动发展为出发点,从激发学生学习兴趣入手,把教学的重点从单一的"教"转向学生的"学"。在评课时,要看教师是否让学生有体验、交流、参与学习的过程,从学生的参与度可以看到执教者教学的指导思想。教学指导思想是否体现新课程的理念。评课者要善于分析课堂教学发生的一切,从课堂中看到执教者是否真正用新课程理念上课,是否"以学生的发展为本"。

三、评教学思路

　　教学思路既是教师上课的脉络和主线,也是学生学习的过程体现。它是根据教学内容和学生水平两个方面的实际情况设计的。它反映教学事件和教学措施的编排组合、衔接过渡的设计、详略安排等一系列情况。[①]

　　(1)教学的内在逻辑性是不是清晰、科学有序,如重点是否突出,难点是否突破,层次是否分明,详略是否得当等。

　　(2)教学思路设计符不符合学生实际,符不符合学生的认知规律。

　　(3)整堂课几个大的教学环节对突出教学重点、突破教学难点是否起到良好的作用;每一个教学环节的引出和上下环节的过渡是否自然,设计的问题能否有效地引导学生的学习。

　　(4)教师教学思路在课堂上实际运作的效果,如教法的选择是否有利于学生的学习,教学难度的设置是否适合学生,教学容量的确定是否得当等。

　　(5)教学结构是否严谨、环环相扣,过渡是否自然,时间分配是否合理,密度是否适中。

　　(6)教学思路是不是有一定的独创性,是否有个性特点,是否形成了自己的教学风格。

　　(7)教学活动是否与教学目的和要求一致,有无教师占有时间过多、学生活动时间过少现象。

　　(8)学生个人活动、小组活动和全班活动时间安排是否合理,有无集体

---

① 高建中:《评课要关注哪些要素》,《现代教学》2007年第1—2期,第21—30页。

活动过多和学生个人自学、独立思考、独立完成作业时间太少现象。

（9）是否明显体现了新课改下的学生学习方式，即自主学习、合作学习和探究学习。

（10）是否围绕教学目标设计教学步骤进行教学，有无脱离教学内容、浪费宝贵的课堂时间现象。

四、评教学内容

（1）教学内容的正确性。教学过程中是否有知识性或思想性错误。评析教师教材处理和教法选择上是否突出了重点、突破了难点；教学内容的选择是否凸现学习的价值功能，是否重视教材的范例作用。

（2）教学内容设计的整合度。内容设计是否注重课程资源的开发、利用和整合。教师是否从整体把握学科知识体系，反复研究教学的重点、难点，把教材作为教学的必备工具，创造性地灵活运用教材；能否从学生的现有实际出发，把教材内容加工、处理成符合学生认识水平和有利于学生全面发展的学习内容，使学生易懂乐学。

（3）教学内容的组织是否符合学生的学。课堂上在确立学生的主体地位后，应以学生的参与度为保证；学生没有参与，或参与得不够，都算不上"主体"。学生的参与状态，既要看参与的广度，又要看参与的深度。就广度而言，要求学生人人参与到课堂教学的各个环节中；就深度而言，要看学生是被动地、应付地学习，还是积极主动地探究。表面上热热闹闹，实际上没有引起学生多少认知、冲突的课不是好课。

五、评教学方法和手段

教学方法是指教师在教学过程中为完成教学目标、任务而采取的活动方式的总称。包括教师"教"的方式，还包括学生在教师指导下"学"的方式，是"教"的方式与"学"的方式的统一。

（1）教材处理和教法选择上是否目的明确，是否突出了重点、突破了难点、抓住了关键。

（2）教学方法是否因课程、因学生、因教师自身特点而"量体裁衣"、灵活运用，是否富有艺术性以及是不是有改革与创新的精神。

（3）是否关注了学法的指导，如是否帮助学生认识学习规律、掌握科学的学习方法、提高学习能力、有效提高学习效率。

（4）是否激发学生学习的兴趣、养成学生良好的学习习惯。

（5）是否培养学生敢于独立思考、敢于探索、敢于质疑的精神等。

（6）是否注重学法指导和能力的培养，特别是学生创新能力、实践能力的培养。

（7）现代化教学手段的运用是否恰当。

六、评教学效果

（1）教学效率高，学生思维活跃，气氛热烈。

（2）学生受益面大，不同程度的学生在原有基础上都有进步，知识、能力、思想情操目标达成。

（3）时间利用率高，学生学得轻松、愉快，积极性高，当堂问题当堂解决，学生负担合理。

（4）师生配合和谐，信息反馈良好。

（5）教学时间控制准确恰当。

七、评教师的基本素养

（1）教师是否熟练正确地掌握课程标准。

（2）教态是否亲切、自然、端庄、大方。

（3）教学语言是否准确、生动、简洁、通俗易懂、逻辑严谨；表达是否口齿清楚、语音清晰、音量适中、注意节奏、注意音调的抑扬顿挫、以姿势助说话提高语音的感染力。

（4）媒体的运用。能否熟练运用现代化教学手段，运用多种媒体，并将它们有机地整合起来。

（5）教学是否有应变和调控课堂能力。

（6）板书是否简明、规范，是否条理清楚、重点突出、恰到好处。

（7）是否有很强驾驭课堂的能力，遇到突发情况能否从容处理。

（8）是否尊重、关心、爱护、信任学生。一切以学生为主，心中装有学生，装着学生的喜怒哀乐、身心健康、知识掌握、人生幸福，让学生真正体验生命的涌动、精神的拓宽。把学生看作学习的主人、学习的主体、独立的人，珍视学生的独特性，培养具有独特个性的人。

八、评教学管理

（1）能否创设宽松、民主的课堂教学氛围，师生之间是否有互动，双方的情感是否得到了充分交流。

（2）学生的思维是否活跃，气氛是否热烈，学习积极性是否高，学习是否轻松、愉快。

（3）是否充分确立学生在课堂教学活动中的主体地位。

（4）教师的教态是否亲切、自然，教学是否有激情，是否给学生创造机会，让他们主动参与、主动发展。[①]

【知识链接】评课的内容

一是知识的落实。目标是否明确、具体，是否体现了"三位一体"的目标内容；教材的处理方面，重点、难点的确定是否得当；知识的广度、深度是否符合课程标准、教材的要求及学生的实际，知识的传授是否准确无误；教学是否达到了教学要求。

二是教学过程要素。

（1）在教学目标的设计上，是否体现出层次性、拓展性、灵活性。

（2）在教学内容的组织上，是否体现出基础性、发展性、现代性，以及教与学的安排上是否合理，教学内容的呈现上是否符合学生的认知规律和心理特点。

（3）在教学方法的选择上，是否符合学科特点、学生实际以及教师的个性特点。能否依据具体情况选择科学教法，使书本知识变得深入浅出、明白晓畅；能否模拟学生的理解及知识能力程度，向学生示范学习方法。

（4）在课堂结构设计上，是否科学，环节是否完整、严谨。

（5）在课堂的操作上，导入是否自然并有很强的启发性；时控是否合理，双边活动是否协调和谐；是否创设了良好的自主、合作、探究学习的学习场景；整个课堂是否做到"实而不死，活而不乱"；重点、难点的把握及解决是否到位；学生参与意识是否很强、主动发挥是否很好等。

（6）在组织教学的活动上，是否在"全面育人"和"结合渗透"上下功夫；

---

① 高建中：《评课要关注哪些要素》，《现代教学》2007年第1—2期，第21—30页。

是否在"突出重点"上做文章;是否在"因材施教"上想办法;是否在"持续发展"上花时间等。

三是课堂语言。教师的语言是否清晰、标准、生动,语调是否抑扬顿挫、有变化、充满激情。

四是教学效果。学生独立思考、回答问题的情况;学生能力的培养情况;课堂容量及课堂效益情况;教学总任务的完成情况等。

五是课堂板书。板书设计上是否体现重点、难点;板书是否简洁并展示了清晰的知识框架,是否构建了知识之树;是否反映出清晰的教学思路、学习思路;板书是否新颖有特色等。

六是教学特色。教师是否引入新的教学思想、体现新的教学观念、渗透新的教学理念,在教学方法上有无新颖、特色,以及课堂教学的改革情况等。[①]

【教资考试链接】真题

2017(上)思想政治学科知识与教学能力试题(高级中学)

【材料分析题】

33.材料:下面是某思想政治老师关于"国际关系的决定性因素"的教学设计片段。

呈现情境	探究问题	结　　论
(图片情境体现) 内容:2015 年以来,中美双方在对外贸易方面频频过招;2015 年 4 月,联合国粮农组织和欧盟启动一项合作计划;2015 年 4 月,美菲"肩并肩"联合军事演习正式开幕等	探究一: 1.这些国际交往涉及哪些主体? 2.交往的内容是什么? 3.有哪些形式?	国际关系的含义:国家之间、国家与国际组织之间以及国际组织之间的关系,最主要的是国家之间的关系 内容:政治、经济、文化、军事等关系 基本形式:竞争、合作和冲突

---

① 段旭:《浅谈听课与评课的方式方法》,《当代教育论坛》2006 年第 3 期,第 47—48 页。

续　表

呈现情境	探究问题	结　论
（文字 PPT 呈现） 内容：中美关系风风雨雨 60 年。20 世纪 50—70 年代：对抗冲突。重大事件：抗美援朝。主要原因：冷战背景下，两大阵营对峙。20 世纪 70—90 年代：战略合作。重大事件：1972 年美国总统尼克松访华、1979 年中美建交。主要原因：中苏交恶、美苏争霸、美国霸权地位衰落	探究二： 中美两国 60 年来冲突与合作的原因是什么？	国际关系的决定因素：国家利益。国家间的共同利益是国家合作的基础，国家间利益的对立则是引起国家冲突的根源
（视频情境呈现） 内容：中菲南海之争 南海争端愈演愈烈，面对种种无理的挑衅行为，中国也在加紧采取措施，巩固南海上的岛礁阵地	探究三： 1. 中菲南海之争涉及我国哪些方面的利益？ 2. 为什么要坚定维护我国在南海的利益？	坚定地维护我国的利益：我国国家利益包括哪些内容？ 为什么要维护我国的国家利益？ 怎样捍卫我国的国家利益？

问题：请运用思想政治课教学理论，对本教学片段中问题设置的优缺点进行评析，并针对问题设置存在的缺陷提出修改建议。（20 分）

【参考答案】

（1）作为思想政治课教学设计中的重要组成部分，问题的设计在很大程度上影响着课堂的教学质量。为贯彻新课改要求，教师在教学实践中必须提高问题设计的质量与实效。（2 分）

从该教师的问题设计来看，优点和缺点归结起来主要有以下几点。

优点：①设置的问题和本课知识的联系较为紧密，能够紧紧围绕本课"国际关系的决定性因素"这一主题进行设置。（2 分）

②该教师的问题设计较有层次性，能够遵循"由易到难、由理论到实际"的层次递进，能够激发学生的主动思考和自主探究。（2 分）

③问题设置能够紧密结合时政，能够从中美和中菲双方的国际关系相关时政资料入手进行探究，符合政治学科的时政特色，也易于学生接受。（2 分）

缺点：①探究的问题设置过多，教师在问题设计中应注意问题的概括性，应简要精炼。（2 分）

②探究二关于"冲突与合作的原因"这一问题设置与所给材料有重复，

启发性较弱。(2分)

③探究三中的问题设置中只设置了关于"国际利益"是什么和为什么两个方面,而没有针对所给材料提出"怎么做"这一探究的最终落脚点,影响教学的有效性。(2分)

(2)修改建议:

①探究一可将三个问题合并,问一个问题即可,即"国际交往的主体、内容和形式各是什么?"。(2分)

②探究二可将问题中的"原因"改为"根本原因",引导到本课核心概念"国家利益"上来。(2分)

③探究三中,应增加一个问题:"作为一名中国的高中生面对中菲南海问题,我们应该如何维护我国的国家利益?"(2分)

【教资考试链接】真题

2019(上)思想品德学科知识与教学能力试题(初级中学)

【材料分析题】

33. 材料:某教师在进行"诚实守信"教学中,先以歌曲《雾里看花》导入课题,然后请同学们把自己调查收集的有关有奖销售的资料、案例与大家分享,同学们踊跃发言。学生一边介绍一边相互传阅,课堂热热闹闹,兴趣盎然。下课的铃声响了,学生仍意犹未尽,教师宣布下节课继续进行交流分享。

问题:运用道德与法治课教学的相关理论,分析该教学中的优点和不足。(20分)

【参考答案】

(1)优点:

①该老师的教学能够从学生实际出发,并将初中学生逐步扩展的生活作为课程建设与实施的基础;注重与社会实践的联系,引导学生自主参与丰富多样的活动,体现了道德与法治课程的实践性,也符合课程的基本理念。(5分)

②该教师的教学能积极开发和利用学生这种课程资源,以学生的调查资料为基础展开讨论,体现了学生的主体地位,也能体现学习方式的转变,实现了合作学习、探究学习。(5分)

(2)不足:

①该教师的教学中只有学生的讨论,缺少教师必要的总结和引导,缺少教师对学生回答的评价,没有体现教师在授课中的主导地位,也没有重

视并运用评价在教学过程中的重要作用。（5分）

②该教师的教学只有学生的讨论，却没有形成相应的结论，不符合重结果与重过程相统一的课程特点。同样也不符合讨论教学法对于教师需要最后进行总结的要求。（5分）

第三节　思想政治教学评课的基本要求

一、评课前要了解被评课的背景因素

在评课前，评课者要了解被评课的背景因素。比如，教师上这一课，是在什么基础上的，学生是什么基础，为什么要这样设计。弄清这节课在学期教学中的位置，了解教师在选择教学方法、安排教学进程时是如何考虑的，然后再进行评价，否则就会断章取义。

二、根据受教对象的实际情况来评课

课堂教学的主体是学生，教学目标的落实最终是体现在学生的学习过程之中。因此，课堂教学评价要改变传统的以"评教"为重点的现象，把评价的重点转移到"评学"上来，以促进教师转变观念、改进教学。要把评课的关注点，从教师传授知识转移到学生有效学习的方向上来，转移到对学生的因材施教上来，要把过多的统一讲授转变为适当的统一讲解与有指导的自主式学习或有条件的探究研讨相结合。

对于教学效果如何，可以在听课学生中做一个问卷调查。课堂教学设计是否合理，教学方法是否巧妙，教师的水平如何，可以通过问卷得到重要的反映，这也是评课最容易忽视的地方。即使是同一个教师讲的同一节课，表面上效果相同，如果听课学生的层次不一样，结果评课也应该是不一样的。比如，评课者认为课"挖得太深"或"讲得太浅"，可能正是以自己班上学生的程度为基准做判断的。评课不能以自己班上的学生来评价其他班上的学生，更不能用自己的认知水平去评价。① 评课不是评教师，我们的

---

① 马志龙：《评课评什么》，《现代教学》2007年第1—2期，第21—30页。

重点应多放在学生身上,我们要看学生的感觉。课堂教学是学生有效学习的过程,那么评课最终是要看学生感觉是不是有效学习。[①]

三、评课要虚心而真诚

要尊重所有讲课的教师,每堂课的后面都有大量的工作。我们要虚心观课,真诚研讨。虚心与真诚能换来讲课教师的真情相助,他会毫无保留地把自己的心得讲述出来。在评课中,我们要用新的教学思想来审视教学设计、教学过程,要善于发现教师新的教学手段和方法,以及新颖的问答形式。只要讲课教师有一点点的创新之处,我们都要给予充分的肯定。[②]

参评者应先虚心求教,了解授课者的设计初衷,再有理有序有节地提出自己的建议意见,切忌盛气凌人、咄咄逼人。掌握好评课的尺度后,最重要的就是合理表述。本着谦逊商讨之心,本着为活动负责,为同事、集体负责,为教学负责的坦荡之心,要有理有据、条理清晰、口齿清楚地表达自己的见解。这样,既能显现参评者的能力,又能体现参评者的素质。[③]

四、评课要突出重点

评课要讲究效果,不要空话、大话、好话连篇,不要面面俱到,不深入实际。要抓住关键和要害,突出重点,讲究针对性,要提倡"一课一得"的课堂教学评价。评课的重点应围绕教学任务的完成情况、课堂教学的组织结构、学生活动的质量、教师的基本功等方面进行。应根据上课教师探讨的目的和课型,根据听课的目的解决主要问题,不要在琐碎问题上吹毛求疵,抓住偶发性错误不放是舍本逐末的做法。评课也不能以自己班上的学生来考量他人班级的学生。

外行看热闹,内行看门道。有些课表面上很热闹,但仔细分析,不少形式是"花架子",师生讨论始终浮于表面,不得要领,浪费大量宝贵时间。有一种情况,"很好,你真棒,你真聪明,你真了不起",甚至"你是瓦特,你是爱

---

① 吕波:《观课、评课时有哪些注意点》,《现代教学》2007 年第 1—2 期,第 21—30 页。
② 吕波:《观课、评课时有哪些注意点》,《现代教学》2007 年第 1—2 期,第 21—30 页。
③ 逯萍:《"评课"之我见》,《科学教育》2009 年第 2 期,第 84—85 页。

因斯坦"等教师激励性评价充斥课堂。如果学生的回答确实有创新之处,偶尔来一次未尝不可,但是如果不分青红皂白地乱表扬,那不是在鼓励学生说假话吗? 还有另一种情况,形式主义的合作学习泛滥。不论哪一门学科,不论何种内容,讨论似乎已成为某些教师的法宝。该不该讨论,在什么时候讨论,不少教师很少考虑。且讨论时,教师既没有巡回询问,又没有诱导学生步步深入,致使学生的讨论始终停留在问题的表层上。所以,表面的热闹不等于教学效果好。①

五、评课要以激励为主

评课要从调动教师教学的积极性、主动性和创造性出发,要善于发现教师教学过程的闪光点,要给教师理论上指导、方法上点拨、过程上反馈,使教师在评课的过程中得到启发,受到教益。在听课中往往会发现有些教师在某一方面有突出的优点从而给大家带来好感,有些教师也因某一方面的缺陷而使听课者失望,这种情形是很常见的。在评课时要注意防止感情用事、以偏概全。公开课对授课的教师有风险性,应以激励为主,有利于更多的人参与探讨,用研究的眼光去看待每一节课、评课目的不是去区分好差,而是通过评课帮助大家改进教学实践。评课要实事求是,又要注意语言的技巧、发言的分寸,要有利于调动教师参与教学、研究的积极性。

当然,评课不能搞"一刀切",要根据评课对象区分对待。对于骨干教师评课的标准要适当高一些;对于新任教师标准可以适当低一点,逐步提高标准要求。要根据"优质课""研讨课""汇报课""过关课"的不同要求区分对待。

六、评课要客观公正

评课要实事求是,客观公正。要一分为二,坚持两点论,不能走向极端。教学是一门艺术,艺术的追求是无止境的。因此,课堂教学是没有最好的,只有更好的。课堂教学也要与时俱进,不断创新,不断适应新的教学理念对课堂教学的要求。评课时,参评者要客观公正地对授课者做出评

---

① 陆新全:《"观课、评课时有哪些注意点"》,《现代教学》2007 年第 1—2 期,第 21—30 页。

价,既不吹毛求疵,也不曲意奉承。评课者不能抱着"当事者迷,旁观者清"的态度去听课和评课,也不必顾虑挑不出毛病别人会认为自己没水平。正确的心态应是客观公正,有多少讲多少。评论要简而精,切中要害,对症下药,使授课人有所启发和感悟。评课必须从观察到的、感受到的情况出发,不能想当然,既要肯定成绩,总结经验,又要提出问题及改进的措施,切实起到促进教师专业发展的作用。

七、评价要善于换位思考

评价者发现教师的不足之处,应先换位思考:假如这节课是自己上,能否避免这个不足?给教师提出的改进意见,也应先思考:自己能否做到?有时候,评价者未做换位思考,其评价意见要么吹毛求疵,要么要求过高,要么脱离实际,对教师没有多大帮助。

八、平等交流

评价者要充分尊重受评者,认真听取受评者的自评,在此基础上结合听课情况进行评价。若是带着居高临下的优越感,不管不顾地说上一气,既可能是空话大话,又可能是无的放矢。授课教师左耳进右耳出,没有丝毫意义。当评价者与教师意见不一致时,不应该感到尴尬。此时最好的办法是各自保留意见,也可以展开争论,但不能为了面子而进行学术压制。[①]

九、克服不良的评课心理

一要克服"老好人"思想。评课是一种教研活动,不要担心自己的观点不能被授课人接受而会"得罪"人。要充分发表自己的观点,只有在辩论中,大家才能互相学习、共同提高,从而促进教研活动教学。二要克服人云亦云从众的心理。三要克服附和权威心理。

---

① 徐亚康:《改变评课方式让教师上"自己的课"》,《中小学管理》2006 年第 1 期,第 32—33 页。

十、评课要提倡创新，培育个性

正确地评价一堂课，从没必要为冒犯权威而瞻前顾后，要敢于向经验挑战，既要发展课堂教学的一般特征，又要从提倡创新、鼓励个性角度出发，打破传统的评价模式。教师的个性化教学，是新课程标准理念实施的需要。

十一、评课教师要有一个良好的心态

评课不是为了证明自己的教学能力和理论功底，而是为了教学能力的共同提高。大家坐在一起，共同就教学中出现的问题进行研讨和交流，彼此交流思想，初步达成共识。评课本不应该有任何思想压力和负担。美国著名的教育评价学者斯皮尔伯格就对教育评价说过这样一句非常精辟的话："评价不是为了证明，而是为了改进。"评课本身是一次相互交流、相互学习的过程，需要我们认真面对、积极参与、主动探讨。只要是为了教学，就应该充分展示自己的观点，畅所欲言。如果有了争议，就更能引起大家的重视，真理总是越辩越明，这不是一件好事吗？因此，评课者不需要引用和套用一知半解或知之甚少的理论做"伪装"，否则会弄巧成拙，关键是要放下思想包袱，大胆提出自己独特的见解。"水本无华，相荡乃成涟漪；石本无火，相击乃成灵光"，这样的评课才是真正意义上的评课。

思考题：
1.评课的概念、特点和作用是什么？
2.评课的基本内容有哪些？
3.评课的注意事项有哪些？

课外拓展研究：
1.完成《思想政治》某一教学课的评课。
2.根据评课的情况进行评课后的反思。

第十五章　思想政治教学的考试

考试是学校教学工作重要组成部分,是检查教与学的一种手段与工具,是教学评价研究中的一个重要课题。研究和了解考试,有利于对教学实施导向和质量监督,有利于考查教师的教学水平和学生所达到学习目标的程度,从而更好地帮助教师改进教学,促进教师的发展;帮助学生了解自己的成长状况,促进学生学业的发展。

第一节　思想政治教学考试概述

一、考试的含义

考试是指对教师的教学活动和学生学习活动的情况和效果进行测量和评价,其中以对学生学习情况的测量和评价为主,因为学生的学习情况和学习效果更能集中体现整个教学的效果和质量。测量就是依据一定的目的并通过一定的程序与方法,对教师教和学生学的状况进行衡量。评价就是依据一定的教育价值观或教育目标对教育现象进行的价值判断。测量是评价的基础和手段,评价是对测量结果的价值判断。测量与评价是同一活动过程中的两个不同阶段,两者相互联系又相互区别。① 测量与评价的有机结合,我们称为教学测评,或者说考试。

通过学生的考试,教师能对教学情况进行质量分析,找出教学的不足,从而有的放矢地进行教学改革,更好地为教学实践与研究服务;可以更好地了解学生的学习水平与学习情况,诊断出学生在学习中存在的问题与误区,从而为学生的全面发展提供有力的保障。

---

① 刘强主编:《思想政治学科教学新论》,高等教育出版社 2003 年版,第 264 页。

按照不同的分类标准来分,考试有不同的类别。按照学期进度来看,有单元测试、期中考试、期末考试等;按照考试目的来看,有达标性考试、诊断性考试和选拔性考试等,如毕业考试或会考就是达标性考试,模拟考试就是诊断性考试,高考就是选拔性考试;按照考试方式来看,有闭卷考试和开卷考试两大形式等。

二、考试的性质

思想政治教学考试要贯彻教育部印发的《基础教育课程改革纲要(试行)》及《教育部关于积极推进中小学评价与考试制度改革的通知》的基本精神,使考试成为促进学生发展和教师提高教学质量的有效手段。

《义务教育思想品德课程标准》指出:"思想品德课程的评价目标是,考查学生达成学习目标的程度,提高教学质量,保证课程目标的实现,使评价成为促进教师教学、学生思想品德发展与提高的有效手段。"①考试是确认学生学习进度和学习水平或行为的转变以及教师教学的效果,为调节和控制教学过程提供决策的依据。即考试的目的是判断其教学目标是否达到,教学方法是否有效,选择的教学资料是否适宜,是否促进教师的教学,是否提高了学生的思想品德素养。政治课程的评价要避免单纯地为评价而评价的形式主义,要创造使家长、同伴及学生自己都能够进行评价的氛围和方法,关注形成性评价的重要性。这说明政治课教学评价的性质属于目标性评价,即达标性的评价,或发展性评价,不是选拔性的评价。

《普通高中思想政治课程标准》指出:"学业水平考试坚持以学生的思想政治学科核心素养发展水平为考查对象,考查学生能否综合运用相关学科内容,参与社会实际生活,在真实情境中提出问题、分析问题和解决问题;重点关注能否坚持正确的思想政治方向,形成正确的世界观、人生观和价值观,是否展现出了适应当代社会发展和终身发展所需要的、必备的思想政治学科核心素养。"②这也说明思想政治课考试的性质属于目标性测评,或发展性评价,而不是选拔性的测评。

①　《义务教育思想品德课程标准(2011年版)》,北京师范大学出版社2012年版,第19页。
②　《普通高中思想政治课程标准(2017年版2020年修订)》,人民教育出版社2020年版,第49页。

三、考试的内容

(一)初中思想政治考试的内容

初中思想政治考试的内容要体现初中思想政治课程目标。思想政治考试的直接目标是课程教学目标,而思想政治课的教学目标包括知识、能力、情感态度价值观等培养。因此思想政治教学考试的主要内容也要体现知识掌握、能力发展、情感态度价值观形成。

1. 知识掌握

知识掌握包括理论观点、原理、应用性知识及其操作规范等。

2. 能力发展

能力发展包括学习能力和实践能力等。既要注重对理论观点、原理的运用能力进行考评,又要强调对"动脑"思维、"动手"操作能力进行评估。

3. 情感、态度与价值观

评价既要坚持正确的价值标准,又要尊重学生的个性表现,关注学生情感和态度变化的趋势。评价主要依据学生在课程实施中参与各类活动的行为表现,以及学生对当前社会现象和问题所表达的关切、所持有的观点。

(二)高中思想政治考试的内容

高中思想政治考试的内容要体现高中思想政治课程目标。根据高中思想政治学业水平考试的目标和要求,高中思想政治学业水平考试要坚持以学生的思想政治学科核心素养发展水平为考查对象,考查学生能否综合运用相关学科内容,参与社会实际生活,在真实情境中提出问题、分析问题和解决问题;重点关注能否坚持正确的思想政治方向,形成正确的世界观、人生观和价值观,是否展现了适应当代社会发展和终身发展所需要的、必备的思想政治学科核心素养。[①] 因此,高中思想政治考试的内容就要体现高中生思想政治学科核心素养。高中生思想政治学科核心素养,主要包括

---

① 《普通高中思想政治课程标准(2017 年版 2020 年修订)》,人民教育出版社 2020 年版,第49 页。

政治认同素养、科学精神素养、法治意识素养和公共参与素养等。

1. 政治认同素养

我国公民的政治认同，就是拥护中国共产党的领导，坚持和发展中国特色社会主义，认同中华人民共和国、中华民族、中华文化，弘扬和践行社会主义核心价值观。

2. 科学精神素养

我国公民的科学精神，就是在认识世界和改造世界的过程中表现出来的一种精神取向，即坚持马克思主义的科学世界观和方法论，能够对个人成长、社会进步、国家发展和人类文明做出正确的价值判断和行为选择。

3. 法治意识素养

我国公民的法治意识，就是尊法学法守法用法，自觉参加社会主义法治国家建设。建设社会主义法治国家，是推进国家治理体系和治理能力现代化的必然要求。

4. 公共参与素养

我国公民的公共参与，就是有序参与公共事务、承担社会责任，积极行使人民当家作主的政治权利。

四、考试的方式

（一）初中思想政治考试的方式

考试的目的与教学的目的是一致的。考试是检验学生是否达到课程标准的要求，让学生通过考试发现自己离课程规定的目标还有多远，找到自己的不足，同时还看到自己的优势，确立自信，进一步明确努力的方向，是一种发展性评价。《义务教育思想品德课程标准（2011 年版）》指出：考试方式应灵活多样，如辩论、情境测验、开闭卷的笔试等。要加强思想品德考试命题研究，注重考查学生运用知识解决道德实践中实际问题的能力，发挥考试对教学的正确导向作用。[①] 要避免只用终结性的、单一的、知识性的考试来对学生思想政治课程的学习及思想状况做出评价。

1. 表现性测试

在评价学生的能力、情感态度与价值观的目标时，传统的纸笔测验往

[①] 《义务教育思想品德课程标准（2011 年版）》，北京师范大学出版社 2012 年版，第 20 页。

往不能胜任,而表现性评价,例如通过学生口头回答问题、参加辩论、以角色扮演的方式模拟法庭审判、市政会议、招聘面谈等活动的评价,可以为全面落实课程标准提供一种可行的评价方法。

(1)口试测验。口试是指学生要用相应的语言阅读或回答老师的试题,按照考生的回答和语言是否流畅得到相应的分数。口试要求学生当面回答问题,需要学生动脑思考、动手备考、动口回答,可以从多方面培养和锻炼学生的独立思考能力、口头表达能力以及现场应变能力,有利于调动学生的学习积极性,使学生真正成为学习的主体。口试为学生提供了一个锻炼提高综合素质和能力的场所和机会,也为学生今后的发展做了必要的演练和准备。

(2)辩论测验。辩论是持不同意见的双方或多方针对同类事物或同一问题在思想上的交锋,辩论诸方有共同的话题,而又有不同意见。辩论可以开阔学生思维,锻炼辩者的口头表达能力、查找资料的能力、搜索能力、统筹分析能力;可以让辩者开动脑筋,从多方面去考虑问题,发散思维,对辩论问题有一个新的看法,并追求真理;可以加强辩论团体之间的默契、团结协助能力,增加友谊。辩论等表现性的测查,可以较好地反映学生的表达能力、思维的逻辑性和概括能力,还能在一定程度上反映学生的思维过程以及对所掌握知识的理解程度。

总之,对能力目标的评价主要伴随着相应的活动展开,根据学生在活动过程中的表现,进行动态的、综合的、有侧重的评价。对情感、态度与价值观目标的评价,既要坚持正确的价值标准,又要尊重学生的个性表现,关注学生情感和态度变化的趋向。

2.情境性测验

情境性测验是指在特定的情境中,教师为了准确地把握学生的某种状况而有针对性地进行的一种测验。情境性测验能客观记录学生某时某刻的学习状况和思想品德的成长发展过程,是关注学生的发展差异及发展中的不同需求和特点,并进行有针对性指导的过程。情境性测验体现了发展性评价,是一种评价与教学融为一体的评价方式。这种考试评价方式更容易引起学生的重视,对调动学生的积极性、主动性有很大的促进作用。例如,学生在多大程度上达到了教学目标?学生进步程度如何?什么时候进行复习最为有效?在学习的时候学生有哪些学习困难?等等,都可以通过情境性测验来达到教师想要了解各种信息的目的。

3.开卷考试

开卷考试是考生可以自由拿资料、课本参加考试。可以自由查看资料、课本,但是不可以互相商量答案。开卷考试的试题具有开放性、灵活性,为考生回答问题提供了充分的思考空间,有利于考生充分发表自己的见解,展现自己的能力,发挥自己的水平。开卷考试注重考查学生运用已有知识分析社会生活和解决实际问题的能力,改变了过去学生死记硬背的习惯。开卷考试的试题应从社会实际出发,贴近学生生活;开卷考试的评分答案不求统一性,主要看学生分析问题所运用的理论观点是否正确。

4. 闭卷考试

闭卷考试是教育评价的一种重要手段。发展性评价中的闭卷考试的命题是以课标为依据的,试题的价值取向是使学生在一个宽松的答题氛围中进行,让学生能充分展示自己的学习成果,体现自身的价值。试题不仅关注结果,更注重答题的过程和方法。闭卷考试的形式可以是多种多样的,如随堂测验、单元测验、期中测验、期末测验等。闭卷考试的结果呈现也可以是多种多样的,如分数、等级、评语等。

(二)高中思想政治考试的方式

高中思想政治考试的主要目的是测试思想政治学科核心素养发展水平,而测试思想政治学科核心素养发展水平,就需要把握每个水平等级的素养表现特征。核心素养作为人的内在品质和能力,不可直接观测和度量,但它会通过各种具体任务的执行,外显为行为表现特征,从而借助这些行为表现,评价思想政治学科核心素养发展水平。因此高中思想政治考试的方式,仍然包括前面讲的辩论、情境性测验、开闭卷考试等。只不过在延续初中思想政治考试方式的基础上,更加突出了对理论知识的掌握与解决问题能力的测试。因为,考查学生的核心素养发展水平,需要以具体的真实情境作为执行特定任务和运用学科内容的背景与依托,需要学生整合相关学科内容以应对特定问题情境,执行特定任务,由此提供确认水平的证据。[1] 考试的方式更多表现为闭卷考试,考试的内容更加强调与社会实际的联系,重视对理论知识的掌握和解决问题能力及思维的培养、意识的创新等。

在高中所有的考试中,我们不能不提"高考"这一个词。高考是一种选拔性考试,是"普通高等学校招生全国统一考试"的简称,是高中学业结束后学生自愿参加的高等教育的入学考试,是高中毕业生选择大学和进入大

---

[1] 《普通高中思想政治课程标准(2017年版2020年修订)》,人民教育出版社2020年版,第49页。

学的资格标准之一,也是国家教育考试之一。因为高考是高中毕业生选择大学和进入大学的资格考试,所以高考得到了全社会尤其是高中学生及其家长的高度重视。在这里介绍一下目前全国推广实行的新高考"3＋1＋2"模式。所谓的新高考"3＋1＋2"模式,其中的"3"是指语文、数学、外语三门必考科目;"1"是指在物理、历史两门科目中必选一门;"2"是指在化学、生物、政治、地理四门科目中任意选择 2 门。新高考"3＋1＋2"模式在全国各省开始逐步启动。在新高考"3＋1＋2"模式下,将会有越来越多的学生选择加入思想政治考试的队伍中来。

第二节　思想政治教学的试卷设计与编制

不管哪一种方式的考试,一次完整的考试一般包括考试设计、考试实施、试卷评阅和考试分析等环节,其中难度最大的是试卷的编制与考试分析两个问题。所以,下面我们就试卷的编制进行探讨。思想政治考试试卷编制的一般程序与方法是:试卷的设计、试卷编制、试卷的排列与组合。[①]

一、试卷的设计

在试卷设计前,设计表要认真研读《课程标准》,《课程标准》是教学与评价的重要标准。另外,高中的命题还要认真研读《考试大纲》和《考试说明》等高考指导性文件,这些文件是考试命题的重要依据。否则,命题就会迷失方向,就会超纲或走题。

(一)设计目标命题计划

命题计划是根据考试的指导性文件或计划的要求,对整套试卷中全部试题所涉及的内容范围、重点、难点、测试的目标以及试题的类型与题量等问题通盘考虑与安排。命题计划包括:考试内容与考试目标的命题计划、考试内容与试题类型的命题计划。没有命题计划,试题与试卷的编制就会走偏方向,就不能达到考试的目标要求。

以高中学业水平考试命题设计为例,要把握学业水平考试的目标和要求。学业水平考试坚持以学生的思想政治学科核心素养发展水平为考查

---

①　张建文:《思想政治课程与教学论》,人民出版社 2008 年版,第 331 页。

对象,考查学生能否综合运用相关学科内容,参与社会实际生活,在真实情境中提出问题、分析问题和解决问题;重点关注能否坚持正确的思想政治方向,形成正确的世界观、人生观、价值观,是否展现出适应当代社会发展和终身发展所需要的、必备的思想政治学科核心素养。高中思想政治学业水平考试,是以学科任务导向为标志,由关键行为表现、学科任务、评价情境和学科内容等四个基本维度构成,目的在于有效测试思想政治学科核心素养的真实发展水平。其试题是指向核心素养及其关键行为表现,实现学科任务、评价情境、学科内容三者有机融合的试题。^①

制定命题计划的第一步,是将考试内容与考试目标的各项比例做出明确的规定。基本要求是:第一,内容覆盖面广,但要突出重点;第二,考试目标要全面,尽可能体现识记、理解、运用等认知和能力目标要求。考试内容与目标的命题计划,一般是通过"内容与目标双向细目表"的方式来反映,这会给人一种直观的感觉。现以新课程高中一年级思想政治必修 3 政治与法治期末考试为例,制定如下命题计划表(双向细目表)(见表 15-1)。

表 15-1 命题计划表(双向细目表)

考试目标 / 考试内容	识记	理解	运用	合计
第一单元 中国共产党的领导	10	10	10	30
第二单元 人民当家作主	10	10	15	35
第三单元 依法全面治国	10	10	15	35
合 计	30	30	40	100

(二)设计题型命题计划

制定命题计划是将考试内容与考试题型的各项比例做出明确的规定。考试作为中学学习成绩的重要评价方式,应注重考评学生理解和运用知识的真实能力,在提供多种题型的同时,倡导综合的、开放的题型。

基本要求是:第一,内容和题型的比例要同前面的计划(内容与目标计划)一致。第二,在考试时间允许的范围内,题型和题量都要尽可能多,这样才能充分体现考试内容和目标全面性。

---

① 《普通高中思想政治课程标准(2017 年版 2020 年修订)》,人民教育出版社 2020 年版,第 49 页。

内容与题型的命题计划，一般也是通过内容与题型双向细目表的方式来反映，给人一种直观的感觉。现仍以前表的内容为例，制定"内容与题型命题计划表"（双向细目表）（见表15-2）。

表15-2　内容与题型命题计划表（双向细目表）

题型 考试内容	单选题	多选题	填空题	判断题	简答题	论述题	合计	备注
第一单元　中国共产党的领导	8	8	2	2	5	10	35	①单选题每题2分 ②多选题每题2分 ③填空题每题1分 ④判断题每题1分 ⑤简答题每题5分 ⑥论述题每题10分
第二单元　人民当家作主	8	8	2	2		10	30	
第三单元　依法全面治国	8	8	2	2	5	10	35	
合　计	24	24	6	6	10	30	100	

二、试卷的编制

有了命题计划，我们就可以按照命题计划表的要求去编制试题。方法是：从第一课开始，根据"内容与题型命题计划表"的要求，依次选够每一课所需要的题型和题量。[①]

试题的种类很多，归纳起来可以分为客观性试题与主观性试题两大类，每种类型的试题又各有自己的特点和编制要求。

（一）客观题的编制

客观性试题就是答案唯一、评分不受主观影响的试题，主要有选择题、填空题、判断题等。

1. 填空题的编制

填空题属于再现型试题，是指在一个完整的陈述中，命题者故意抽去关键性的短语、词组、时间或重要性的概念、地名、人名等，让考生来补充完整。填空题的编制较容易，可用来测量学生对知识的回忆与再现等，特别

———————
① 张建文：《思想政治课程与教学论》，人民出版社2008年版，第333页。

适用于诊断性的测验。不足之处是,该题型只能评价学生对知识的回忆和再现能力,测量一些零碎的知识点,不利于学生对知识的应用和迁移。其编制要求是:填空题的内容陈述要简洁、明确,一道试题不能有太多空格(一般1—2个),而且所填答案要正确唯一。空格一般放在句末,两处以上空格长度要尽可能相等,以免学生猜答。

2. 是非题的编制

一般而言,是非题适合考查学生对基本概念、原理、性质等的认知和判断能力,其编制较容易,能在较短时间内考核较多的教学内容,效率较高,评分客观公正。但是,由于是非题只有两个选项,很容易使得评价的信度不高。为了提高是非题的信度和鉴别力,可以要求学生改正错误,或让其说明理由等。在编制试题时要注意:题目的陈述应简洁,表述应清晰明确;应尽量避免用否定句;避免在题目的陈述中使用"所有""通常""只有""可能"等具有暗示性的字词或特殊的限定词句;每一题应避免两个或两个以上的概念在同一试题中同时出现,并做到措辞准确,答案唯一;是与非的题数要有适当比例,而且应采用随机方法排列。

3. 选择题的编制

选择题是指从多项选择中挑选一项或几个正确选项的试题类型,它由一个"题干"和几个"选项"组成。题干是根据所要考查的内容而编制的一个问题或一句不完整的话。选项则是根据题干而设计的几个备选答案。选择题是各类客观性试题中最灵活、最有效、使用最广泛的一种题型,是客观题的主要形式。选择题的形式很多,大体上可以分为三类,即单项选择题、多项选择题、不定项选择题。单项选择题的答案不但有正误之分,而且有优劣之别;多项选择题的答案只有正误之分,没有优劣之别。但无论单项选择题还是多项选择题,都有可能产生猜答现象,而不定项选择题则是综合了以上两种形式的优点,不具有猜答现象。

例如初中思想政治:多项选择题

2020年的寒假过后,虽然新冠疫情推迟了莘莘学子返校的时间,但广大师生一起只争朝夕,不负韶华,共同度过了一个安全、有意义的春天。下列小王同学的行为中符合上面要求的是(　　　)

A. 合理安排时间,运用科学方法,开展自主学习

B. 关注国家新闻,并向疫区同胞奉献爱心

C. 帮父母做家务,做好消毒,确保家庭成员健康

D. 适当上网,向世界讲好中国"抗击疫情"故事

【参考答案】ABCD

每一个选择题都由题干和选项两部分构成。因此,选择题的编制要求是:题干要明确、新颖。正确选项要有隐蔽性,错误选项要有迷惑性。而且每个选项都能独立回答问题。选项的数量要适中,一般不少于4个,而且正确选项的位置要随机排列。每个问题的内容都应源于教材,但文字又不能照抄教材,以避免学生死记硬背。

例如初中思想政治:单项选择题

2019年9月29日,中国女排以11连胜的战绩卫冕,成为女排世界杯历史上唯一一个"五冠王"。幕后,中国女排总教练郎平说出了这样的话:"我们的目标就是升国旗,奏国歌,打球已经完全不是我们个人的事情、个人的行为,而是国家大事,我自己都不属于自己。"在国旗下成长的中国女排,用艰苦奋斗镌刻荣光,她们淬炼"女排精神",已经成为民族精神的一面旗帜。这表明(　　)

A.艰苦奋斗是美德,成就事业全靠它

B.国家利益要至上,报效祖国动力强

C.个人利益一边放,束之高阁把它忘

D.拼搏实干铸辉煌,个人扬名勿彷徨

【参考答案】B

再如高中思想政治:中共中央、国务院印发了《新时代公民道德建设实施纲要》,进一步明确了新时代公民道德建设的任务要求。此举意在(　　)

A.以权威性和强制性手段规范社会成员的行为

B.以感召力和劝导力提高公民的思想道德素质

C.以强制性和思想性来推进社会政治文明建设

【参考答案】B

(二)主观题的编制

主观题就是答案表述不唯一、评分易受主观影响的试题。主观题的形式很多,但常用的是两类,即简答题和论述题。简答题是主观性试题中的"小题",主要用于测量学生对知识的记忆和理解程度。论述题是主观性试题中的主要形式,主要用于测量学生对所学知识的综合运用能力。

主观题表述形式多样化,以题干的表述形式为例,可以表现为比较型、因果关系型、归纳型、总结型等。例如:比较型的题干,可以表述为"比较……和……的相似与不同";因果型的题干,可以表述为"……的主要原因是什么?",或"……最可能的结果是什么?",总结型的题干,可以表述为"请陈述……中的关键内容”，或“请简单总结……的内容”；归纳型的题干，可以表述为“请对下面的信息进行有效归纳”，或“请说出能够解释下面现象的原理”；推理型的题干，可以表述为“根据已有事实，当……的时候，什么最有可能发生？”；归类型的题干，可以表述为“请根据……将下面的项目分类”；创造型的题干，可以表述为“请列出你能想到的尽可能多的……”；应用型的题干，可以表述为“使用……原理作为指导，请描述你会怎样解决下面的问题”；分析型的题干，可以表述为“请列出并且描述……的主要特征是什么？”；综合型的题干，可以表述为“描述一个能证实……的方案”；评价型的题干，可以表述为“使用给定的标准，写出对……的评价”；等等。

主观题的命题要注意的事项如下。

(1)可以根据考试的目的、设问和答案的要求去选取材料。

(2)材料中的文字、图表不要太多、太复杂，尽量简洁、明了。

(3)最好不要照搬照抄教材上的例子和材料。

(4)要根据考生的生活经验和理解程度来选取情境材料。

(5)材料要科学、可信、新颖。

例如初中思想政治：观察与思考题

材料一：新的学说理论改变了人们对世界的认识，也为技术创新奠定了基础；“复兴号”提速，京沪全程仅需 4 小时 18 分钟；5G 网速快得让你察觉不到；医生远程操控机器人完成手术；移动支付开创了新的支付方式；政府简政放权，百姓到政府办事“最多跑一次”……创新让生活更美好。

材料二：全国青少年科技创新大赛是面向全国中小学生开展的规模最大的青少年科技教育活动，每年都有很多作品参赛。例如，电子空气净化口罩、能侦测中暑风险及心搏停止的预言手套、节能环保且造价低的校园接水提醒器、保护滑雪者的智能滑雪器等。这些作品反映出当代中小学生的创新精神。

综合上述材料，运用相关知识，思考下列问题：

(1)结合材料一，概括说明为什么创新让生活更美好。（两方面即可）

(2)谈谈中学生应该怎样培养自己的创新精神。（三方面即可）

【参考答案】

(1)①知识的创新提供新理论和新方法。

②技术的创新推动社会生产力发展、增加社会财富。

③制度的创新促进公平正义、推动社会进步、提高国家机构办事效率、推进国家治理能力和治理体系现代化；等等。（两方面即可）

(2)①努力学习，为创新打下坚实的知识基础。

②勤于观察,善于思考,培养想象力。

③积极参加小发明、小制作活动。

④培养爱国情怀,热爱科学,追求卓越。

⑤敢于质疑,敢于向传统和权威挑战,树立敢为人先的精神。

⑥树立科学精神,掌握科学思维方法。

⑦主动参与社会实践,培养实践能力和创新能力。

⑧依法保护自己的知识产权,对自己的发明创造成果及时申请专利保护;等等。(三方面即可)

(三)试卷的综合编排

试题出好以后,就要将各种试题进行排列和组合,组成试卷。试卷的排列要科学化,符合人的认识规律,主要应做到以下几点:第一,同类组合,先易后难。第二,每类试题都应有解题说明和答题要求。第三,试题的序号应保持同类序号的连续性。同时,还要进行如下的审核工作:

(1)审核试卷结构,即审查题型、题量、分值等是否符合命题计划的要求。

(2)审核考点分布,即审查考点分布是否合理、全面。

(3)审核难度系数,即审查基础题和能力题的分布是否合理。

(4)审核考纲范围,即审查试题是否有超纲的现象。

(5)审核原创度,即审查试题的原创度,切忌照搬照抄原题。

(6)审核试题严谨度,即审查试题是否严谨等。

(7)审核试题完整度,即审查试题答案是否完整、评分标准是否合理等。

三、试卷编制的基本要求

思想政治试卷的编制应坚持科学性原则、客观性原则、公平性原则、发展性原则、实践性原则、知识能力态度统一的原则、理论和实践统一的原则、主观性和客观性统一的原则等等。此外,还要坚持其特殊的如下要求。

(一)目的的准确性和实效性

试题目的的准确性是指考试的任务指向要明确,要有明确而具体的目的。试题要求学生完成的具体任务的含义和指向应该确定明晰,不能引起歧义,以提高推断的准确性。试题的实效性是指试题要符合考试计划的性质、目的,并能够达到考试的目的,真实地测试出学生的学习水平。

(二)内容的科学性和趣味性

科学性就是指试题要有较高的信度和效度,要有一定的难度和区分度;要考虑试题的条件和结论,要考虑试题的解答基础和方法。例如,选择题的编制要求文字叙述准确、规范;"限定词"的使用要谨慎;错误选项的似真性要强,不能有提示正确选项的情况出现;各选项在形式上应协调一致,在次序上应做合理安排;答案要科学,要不容争议。否则,就难以达到有效训练的目的。趣味性就是指试题要联系生活实际,化抽象为具体,如试题选用的材料要新颖有趣;设问方式要新颖、巧妙、灵活;等等。

(三)问题的典型性和多样性

试题要有一定的重要性和普遍性,要与当前的政治理论相符合,要避免偏题、怪题、冷题。典型性是指选编的试题在同类试题或某些解答方法中具有代表性,学生解答之后,能以题及类,以点带面,掌握此类试题的问题。多样性是指试题的解答方法和题型的多种多样。

(四)难度的恰当性和系统性

试题的恰当性,又称阶梯性,即试题应形成一个从易到难的恰当的"梯度",试题的选编和布置要根据教材知识的内在联系和学生的学习认知规律,循序渐进。试题的系统性是指阶梯跨度通常的情况是,基础题占50%,易和难的题各占10%,有一定难度的题占30%。

(五)试题情境设置的真实性与试题的创造性

试题情境设置的真实性是指试题应对源于真实生活的情境进行有针对性的建构,保留关键性的事实与特征,剔除无关紧要的细枝末节,试题创设的情境应该是高中学生能够理解的。试题的创造性是指试题既是识记、理解、分析、综合、评价、运用所学知识的过程,又是学生思维的外显过程。因此,试题选编应具有发展智力的价值,应有利于学生灵活运用已有的知识和经验,创造性发现、分析和解决问题。

(六)项目的独立性与赋分的合理性

项目的独立性,是指试题之间、同一试题内部都要避免互相交叉、暗示、重叠,注意情景材料中不能出现答案。赋分的合理性,是指在制定赋分标准时要充分估计学生的水平、考试的性质,注意赋分的科学性和合理性。

(七)表述的简明性与方式的经济性

表述的简明性是指试题的行文、材料要简明扼要。整张试卷的字数不要超过 4000 字,漫画、插图要简洁、明了,通俗易懂;特别注意选择题的选项不能含糊,文字要简明。文字多了,内容多了,加重学生阅读的负担。方式的经济性是指题型和题量不应该太多,要充分考虑学生的文字阅读水平和答题的能力程度。试卷中题目的排列,应注意同类知识归纳在一起。例如,经济常识、政治常识、文化常识和哲学常识、时事政治的知识应各自排列在一起,同时要从易到难,从简到繁;排版印刷要考虑便于学生的阅读,便于教师的评阅等。

总之,试题要有科学性、公平性,难度适宜性,等等。试题要符合课程标准的要求,符合思想政治课程考试的命题框架要求,也要符合教育测量科学性、公平性和难度适宜的一般要求。要兼顾地区和城乡差异,避免使用学生不熟悉的术语,要充分考虑试题难度分布和区分度。[①]

四、试卷评分标准的制定

完成试卷的编制,接下来就要制定评分标准。根据题型的不同,有不同的评分标准。有的试题要有唯一答案,有的试题又要有开放的答案;有的试题只需呈现最终答案,有的试题又需要解释答案理由与展现解题过程。

(一)根据学科任务制定评分标准

针对不同类型的学科任务制定试题评分标准,要根据划分思想政治学科核心素养水平的基本原则,建立评价不同学科任务完成质量的具体指标体系,以提高评价的科学性、公正性和可操作性。[②]

---

① 《普通高中思想政治课程标准(2017 年版 2020 年修订)》,人民教育出版社 2020 年版,第 52 页。
② 《普通高中思想政治课程标准(2017 年版 2020 年修订)》,人民教育出版社 2020 年版,第 52 页。

（二）评分标准要兼顾共同性与差异性

根据思想政治学科核心素养评价的特点,学业水平考试应该有相当数量的开放性试题。制定这种试题的评分标准,要兼顾共同性与差异性。共同性体现为有共同的基本立场、观点和价值观,有共同的评价尺度。在共同评价尺度的框架中体现差异性,例如,采用不同视角,运用不同素材,采取不同思路,表达不同见解,提出不同的问题解决方案,即评分标准要有一定的开放性,等等。透过这种有差异的解题过程与思维过程,划分评价等级,判断学生在特定情境中学科任务完成的不同质量,推断其学科核心素养发展水平。①

【教资考试链接】真题
2018(上)思想政治学科知识与教学能力试题(高级中学)
【材料分析题】
34. 材料:下面是《经济生活》中的教科书内容。

> 对生产经营的影响
> 20世纪90年代,牛蒡这种中药材的收购价曾经达到每千克15元,巨大的利润促使许多药农一哄而上,纷纷种植牛蒡。可是好景不长,几年之后,市场开始出现严重的供过于求,牛蒡跌至每千克0.2元,致使药农急剧缩减种植面积。牛蒡价格的涨落是怎样影响药农生产活动的?怎样才能减少牛蒡价格暴跌带来的损失?
> 价格变动对生产的影响,主要表现在以下两个方面。
> 调节产量。某种商品的价格下降,生产者获利减少,这时生产者会压缩生产规模,减少产量;某种商品的价格上涨,生产者获利增加,这时生产者会扩大生产规模,增加产量。
> 调节生产要素的投入。为了生产产品,生产者必须投入一定数量的人、财、物。当一些生产要素之间可以相互代替时,为了降低生产成本,哪种生产要素的价格下降,生产者就会增加这种要素的使用量;哪种生产要素的价格上升,生产者就会减少这种要素的使用量。
> 价格变动对生产的影响是价值规律发生作用的重要体现。

① 《普通高中思想政治课程标准(2017年版2020年修订)》,人民教育出版社2020年版,第52页。

问题:请紧扣"价格变动对生产经营者的影响"内容,编制一道单项选择题(10分),并阐明思想政治课选择题编制的基本要求。(10分)

【参考答案】

(1)2017年,玉米市场粮源供应宽松,需求疲软,玉米价格始终处于低位震荡局面,偶有回温却难以持续。这可能引起的连锁反应有(   )。(5分)

A.来年玉米种植面积扩大——猪饲料生产企业改用玉米做原材料——猪肉价格下降

B.来年玉米种植面积减少——玉米价格上涨——猪饲料生产企业改用大麦做原材料

C.玉米种植户收入减少——来年玉米种植户改种水稻——水稻价格上涨

D.玉米种植户收入减少——来年玉米种植面积大幅减少——农田水利建设受到重视

【答案】B。解析:玉米市场粮源供应宽松,需求疲软,玉米价格始终处于低位震荡局面,偶有回温却难以持续。此时玉米种植面积减少,其他条件不变的情况下,玉米价格上涨,价格变动调节生产要素的使用,猪饲料生产企业改用大麦做原材料,B适合题意,排除A;玉米价格始终处于低位震荡局面,玉米种植户收入减少,玉米种植面积减少,但不一定是大幅减少,玉米种植户改种水稻,但水稻价格不一定上涨,C、D均是错误的。(5分)

(2)①研读课程标准或考试大纲及考试说明中的内容和要求,试题编制立足学生实际,不得超纲。(2分)

②确定考试内容和目标。试题要为教学服务,实现教学目标。(2分)

③确定考试题型。是图形类、漫画类还是文字表述类要明确。(2分)

④选项的设置要有迷惑性和诱导性。(2分)

⑤选择题的命题要规范。制定参考答案,提供评价依据。(2分)

【教资考试链接】真题

2019(上)思想品德学科知识与教学能力试题(初级中学)

【材料分析题】

34.材料:下面是某教师命制的一道试题及参考答案。

> 小刚路过某照相馆,意外发现自己的照片被挂在门口招揽生意,一气之下,他编了一条谩骂该照相馆的短信发在微信朋友圈,后来短信被大量转发。当公安机关找到他时,他说:"这是我的言论自由,我在行使我的权利。"公安人员告诉他,这样行使权利是错误的。
> 问:照相馆侵犯了小刚的什么权利? 为什么? 公民应该如何正确行使自己的权利?

> 参考答案:肖像权。我国法律规定,未经本人同意,任何人都不得以营利为目的使用公民肖像。照相馆未经小刚同意,以营利为目的使用小刚肖像,侵犯了小刚的肖像权。公民在行使权利时要尊重他人权利,不得损害国家、社会、集体和他人的利益;公民要在法律允许的范围内行使权利,要用合法的方式行使权利等。(有其他回答,言之有理,可酌情给分)

问题:根据道德与法治课命题的基本要求,对该试题及参考答案进行评述。(20 分)

【参考答案】

(1)对试题的评述。

①优点:该试题在立意方面能够实现考试目的,旨在让学生认识到在自己权利受侵害时该如何依法维护;(2 分)同时该题具有一定的情境性,能够根据考生的生活经验和理解程度设置情境,也符合当下的实际情况;(2分)且该题的设问有一定的层次性,能层层推进展开设问。(2 分)

②不足:题目中公安人员对小刚的评价部分情境直接呈现结论,不利于学生的思考,限定学生的思维,不具有开放型;(2 分)题目的部分语言表达不够科学严谨,短信内容和微信朋友圈的结合不符合常识。(2 分)

(2)对答案的评述:

①优点:答案的制定能够针对设问进行,同时也能尊重教材,答案比较完整;(2 分)答案语言组织比较精炼,言简意赅。(2 分)

②不足:答案缺少详细的赋分,可操作性不强,不易于控制评分误差;(2 分)对于其他回答没有给出相应的参考,开放性太强,毫无参考,无法有效依据参考答案评判学生的回答;(2 分)答案缺少条理,所有的答案组织成一整段,思路不够清晰。(2 分)

第三节　思想政治教学的试卷分析与成绩评价

一、试卷分析

考试分析是教师应该掌握的一项教学技能。试卷分析就是分析试卷的效度、信度、难度、内容覆盖面、区分度以及总体的情况等。其一,分析试卷效度和信度。效度是指测验是否测查到要测查的内容,以及测查到何种程度。也就是说,看试卷是否体现了考试的目标。信度是指同一受试者在不同的时间用同一测验试题或者另外一套相等的测验进行重复测验所得结果的一致程度。信度的高低主要取决于收集到的信息的可靠性,信息的可靠性与全面性成正比,信息的全面性要求收集到的信息反映评价对象的全貌,包括评价对象在有效活动中的方方面面的信息,也包括在整个学习过程中所表现出来的整体信息。其二,分析试题内容和命题的特点。看试题是否体现了素质教育思想,体现了考试改革的精神,是否做到科学性、知识性和思想性的统一。其三,分析考试的平均分、及格率、优秀率等。其四,分析试卷存在的问题。如有无科学性错误、覆盖面够不够,区分度和难易度如何等。其五,分析考试技术和心理问题。如考生在审题方法、答题的方法、适应试题变化的情况等。其六,总结经验教训。[①]

二、学生成绩评价

学生学习成绩的分析和评价,又分为群体成绩评价和个体成绩评价两种情况。只有从群体和个体两个方面进行分析和评价,才能全面了解学生的考试情况。学生群体成绩评价的对象是学生群体,这种群体可以是一个班、一个学校、一个地区等。学生群体成绩评价的任务是分析学生群体成绩的分布状况、结构状况、集中(平均)状况、离散状况等,从而对不同学生群体成绩做出优劣的比较和鉴别。学生个体成绩的评价目的是看学生是否达到国家规定的教学目标。一般以 60 分为界,60 分以下为不及格,60—

---

① 　刘强主编:《思想政治学科教学新论》,高等教育出版社 2003 年版,第 294 页。

69 分为及格,70—79 分为中等,80—89 分为良好,90 分及以上为优秀。

　　根据中央的文件精神和思想政治课的相关规定,综合评价学生学习思想政治课效果的标准应当是知识与技能、过程与方法、情感态度价值观的综合评价,即知识、能力和情意(觉悟)三个标准。但是,由于思想政治课本质上是一门"认知性"的德育课,因此,又主要是看学生对相关学习内容的掌握程度和运用能力。考试也主要是考知识和能力。

　　对思想政治课学习效果的综合评定,应当坚持"一个原则,三个结合",即坚持实事求是的原则,实行平时成绩与期末成绩相结合,知识、能力、情意(觉悟)相结合,重过程与重结果相结合。也就是说,学生综合成绩的评定,要根据各地、各校和各个时期的具体情况,把知识、能力、情感态度与构成方法有机地结合在各种测试和考试中。具体来说,就是通过平时成绩与期末成绩相结合来实现的。其中,平时成绩可占 30%—40%。平时成绩(主要体现为过程)包括平时的观察、提问、讨论、作业、测验、期中考试,以及社会调查、参观访问、小论文比赛、校内外集体活动等。期末考试可占60%—70%。期末成绩(主要体现为结果)因为带有综合性,是一种以知识和能力测试为主的考评方式(同时也有一定的情感态度因素)。

　　学生测评应坚持公开、公正、公平的原则。各校应将本校学生评价细则和评价的内容、方法、程序等提前向学生、家长公布并报教育部门备案,自觉接受社会监督。评价结果应告知学生本人及其家长。学生、家长、教师和其他社会人士对于课程学业评定、综合素质评定可能危害公平、公正的现象和行为,或者对结果存在异议的,可向教育行政部门投诉。教育部门根据情况组织对辖区学科教学质量进行一定范围的抽测,学校应把教学质量监测作为分析学科教学、改进学科教学(包括管理调整、教学调整和学习调整)的有效手段,充分发挥其积极作用。教育部门要加强指导与监督,接受咨询、投诉与举报,及时处理评价工作中的问题。

三、指导学生考后反思

(一)指导学生正确看待自己的成绩

　　考试是检验学生是否达到课程标准的要求,让学生通过考试发现自己离课程规定的目标还有多远,找到自己的不足,同时还看到自己的优势,确立自信,进一步明确努力的方向。成绩只是一个分数,如何正确看待? 其一,从横向看,与同班级其他同学相比,如果成绩高,说明该学科有一定的优势,学习如逆水行舟不进则退,仍需继续努力;如果成绩低,说明该学科相对薄弱,为今后学习指明了努力的方向。其二,从纵向看,与学生自己的过去成绩相比较,是前进了还是退步了,分析原因。教师应主动与学生、家长及时沟通,更好地促进学生的发展。

(二)指导学生分析错误的原因

考试成绩出来后,教师要及时与学生分析试卷丢分的原因。是自己会做,马虎的原因,还是审题出现错误;是自己记忆不准确,功夫没有下足,还是理解的不够;是考试紧张,心理的问题,还是身体的原因;等等。指导学生把错误的原因一一分析出来,从而达到知错就改的目的,加强了自我反思能力的培养。

(三)指导学生分析考试的技巧

面对考试出现的错误,教师要指导学生掌握应对经常出现错误的一些技巧。如:如何摆正考试的心态,如何掌握答题的一些策略,如何按照考试的要求来答题,等等。

(四)指导学生明确今后学习的方向

考试结束后的总结是为了找出问题、发现新的起点、追求新的目标。面对不同性格的学生,教师要因人而因采用不同的谈心方式,要注意把自己摆在与学生平等的地位,耐心细致地讲知心话,不能摆出师长架子;要多与学生进行换位思考,设身处地为学生着想,不可厚此薄彼,而要一视同仁;要理解学生、关心学生,与学生真心实意地沟通。任何事物都有一个转变的过程,后进生对问题的认识更是如此。

【教资考试链接】真题
2018(上)思想品德学科知识与教学能力试题(初级中学)
【材料分析题】
34.材料:某教师在进行"灿烂的文明之花"课堂教学前,对授课班级开展前测工作。下面是其中一道测试题及学生答题情况统计结果。

测试题:(多选)下列属于社会主义精神文明创建活动的有(   )

A.好市民评选活动

B."送教下乡"活动

C.我国积极开展文明城市创建活动

D. 开展文明祭扫、平安清明活动

E. 环保活动

F. 我国召开全国人民代表大会

G. 道德模范评选

H. 走共同富裕道路

正确答案：ABCDEG。

测试情况统计见下表。

项目数据	正确	错误
人数	4	46
比例	8％	92％

问题：请运用思想品德课程评价理论，分析说明设置该前测题的目的（10分），并依据统计数据分析说明该班学生学习存在的问题（10分）。

【参考答案】

（1）设置前测题的目的：

①思想品德课教学评价是根据思想品德课程标准和教学目标，在利用各种方法搜集资料信息的基础上，对课堂教学实施过程中出现的客体对象进行价值分析和价值判断的过程。

②此前测题属于诊断性评价，设置该前测题的主要目的是了解学生在认知方面的水平，以便提前明确学生需要达到学习目标的程度。

③思想品德课教学评价具有导向、反馈、诊断和调节等功能。前测题的设置，有利于帮助教师提前了解学情，不断调整教学方法，改进教学，从而更好地实现教学目标。

（2）该班学生学习存在的问题：

①该班学生新旧知识迁移能力相对较弱，对上一课学习的"社会主义精神文明建设"这一内容的理解不够全面，掌握不够扎实，浮于表面，所以题目出错率较高。

②该班部分学生的学习态度有待改善，做题不够细致、认真，导致多选题漏选错选。

③该班学生的学习方法存在问题，过高的出错率说明学生没有熟练掌握预习和复习的重点及方法。

思考题：

1. 思想政治考试的内容有哪些？

2.思想政治考试的方法有哪些？

3.思想政治试卷编制的基本要求有哪些？

4.如何进行思想政治试卷的分析？

5.如何进行学生成绩的评价？

课外拓展研究：

1.任选一单元《思想政治》课内容，编制一份单元测试试题。

2.对近三年全国高考政治试卷进行分析。

参考文献

［1］中华人民共和国教育部.普通高中思想政治课程标准(2017 年版 2020 年修订)［M］.北京：人民教育出版社,2020.

［2］中华人民共和国教育部.全日制义务教育思想品德课程标准［M］.北京：北京师范大学教育出版社,2003.

［3］中华人民共和国教育部.小学思想品德和初中思想政治课程标准［M］.北京：人民教育出版社,1997.

［4］中华人民共和国教育部.义务教育思想品德课程标准(2011 年版)［M］.北京：北京师范大学出版社,2012.

［5］曾令格,禹明.中学思想品德教学活动设计［M］.北京：北京大学出版社,2005.

［6］陈海燕,周家亮.走进高中思想政治教学现场［M］.北京：首都师范大学出版社,2008.

［7］董洪亮.教学组织策略［M］.北京：教育科学出版社,2004.

［8］傅道春.新课程中教师行为的变化［M］.北京：首都师范大学出版社,2001.

［9］高峡,康健,丛立新,等.活动课程的理论与实践［M］.上海：上海科技教育出版社,1997.

［10］郭思乐.教育走向生本［M］.北京：人民教育出版社,2001.

［11］郭元祥.综合实践活动课程：设计与实施［M］.北京：首都师范大学出版社,2001.

［12］韩传信.德育原理教程［M］.合肥：安徽大学出版社,2009.

［13］胡金平.中外教育史纲［M］.南京：南京师范大学出版社,2003.

［14］胡田庚.新理念思想政治(品德)教学论［M］.北京：北京大学出版社,2019.

［15］课程教材研究所.20 世纪中国中小学课程标准·教学大纲汇编思想政治卷［M］.北京：人民教育出版社,1999.

[16] 邝丽湛,王卫平,谢绍熹.思想政治新课程教学论[M].广州:广东高等教育出版社,2005.

[17] 刘良华.校本教学研究[M].成都:四川教育出版社,2003.

[18] 刘强.思想政治学科教学新论[M].北京:高等教育出版社,2009.

[19] 刘云燕,王景.新课程热点问题探究与校本学习[M].北京:中国轻工业出版社,2006.

[20] 孟庆男.思想政治新课程教学论[M].长春:东北师范大学出版社,2007.

[21] 瞿葆奎.教学(上、中、下)(教育学文集)[M].北京:人民教育出版社,1993.

[22] 瞿葆奎.课程与教材(上、下)(教育学文集)[M].北京:人民教育出版社,1993.

[23] 申屠待旦.中学政治优化教学论[M].天津:天津教育出版社,2006.

[24] 施良方.课程理论——课程的基础原理与问题[M].北京:教育科学出版社,1996.

[25] 宋鲁闽.思想政治微格教学[M].厦门:厦门大学出版社,2008.

[26] 泰勒.课程与教学的基本原理[M].北京:人民教育出版社,1994.

[27] 唐智松.教育原理:研究与教学[M].重庆:西南师范大学出版社,2017.

[28] 王策三.教学论稿[M].北京:人民教育出版社,1985.

[29] 王海明.新伦理学[M].北京:商务印书馆,2001.

[30] 吴铎.德育课程与教学论[M].杭州:浙江教育出版社,2003.

[31] 吴永军.备课新思维[M].北京:教育科学出版社,2004.

[32] 肖川.教育的理想与信念[M].长沙:岳麓书社,2002.

[33] 谢树平,李宏亮,胡文瑞.新编思想政治教学论[M].上海:华东师范大学出版社,2006.

[34] 谢树平.思想政治教学评价研究[M].哈尔滨:黑龙江人民出版社,2008.

[35] 熊川武.理解教育[M].北京:教育科学出版社,2005.

[36] 许惠英.思想政治课活动教学的理论与操作[M].北京:人民教育出版社,2001.

[37] 许惠英.思想政治课课堂教学技能训练[M].长春:东北师范大学出版社,2000.

[38] 余双好.现代德育课程论[M].北京:中国社会科学出版社,2003.

［39］袁振国.当代教育学［M］.北京：教育科学出版社,2004.

［40］张华.课程与教学论［M］.上海：上海教育出版社,2000.

［41］张建文.思想政治课程与教学论［M］.北京：人民出版社,2008.

［42］张天宝,王攀峰.高中新课程课堂教学改革［M］.天津：天津教育出版社,2005.

［43］张耀灿,陈万柏.思想政治教育学原理［M］.北京：高等教育出版社,2001.

［44］张耀灿,郑永廷,刘书林,等.现代思想政治教育学［M］.北京：人民出版社,2001.

［45］张志建.思想政治学科教育研究［M］.合肥：安徽教育出版社,2004.

［46］郑航.中国近代德育课程史［M］.北京：人民教育出版社,2004.

［47］钟启泉,崔允漷.新课程的理念与创新——师范生读本［M］.北京：高等教育出版社,2003.

［48］钟启泉.课程的逻辑［M］.上海：华东师范大学出版社,2008.

［49］钟启泉.现代课程论［M］.上海：上海教育出版社,1998.

［50］钟启泉.课程与教学概论［M］.上海：华东师范大学出版社,2004.

［51］周勇,赵宪宇.说课、听课与评课［M］.北京：教育科学出版社,2004.

后　　记

　　进行课程教学理论的学习与教学技能的训练是师范专业学生掌握教学理论与技能的必要过程，对于未来教师的个人成长及专业化训练过程具有重要的意义。为了帮助思想政治教育专业的师范生能够尽快了解和掌握思想政治课程的理论与教学基本技能，我们在《思想政治教学实训教程》的基础上编写了《中学思想政治课程与教学论》。

　　本书共有三篇十五章的内容，上篇思想政治课程论，包括思想政治课程概述、课程性质、课程目标、课程形态结构、课程内容、课程实施建议、课程的学习方式等；中篇思想政治教学论，包括思想政治教学概述、教学设计、教学说课、教学上课、教学策略等；下篇思想政治教学评价论，包括教学评价、教学听课、教学评课和考试等。这十五章的内容，从理论与实践的角度全面模拟了思想政治教学课程与教学的理论与现场情景，囊括了思想政治课程的主要内容与教学的主要环节。通过本书的理论学习与实践训练，能够使思想政治教育专业的学生快速掌握思想政治课程与教学的基本理论与教学技能。

　　参加《中学思想政治课程与教学论》编写的人员有：卿丹（第一章）、陈铭芳（第三章）、姜婧婧（第五章）、王聪（第六章）、陈旦（第十二章）、于洪卿（第二章、第四章、第七章、第八章、第九章、第十章、第十一章、第十三章、第十四章、第十五章）。

　　在本书的编写过程中，得到了温州大学马克思主义学院领导与师生的大力支持，特别是马克思主义学院吴志敏副院长和孙邦金副院长，思想政治教育教研室的全体同仁，19级研究生卿丹、陈铭芳、姜婧婧、王聪、陈旦等同学，以及思想政治教育专业的本科生，支持力度更大。温州大学马克思主义学院思想政治教育专业是温州市重点专业、浙江省一流建设专业，在专业建设过程中学院领导及同仁给予了本书编写很多的支持与帮助，在此特表示感谢。

　　还要感谢《思想政治教学实训教程》的有关编写人员。本书是在《思想政治教学实训教程》的基础上编写的,没有《思想政治教学实训教程》,就没有现在的《中学思想政治课程与教学论》。同时还要非常感谢本书的责任编辑沈明珠老师,等等。他们为本教材的顺利完成及出版做了大量的工作,在此一并表示感谢。

　　本书在写作的过程中,参考了国内外许多相关的专著、论文等,在此,特向有关的作者表示由衷的谢意。

　　由于时间仓促和水平有限,不当或疏漏之处实属难免,诚恳广大读者、专家和同行不吝赐教。

2020 年 10 月 1 日

编者

于温州大学